W0232998

Kein Tag vergeht ohne Englisch: gesprochen, gelesen, gerührt und geschüttelt. Der Cocktail, den wir uns und dem Rest der Welt zusammenrühren, ist nicht selten Ausdruck akuter Sprachverwirrung und chronischer Anglizitis. Egal ob *small talk* oder *private talk*, *job interview* oder *business negotiation:* Immer wieder treffen uns Blicke voller Verwunderung und Mitleid, weil *sport* nun einmal nicht dasselbe ist wie «Sport», *flirt* nicht dasselbe wie «Flirt», der «Dienstwagen» nicht *service car* bedeutet, «skrupellos» nicht *scrupulous* und «eklatant mankos» in Wahrheit *major shortcomings in our language skills* sind.

«Hello in round!» ist eine Sammlung alltäglicher Hürden, die im Weg sind, wenn wir Englisch sprechen. Dass der Autor seine eigenen sprachlichen Unzulänglichkeiten nicht ausklammert, hat ihn bei Leserinnen und Lesern als «Der Denglische Patient» bekannt und beliebt gemacht. Sein übergeordneter Blick gilt dem Problem, dass Englisch längst keine Fremdsprache mehr ist, sondern eine Art zweite Muttersprache, in den meisten Fällen allerdings ohne Mutter. Oder Vater.

Peter Littger ist Journalist und *Speaker-Textwriter* mit einer Leidenschaft für Sprachkultur. Er hält Gastvorträge und schreibt Kolumnen, zum Beispiel in der «Wirtschaftswoche» («Mehr Erfolg mit Englisch») oder für ntv.de («Der Denglische Patient»). Sein Buch «The devil lies in the detail. Lustiges und Lehrreiches über unsere Lieblingsfremdsprache» führte viele Wochen die «Spiegel-Bestsellerliste» an. Mit dem RBB Sender Radioeins produziert er seit Herbst 2021 den Podcast «Dear Ladies and Germans!» über deutsche Eigen- und Unarten. Peter Littger wurde 1973 in Aachen geboren, studierte in Berlin und London, war u. a. Redakteur der «Zeit», Gründungsredakteur des «Cicero» und ist Juror im «Bundeswettbewerb Fremdsprachen».

Der Autor freut sich über Anregung, Interesse und *followers* unter:
• info@littger.de
• Twitter @fluentenglish
• Instagram @der_denglische_patient

Peter Littger

«Hello in
the round!»

Der *Trouble* mit unserem Englisch
und wie man ihn *shootet*

C.H.Beck

Originalausgabe
© Verlag C.H.Beck oHG, München 2021
www.chbeck.de
Umschlaggestaltung: geviert.com
Umschlagabbildung: © shutterstock, shinbu kayo
Satz: C.H.Beck.Media.Solutions, Nördlingen
Druck und Bindung: Druckerei C.H.Beck, Nördlingen
Printed in Germany
ISBN 978 3 406 77764 6

myclimate

klimaneutral produziert
www.chbeck.de/nachhaltig

Für meine Mutter – *to my mother*

Inhalt

«Hello together!»

**Bühne frei für den Denglischen Patienten
mit seinen typischen Symptomen**

Let's kick off with the good news – lassen Sie mich mit der guten Nachricht beginnen: *Our English is getting better!* Wir steigern uns, jedenfalls wenn man den Deutschen glauben mag, die sich Bestnoten für ihre *language skills* geben. Rund 35 Millionen sind es laut Hochrechnung des Allensbach Instituts im Jahr 2021 gewesen. Zwei Drittel davon bewerteten ihr Englisch als «ziemlich gut», ein Drittel sogar als «sehr gut». Das waren 2 Millionen mehr als noch im Jahr 2015.

Damals, vor sechs Jahren, habe ich mein erstes Buch über unsere Lieblingsfremdsprache und den *trouble* mit ihr geschrieben. Seitdem ist mir bewusst, dass sich ein tiefer Sprachgraben durch unsere Gesellschaft zieht – *a colossal language divide runs across Germany.* Auch weiterhin erklärt eine Mehrheit von 36 Millionen Menschen im Alter über 14 Jahren, «wenig bis gar kein Englisch» zu können. Obwohl es diese Kluft mit Sicherheit noch lange geben wird, schließt sie sich stetig.

Die Ursachen für diesen *trend* sind vielfältig. Einen wichtigen Faktor bildet die Schulzeit mit vielen englischsprachigen Einflüssen, die über den Unterricht hinausgehen. Wer zum Beispiel bei *Fridays for Future* mitmarschieren will, kommt irgendwann mit Deutsch nicht mehr weiter. Dasselbe gilt für andere Betätigungsfelder der Jugend, egal ob politisch oder hedonistisch: Die einen «gamen» oder «coden», die anderen sind *influencers* und *followers* bei TikTok oder Instagram. Darüber hinaus werden englischsprachige Medien in allen Altersgruppen und sozialen Schichten genutzt wie nie zuvor. Selbst einem Viertel der über 80-Jährigen sollen sie mittlerweile zur Information, Unterhaltung oder Lebensgestaltung dienen. Überhaupt ist Englisch längst die Weltsprache der Wahl für viele öffentliche Themen wie *technology*, *business* und *economy*, *healthcare*, *fashion*, *media* und *entertainment*, unsere gesamte Selbstinszenierung eingeschlossen. Außerdem wächst die Zahl mehrsprachiger Beziehungen, in denen Englisch wenigstens als Drittsprache zum Einsatz kommt. Und es ergeben sich ständig neue englischsprachige Arbeitsverhältnisse.

... *which brings me to the bad news* – was mich zur schlechten Nachricht führt. Sie ist wirklich ernüchternd – *a real downer!* Denn ganz egal auf welcher Seite des Sprachgrabens wir stehen: Wir alle fabrizieren eine enorme Menge englischen *nonsense*.

Ich möchte dafür zunächst das Englische im Deutschen betrachten, also den alltäglichen *mix* beider Sprachen, den wir pflegen, wenn wir unter uns sind. Hier kommt «Denglisch» ins Spiel, eine spezifisch deutschsprachige Aneignung und Verfremdung. Ich unterscheide «Funny», «Fake» und «Fancy»:

1. **«Funny»:** scherzhaft in englische Wörter gekleidete deutsche Phrasen wie «Now we have the salad» oder «Again what learned». Der Spaß ist verbreitet und nicht zuletzt eine Geheimsprache, da er sich ohne Deutschkenntnisse kaum erschließt. Hört ein Engländer den Klassiker «This is not the yellow from the egg», mag er erstaunt fragen: *What the egg does that mean?* (Mehr dazu im Kapitel «Bekennt endlich Farbe – *know your true colours!*».) Und wo ich das «Ei» erwähne: Im Herbst 2020 war ich am Deutschen Eck in Koblenz und hörte, wie ein Reiseführer einer Gruppe ausländischer Touristen was vom «German Egg» erzählte. Ein Witz? Ich weiß es nicht. An diesem Punkt wird das Komische pro-

blematisch – *at this point funny haha turns into funny peculiar!* Weil nicht mehr klar ist, ob der Quatsch noch Quatsch ist, wenn etwa auf dem Münchner Oktoberfest der Kaiserschmarrn todernst als «Emperor's Nonsense» verkauft wird. Auch halten nicht wenige deutschsprachige Menschen «Hello together!» oder «Hello in the round!» für anschlussfähiges Englisch. Es sind typische Begrüßungen in *video calls* oder auf Konferenzen. (Mehr dazu lesen Sie im nächsten Kapitel «We have acoustic problems».)

2. «Fake»: vermeintlich entlehnte englische Wörter und Wendungen, also scheinbare *loan words,* die wir aber gar nicht geliehen, sondern frei erfunden oder umgedeutet haben. Sprachwissenschaftler nennen es «Pseudoenglisch», ich bevorzuge das *label ‹English made in Germany›.* Nachrichten, Regierungserklärungen, die Werbung und nicht zuletzt unser privater und beruflicher Alltag sind voll davon: «Happy End» – statt *happy ending.* «Flirt» – statt *flirtation.* «Shakehands» – statt *handshake.* «Pony» – statt *fringes* oder *bangs.* «Box» statt *loudspeaker,* «Joker» statt *wild card* oder *trump card,* «public aids» statt *public aid,* «Partnerlook» statt *matching outfits.* Immerhin ist es den mächtigen Supermarktketten Lidl und Aldi gelungen, eine Erfindung zu exportieren: 2018 wurde *discounter* mit der Bedeutung *discount shop/store* ins ‹*Oxford English Dictionary› (OED)* aufgenommen. Ob es auch anderen gelingt, zum Beispiel der «Bio Company»? (Mehr über Pseudoenglisch im Kapitel «Neues aus der *Anglosphere».)*

3. «Fancy»: das hemmungslose Kauderwelsch aus Deutsch und Englisch oder Deutsch und Pseudoenglisch. Mal ist es originell wie das Leipziger Freiluftfestival «Klassik airleben» oder der Spruch der Berliner Stadtreinigung «We kehr for you». Mal ist es schrecklich wie «Back Factory», «Ehegattensplitting», «Baby Shootings» oder gleich ganze «Familien Shootings» (siehe Kapitel ‹*To shoot or not to shoot›).* Auch in vollständigen Sätzen ist die Mixtur zuweilen unheimlich gewagt, wenn der Kollege «für ein

Schnitzel geht» oder die Kollegin «fein ist mit einem Kaffee». Doch selbst davon gibt es noch eine Steigerung, etwa wenn mir ein Hotel in Lüneburg «mit fancyigen Grüßen» schreibt, wenn ein Consultant «die Brain Capacity nicht enough skaliert» oder eine Schülerin mit neuen «Sneakern flext», die sie «ercampt» hat, während sie die anderen total «cringy» finden. Eine Untersuchung deutschsprachiger Werbetexte verschiedener Automobilhersteller ergab 2018 einen Anteil englischer und scheinenglischer Wörter und Wendungen bis zu 30 Prozent. Also beinahe jedes dritte Wort!

Es leuchtet ein, dass wir uns mit diesen eigenwilligen Vorleistungen nicht die besten Voraussetzungen für unmissverständliches *English* geschaffen haben. Es ist wie mit den *slogans* der FDP unter Christian Lindner: «Make in Germany», «Digital first, Bedenken second» oder «German Mut» – was übersetzt ein «deutscher Köter» ist, ein mutmaßlicher Juniorpartner des *German shepherd*. Dieser perfekte Mix aus «Funny», «Fake» und «Fancy» macht die FDP in meinen Augen zur «Freien Denglischen Partei», die der sprachlichen Realität immerhin ins Auge sieht, allerdings mit ihrem Kauderwelsch (das wohl ein angelsächsisch geprägtes *mindset* vortäuschen soll) niemandem weiterhilft. Vielmehr setzt sie damit bewusst unseren sprachlichen Anschluss an die Weltspitze aufs Spiel.

Unser deutsch-englischer *freestyle* fördert eine weitere Art von Denglisch, die aus internationaler Sicht auch *Denglish* genannt wird. Es ist das Deutsche im Englischen, das zu Verständigungsschwierigkeiten und Missverständnissen führt, sobald wir uns in die englischsprachige Welt vorwagen und dort auf sogenannte Muttersprachler treffen. In solchen Momenten entstehen die Probleme, denen ich dieses Buch widme: Sie sind der wahre *trouble* mit unserem Englisch!

Wie leicht wir sprachlich stolpern oder gar stürzen können, lässt sich ausgerechnet mit dem Wörtchen *sport(s)* vorturnen.

Seitdem wir den Anglizismus vor vielen Generationen übernommen haben, beschreibt er alle Arten der körperlichen Ertüchtigung: Der deutsche Satz «Peter macht Sport» kann bedeuten, dass Peter Fußball spielt oder sich gymnastisch übt. In der englischen Originalsprache ist *sport* hingegen den Wettkampfsportarten vorbehalten, neben Fußball auch Basketball, Handball, Hockey, Cricket, Tennis, Squash oder der Formel Eins. Die englischen Sätze *Peter is doing sports* oder *Peter likes sport/likes to do* – niemals «to make» – *sport(s)* gelten also nicht dem Dauerlauf durch den Park oder Turnübungen auf der Matte. Diese sind, was sie sind: *jogging, exercises, yoga, work out* oder *gymnastics: Peter is working out, Peter is exercising* ... Wenn englischsprachige Ärzte sportliche Betätigung empfehlen, raten sie deshalb zu ‹*sport and exercises*›.

Peinlich wird der *trouble*, wenn wir versehentlich anzüglich werden: «Peter is doing gym» – was klingt wie *Peter is doing Jim*, und was das bedeutet, können Sie sich denken! Deshalb rate ich zu *Peter is in the gym* – «Peter ist im Fitness-Studio». Ebenso unangenehm ist es, wenn wir fälschlicherweise auf das Sex- und Liebesleben schließen, obwohl ein total unverfängliches Thema angesprochen worden ist. Ich selbst bin in diese Falle getappt, als mich mein britischer Freund Joe fragte: *Are you planning an outing?* Da ich aus meiner Heterosexualität kein Geheimnis mache, war ich verblüfft. Bis mir klar wurde, dass er über einen «Ausflug» oder eine «Landpartie» sprach, nicht über ein öffentliches *coming out* auf der *Pride Parade*, die zufällig am selben Wochenende in Berlin stattfand. Am Rande sei bemerkt, dass sie nur im deutschsprachigen Raum als «Christopher Street Day» oder als «CSD» durchfährt.

Apropos of abbreviations – wo ich gerade eine Abkürzung erwähnt habe: Wissen Sie, was *I wfh* bedeutet? Es ist die kürzeste englische Form für das, was wir hartnäckig als «Home Office» bezeichnen. Die Abkürzung *wfh* steht für *work from home*. Auch ist häufig von *remote work* die Rede, aber niemals vom «Home Office», sofern nicht das britische Innenministerium gemeint ist!

Falls Sie sich jetzt die Frage stellen, woher man das alles wissen soll, wenn es einem niemand beigebracht hat: Diese Frage ist absolut berechtigt! Wir leben schon seit einiger Zeit mit dem Widerspruch, dass Englisch für uns genau genommen keine Fremdsprache mehr ist, aber eben auch keine Muttersprache. Es ist irgendetwas dazwischen: eine Art zweite Muttersprache – *without the mother!*

Ich stelle mir vor, wie diese englische Scheinmuttersprache im Sprachzentrum unseres Gehirns einen permanenten Konkurrenzkampf mit der deutschen Standardmuttersprache führt. Da Deutsch tiefer und länger angelegt ist, gewinnt es immer, wenn Zweifel bestehen oder Wissenslücken klaffen. Dann kann es passieren, dass der Unternehmer zum «undertaker» wird – also zum «Bestatter» statt zum *entrepreneur*. Die Schleimhaut wird zur «slime skin», der Stuhlgang zur «stoolgang», der Zahnstein zum «tooth stone», das Trinkwasser zum «drinkwater», die Hausmusik zur «house music» oder die Streicheleinheit zur «stroke unit» – einer «Intensivstation für Schlaganfälle». Das alles erscheint möglich, weil es im Englischen schließlich auch *shoemakers* und *bookbinders*, *barstools* und *water flasks*, *street lamps*, *wisdom teeth*, *beer gardens* oder *waterfalls* gibt. Selbst *right-handers* und *left-handers* notiert das *OED*, auch wenn sie fast ausgestorben sind und Rechts- und Linkshänder heute als *right-handed* oder *left-handed person* beschrieben werden. Vor einigen Jahren warb die österreichische Raiffeisenbank mit dem Satz «I must to the bank». Wer sich für sprachkompetent hielt, wunderte sich über so viel Denglisch, ich eingeschlossen. Bis mich mein Freund Joe vorsichtig fragte, ob ich jemals William Shakespeare gelesen hätte. In germanischer Tradition ruft Hamlet: *I must to England!*

Anders gesagt: Der sprachhistorische Umstand, dass Deutsch und Englisch eng miteinander verwandt sind, fördert gleichermaßen die Treffer- wie die Fehlerquote – *it's a constant trail and error.* Die gemeinsamen germanischen Wurzeln legen einem unweigerlich Sätze in den Mund, die entweder passen wie *Can I sit?*

und *Hang it up!* oder die so schwachsinnig sind wie «Can I become a water?». (Lesen Sie mehr über dieses Problem im Kapitel «Let's become concrete!».)

Doch auch auf Wörter mit antiken Wurzeln ist nicht immer Verlass: Jahrelang habe ich das gewohnte «ventil» bedient, obwohl es als englisches Wort überhaupt nicht existiert! Technisch spricht man von *valve* [AE *wälf;* BE *wahlf]* und im übertragen Sinn vielleicht von *letting off steam, an outpouring of emotions* oder *an emotional outlet.* Ein anderes Beispiel ist das «Stativ». Einmal konnte ich eine deutsche Fotografin in London beobachten, als sie vergeblich danach suchte. Am Ende fand sie ihr *tripod.*

Schon häufiger habe ich mich gefragt, wie wir wohl wirken, wenn wir mit unserer sprachlichen Prägung durch die Welt ziehen. Vielleicht kennen Sie die Anekdote von einem deutschsprachigen Passagier, der medizinische Hilfe benötigt und jemanden sucht, der seine Muttersprache versteht. Als er die Frage stellt: «Spricht hier jemand Deutsch?», meldet sich ein US-Amerikaner und ruft: «Ja! Mich!» Es ist die direkte Übersetzung der englischen Antwort auf dieselbe Frage: *Me!* Der Patzer ist weder eine Katastrophe noch total unverständlich. Aber flüssiges Deutsch klingt trotzdem anders.

Seitdem mich unser Umgang mit der englischen Sprache beschäftigt, beobachte ich immer wieder dasselbe Problem – *I have observed the same issue again and again:* Wir bleiben hinter den Erwartungen zurück – *we fall short off/lag behind our own expectations and those of others.* Es sind Erwartungen, die wir an uns selbst stellen und die wir in anderen wecken: dass wir jede Situation fließend beherrschen. Einen Verstärker dieser Erwartung sehe ich übrigens in der Herkunftsbezeichnung ‹Made in Germany›, die uns seit Jahrzehnten als unverwechselbares Markenzeichen – *a national signature brand* – anhaftet. Was kann man von Menschen erwarten, die freiwillig unter einem englischsprachigen Motto handeln und dafür in aller Welt berühmt sind?

Eine dritte Erwartung stellen wir gewissermaßen an die englischsprachige Außenwelt und an das Schicksal, um nicht zu sagen, an den Sprachgott: dass alles von alleine fließt! Der deutsche Fußballer Timo Werner, der seit 2020 in London für den Chelsea Football Club spielt, hat diese Erwartung in denglischer Bestform erklärt: «In the school, when I was in the lessons, I do nothing. I never hold my finger, I never say anything. And now I have to learn English, I have to speak it, and when you speak it a lot, and when you always hear a lot when everybody speaks you learn the words by their own.»

Sicherlich ist Werner schon durch sein Gehalt von mehr als 200 000 Euro pro Woche ein untypischer Auslandsdeutscher. Doch in einem Punkt deckt sich seine Einstellung mit der vieler anderer deutschsprachiger *expats*. Hier noch einmal der letzte Gedanke seines *statements* in flüssigem und unmissverständlichem Englisch: *When you speak and hear a lot of English because it's spoken by everyone else you will learn it by default and without help.* Ist das wirklich so? Lernen wir wirklich automatisch, von alleine und ohne Hilfe? Meine Erfahrung ist eine andere: *Help is needed, indeed!* Längst nicht nur für Timo Werner.

Wenn ich nur daran denke, wie oft wir *fun* und *funny* verwechseln. *People will think that when you say ‹the job is funny› you mean ‹the job is funny›.* Sollte der Job hingegen Spaß machen, aber nicht irgendwie lustig oder seltsam sein, sagt man: *The job is fun.* Es ist ein Patzer, den ich häufig höre. Und ich habe nicht im geringsten den Eindruck, dass er automatisch, von alleine und ohne Hilfe verschwindet.

Selbst viel Bildung und Berufserfahrung sind keine Garantie gegen denglischen Humbug. Ein Chefarzt an der Universitätsklinik in Göttingen, dessen Englisch größte Erwartungen weckt, hat mir anvertraut, was er mehr als zwei Jahrzehnte lang zu englischsprachigen Patienten sagte: «Let's go to the station!» Selbstverständlich wollte er sie nicht zum Bahnhof führen, sondern auf die Station. Die wird allerdings *ward* genannt. Bemerkt hat der Arzt den Quatsch erst, als er darauf angesprochen wurde. Es war eine dringend benötigte Hilfe! Der Patzer hat den Arzt selbst zum Patienten gemacht: zur Verkörperung und zum heimlichen Paten aller Denglischen Patientinnen und Patienten – *the epitome and godfather of all Denglish patients*. Sein Fall verdeutlicht unseren *trouble* und das *troubleshooting*. Er hat mir auch gezeigt, was mit unserem sprachlichen Ehrgeiz und der Überzeugung, «sehr gut» oder «ziemlich gut» Englisch zu sprechen, unbedingt einhergehen sollte: Selbstkritik, Freude am Lernen und am besten ein Schuss Selbstironie!

Wie Sie schon gemerkt haben, nehme ich mich von der Kritik nicht aus. Schließlich bin ich selbst der «Denglischer Patient»[*], zum Beispiel wenn ich (mal wieder) mit hochgestochenen deutschen Wörtern völlig daneben steche. Zum Glück habe ich den schon erwähnten Freund und Kollegen Joe, den ich anrufen kann und der mir auch meistens antwortet. Sie werden meinem «Telefonjoker» im Laufe des Buchs häufiger begegnen. Und da es ein weiterer Pseudoanglizismus ist – statt *helpline* oder *phone-a-friend lifeline* –, habe ich einfach meine eigene Version geschaffen und sie Joe aus Dank gewidmet: Er ist mein «Telefonjoeker»!

Wie aufgeschmissen ich manchmal bin, wenn Joe nicht erreichbar ist oder ich keine Hand frei habe, um zu telefonieren, merkte ich während eines Vortrags beim Unternehmen Buzzfeed in New York, den ich für ein paar Gedanken zur «self-inscenation» nutzen wollte. Niemand im Publikum kannte den Begriff! Im amerikanischen Wörterbuch ‹Merriam-Webster› ist unter «inscenation» sogar vermerkt: *intended as translation of German ‹inszenierung›*. Als ich fertig war, lachten meine Gastgeber über meine schlechte Selbstinszenierung und alberten über *self-insemination* – von wegen Selbstbesamung! (Mehr über tückische deutsche Wörter auf «-ieren» lesen Sie im Kapitel «Wer sich konzentriert, verliert!».)

---

[*] Seit 2018 schreibe ich eine Kolumne unter diesem Titel.

Im Rückblick möchte ich aus der Verwendung von «station» statt *ward* und «self-inscenation» statt *self-presentation, self-staging* oder *self-dramatisation* zwei weitere Lehren ziehen:

1. Je besser unsere Englischkenntnisse, desto größer sind nicht nur die Erwartungen der anderen, sondern auch die Verwunderung, wenn wir patzen. Man gibt sich leicht der Lächerlichkeit preis, ohne es zu merken, weil die meisten Menschen schweigend über solche Situationen hinweggehen, aber sich ihren Teil denken – *they'll probably have their own thoughts:* «Schräger Vogel» – *odd bird!* (Siehe auch das Kapitel «Souverän geht anders».)

2. Wer in einer Fremdsprache beruflich tätig ist, muss den Jargon seiner Branche kennen. Im Zweifel hilft nur Pauken – *you'll have to cram!* Das gilt nicht nur für den Arzt, die Fotografin oder für mich. Es gilt auch für alle «Profis» – *the pros!* –, die im deutschsprachigen Raum englischsprachige Schilder fabrizieren. Ich verstehe zum Beispiel nicht, wie es möglich war, den «Personaleingang» der Universität Greifswald als «Personnel Input» auszuschildern, während es *staff entrance* heißen muss!

Ein anderes Beispiel erlebte ich im Januar 2020 während der Münchner *DLD – Digital Life Design*-Konferenz. Vor großem Publikum sprach ein Physiker der Bayerischen Motorenwerke über die Voraussetzungen, um bei BMW zu arbeiten: «In our company you have to be physically fit.» In diesem Moment konnte man mindestens ein «D» in *DLD* für «Denglisch» halten. Schließlich waren dem Mann gleich zwei Patzer auf einmal unterlaufen. Da er von der Lehre der Physik, nicht von der Physis des menschlichen Körpers sprechen wollte, hätte er besser gesagt: *You have to know your physics.* Oder etwas steifer: *Knowledge/competence in physics is key at our company.* Und auch mit der Formulierung *to be fit* ist Vorsicht geboten, da sie erstmal nichts über die Kompetenz einer Person, sondern nur etwas über ihre körperliche *fitness* aussagt. Während Denglische Patienten gerne fragen: «Are you fit in English?», würden diejenigen, die es wirklich sind, fragen: *Are you fit for the job in English?* Mit anderen Worten: *The physicist's public statement wasn't fit for public consumption.* Ganz einfach weil *to be fit* mit der Präposition *for* (oder *to*) verbunden werden muss, um sinnbildlich zu funktionieren. Wir kennen es aus dem *slogan* der ‹New York Times›, der zum geflügelten Wort wurde: ‹All the news that's fit to print›.

Dieses Beispiel führt mich zu zwei weiteren heißen Quellen für *trouble*, auf die ich Sie am Ende dieser Einführung unbedingt hinweisen möchte:

1. Präpositionen! Die kleinsten Wörter sind oft die gemeinsten. Das gilt für die sprachlichen Partikeln (mehr darüber im Kapitel «Our English is very confusing, or?»). Und es gilt für Präpositionen wie *in, on, at* und so weiter. Sie sind wahrscheinlich die größte Gefahrenquelle überhaupt – *the single most dangerous troublemakers!* Auf alle Fälle – *in any case* – kann man von Glück sprechen, wenn nur gelacht wird, weil man jemanden versehentlich ins Klo oder auf den Tisch befördert hat: «He went into the toilet» oder «She is on the table». Kniffliger wird es beim Zuprosten mit «On you!» – statt *To you!* –, was klingt wie: «Auf dich, du zahlst!» Besondere Tücken liegen in den Verbalkonstruktionen – *beware of the phrasal verbs!* Das sind Verben, die mit Partikeln, Präpositionen oder anderen Kurzwörtern verbunden einen bestimmten weiteren Sinn ergeben. Sie können leicht verwirren. So bedeutet *Will you see to it?* nicht etwa «Freust du dich?» – *Are you looking forward to it?* –, sondern: «Kümmerst du dich?» Der britische Linguist David Crystal spricht von *multi-word verbs* und konstatiert in seinem Standardwerk ‹The Cambridge Encyclopedia of the English Language›: ‹Their number grew remarkably, especially in the 20th century, and they constitute one of the most distinctive features of English syntax› – da es im Englischen mehr als 10 000 dieser Konstruktionen gibt, sind sie charakteristisch für die Sprache geworden.

2. Redewendungen! Auch sie sollte man pauken, um sich nicht auf den berühmten «woodway» zu begeben, der im Englischen *wrong track* heißt. Es bringt oft einfach nichts, deutsche Ausdrücke direkt zu übersetzen, zum Beispiel «from Saulus to Paulus» – statt *Damascene conversion*. Oder «free from the liver», wie es Günther Oettinger stets gemacht hat. Auch Angela Merkel wird nachgesagt, dass sie diese Schwäche gelegentlich an den diplomatischen Tag gelegt hat. Bei Regierungstreffen soll sie für Verwirrung gesorgt haben, wenn sie «not all on one card» setzte, statt «nicht alle Eier in einen Korb zu legen» – *instead of not putting all her eggs in one basket*. Unterdessen ist der Fußballtrainer Jürgen Klopp auf vorbildliche Weise in die denglische Geschichte eingegangen, als er während einer englischsprachigen Pressekonferenz «eins kommt zum anderen» sagen wollte. Noch während er «when one thing comes to the other ...» rauskloppte, lachte er laut und bat den Dolmetscher um Hilfe. Dieser hatte keine Ahnung, aber nutzte die Gelegenheit, die englischsprachige Öffentlichkeit mit einer anderen deutschen Redewendung vertraut zu machen: «Everything has one end but the sausage has two.» Da mögen sich die anwesenden Journalisten gedacht haben: *One thing leads to another!* (Im Kapitel «We have a grandios Saison gespielt» lesen Sie, warum Jürgen Klopp in England nicht «trainer» genannt wird.)

Dear Ladies and Germans, liebe Denglische Patientinnen und Patienten, sollten Sie das alles schon wissen, aber trotzdem das Gefühl nicht loswerden, daneben zu liegen und schräg angesehen zu werden, könnte Ihr *trouble* auch andere Gründe haben. Immer wieder beobachte ich Mitmenschen, die sich bemühen, ihre sprachlich-kulturelle Unsicherheit mit drei Verhaltensformen gezielt zu überspielen:

1. Gefallsucht: Es ist die (unglaubliche) Art der Anbiederung und Anpassung, die Quentin Tarantino in seinem (absichtlich falsch geschriebenen) Film ‹*Inglourious Basterds*› dargestellt hat. Christoph Waltz spielt einen gnaden- und skrupellosen – *a ruthless and unscrupulous* – SS-Offizier und selbsternannten «Judenjäger», der am Ende des Krieges die Chuzpe besitzt, von der US-Armee freies Geleit, eine Insel und viel Geld zu verlangen. Als man zustimmt, ruft er: «That's a bingo!» Und um sicherzugehen, dass er sprachlich alles korrekt macht, fragt er streberhaft: «Is that the way you say: ‹It's a bingo!›?» Er bekommt die Antwort, dass *Bingo!* ausreiche, und korrigiert sich: «It's bingo. How fun!» Doch auch das geht wieder daneben. Mein Tipp: Egal, wie zweifel- oder ehrenhaft Ihre Mission ist, solche gefallsüchtigen Manöver sollte man lassen. Dasselbe gilt für das verbreitete wie verzweifelte Bemühen, auf lässig zu machen. Es kann in der Jugend nach dem ersten Schulaustausch beginnen, wenn der Hauptwortschatz nur noch aus *fucking, y'know* oder *like* besteht. Setzt sich die Sprache im Erwachsenenalter fort, stößt sie im Allgemeinen auf wenig Gefallen.

2. Erklärsucht: Sie äußert sich zum Beispiel darin, dass gerne etwas ausführlicher über Krankheiten gesprochen wird, die über sprachliche Gebrechen hinausgehen. In der Art: *How are you?* «Oh, I had a heavy flu with a lot of slime and coughing, but I feel better now.» Oder man spricht ausführlich über die Macken des Chefs, statt sie nur anzudeuten: «He is a farting idiot. Really, last week I had to open the office window three times.» Zu allem Überfluss werden auch immer wieder deutschsprachige Eigenheiten erklärt, am liebsten mit der Einleitung: «In Germany we say ...» Das Problem: Nach solchen Erklärungen sind alle so schlau wie davor. Auch zu viel Aufrichtigkeit kann unpassend sein. Als eine deutsche Mitarbeiterin von Volkswagen in England nach Deutschland verabschiedet wurde, fragte ein britischer Kollege: ‹*Caroline, what will you be missing?*› Gemeint war, was sie, zurück in Deutschland, am Vereinigten Königreich vermissen werde. Ihre Antwort war das, was im Arbeitsalltag gelegentlich als «schonungslos deutsch» kritisiert wird – *Caroline's reply was hard-*

hitting: «Nothing!» Und die Reaktion war das erklärte Gegenteil von Gefallsucht!

3. Witzelsucht: Schlägt man den deutschen wie englischen Begriff *witzelsucht* nach, stößt man auf ein offizielles Krankheitsbild in der Psychologie, das sich in einem Hang zu anzüglichen Bemerkungen und unanständigen Witzen äußert. Witzelsucht wird also überall auf der Welt attestiert, nicht nur bei uns. Auch ohne gleich krankhaft zu sein, sind sexuelle Anspielungen – *in English: (sexual) innuendos* – tatsächlich ein großer gemeinsamer Nenner der Menschheit. Zugleich sind sie eine große Gefahr! Denn was witzig ist und was nicht, wird von Kultur zu Kultur und von Mensch zu Mensch sehr unterschiedlich bewertet. Ich möchte es bei diesem allgemeinen Hinweis belassen und die Einleitung mit einer deutsch-englischen Frage beenden, die die hohe Kunst zweideutiger Witze auf den Punkt bringt. Darunter sollten Sie es erst gar nicht versuchen!

What's the difference between fear and sex?
Fünf!

In diesem Sinne wünsche ich Ihnen eine lustvoll lehrreiche Lektüre!

Gebrauchsanleitung für dieses Buch

English **oder «nicht»?** Wie bereits in der Einleitung stelle ich alles schräg – *in italics* –, was *gängiges und verständliches Englisch* ist und damit eine Empfehlung für Ihren Wortschatz und Ausdruck. Unglückliche und verunglückte Formen, die unvollkommen englisch oder vollkommen unenglisch sind, setze ich «in onleading signs», also Anführungszeichen – *quotation marks.* Englischsprachige Zitate, Film- oder Buchtitel stehen zudem in einfachen An- und Abführungen: *Peter's book is called ‹Hello in the round!›.*

Die Aussprache! Für einzelne Wörter gebe ich Aussprachehilfen in eckigen Klammern. Dabei gehe ich, wo sie deutlich voneinander abweichen, gesondert auf die US-amerikanische und die britische Aussprache ein, die ich mit «AE» und «BE» abkürze. Zugunsten der Lesbarkeit habe ich mich entschieden, nicht den Standard des Internationalen Phonetischen Alphabets (IPA) zu nutzen. Ich bemühe mich, die englischen Laute mit den gewohnten Buchstaben und ihrer hochdeutschen Aussprache zu (re)konstruieren, um es Leserinnen und Lesern ohne linguistische Vorbildung leichter zu machen. Die Aussprache von *ageism* stelle ich etwa so dar: [*äidschism*]. Die einzigen IPA-Symbole, die ich verwende, dienen der Darstellung des *th*-Lauts, also des typisch englischen «Tie-äitsch». Es wird mit der Zunge zwischen den Zähnen gebildet und als «Reibelaut» bezeichnet. Es ist entweder stimmlos [θ], so dass es beinahe klingt wie ein «f», zum Beispiel in *thanks* [θänks] und AE *theater*/BE *theatre* [θiata]. Oder es ist stimmhaft [ð], so dass es beinahe klingt wie ein «d», zum Beispiel in *the, this, that* [ðe, ðis, ðät]. Ein weiterer Sonderfall ist das englische *w*. Wenn Sie sich nur einmal den englischen *wind* um die Ohren wehen lassen, bemerken Sie, dass sein Anfang beinahe klingt wie ein gehauchtes «u». Dieser Laut lässt sich mit keinem Buchstaben aus unserem Alphabet darstellen. Auch der IPA-Standard ist verwirrend, da der Laut als «w» geführt wird, aber eher ausgesprochen wird wie die letzten Buchstaben «ue(r)» in dem Wort «Bauer». Da der *w*-Laut im amerikanischen Englisch zudem in einigen Fällen gehaucht wird, stelle ich ihn mit [uwh] oder [huwh] dar: BE *whisky* [uwhiski] oder AE *whiskey* [huwhiski]. Wird schließlich eine Silbe mitten im Wort oder am Wortende betont, setze ich das Zeichen ' davor: *to permit* [pöh'mitt].

Gender and sex! Liebe Leserinnen und Leser, sofern ich Sie nicht direkt anspreche oder von existierenden Menschen berichte, mich eingeschlossen, halte ich es mit der Bezeichnung von Personen wie mit der Bezeichnung von Menschen: Sie sind weder spezifisch weiblich noch spezifisch männlich gemeint, auch wenn es «der Mensch» und «die Person» heißt. Vielmehr sind sie unspezifisch und universell. So wie «der Denglische Patient», der weder ein Mann noch eine Frau ist. Er ist geschlechtslos wie King Kong, *Shaun the Sheep,* der Grüffelo, *Mickey Mouse* oder wie die Maus und der Elefant. Ich schreibe ihm die Summe der Symptome zu, die ich selbst erlebt oder an anderen beobachtet habe und in diesem Buch schildere. Etwas akademischer kann man ihn auch als eine «Projektionsfläche» bezeichnen. Sie ist größer als jede Leinwand, auf der jemals der wunderbare Film ‹*The English Patient*› von Anthony Minghella aufgeführt wurde. Diejenigen, die ihren Umgang mit der englischen Sprache und ihr Verhältnis zur englischsprachigen Welt auf dieser Fläche wiederentdecken, möchte ich ebenso behandeln, betrachten und beschreiben, wie es in der englischen Sprache die Norm ist: *without sexes or any gender. They are the Denglish patients.*

«We have acoustic problems»

Tipps fürs nächste *webinar*, den nächsten *video call* und überhaupt für jedes *team meeting*

«I'm welcome you!», sagt Professor Christoph Meinel, und ich staune. Immerhin spricht da der Direktor des Hasso Plattner Instituts in Potsdam, einer Bildungseinrichtung von internationalem Ruf und mit besten Beziehungen zur kalifornischen Universität Stanford. Aus der Ferne hatte ich das HPI immer für einen Hort der Mehrsprachigkeit gehalten: ein deutsches Mekka für *disruption* und *innovation*, wo man viel lernen kann, zum Beispiel, was *Design Thinking* ist. Unsere Lieblingsfremdsprache sollte dort alles andere als fremd sein!

Mit den *webinars* des Chefs sind bei mir allerdings Zweifel aufgekommen. Nicht nur, dass er oft «didschl» sagt, wenn er *digital* sagen will. Oder «insentivensing» statt *incentivising*. Oder «plactic ideas», was, solly!, ein bisschen chinesisch klingt und *practical ideas* bedeuten soll. Ich begreife nicht, was schwierig daran ist, *device* wie [*dieweiß*] auszusprechen. Und wie man für *Design Sinking* werben kann, wenn es nur unterirdisch klingt. Andererseits: Unsere typischen Macken in der englischen Aussprache sind ja in den seltensten Fällen ein Drama. (Wann sie wirklich problematisch werden, lesen Sie im Kapitel ‹*I don't want your buddy wash!*›.)

Spätestens aber, als Professor Meinel von «United Stations» faselt, verstehe ich nur noch Bahnhof! Sind die Videobotschaften aus Hasso Plattners Spitzeninstitut womöglich satirisch gemeint? Schließlich wäre es leicht gewesen, die Aufnahmetaste noch einmal zu drücken, um verständlich *United States* oder *United Nations* zu sagen. Ausgespielt wirkt der Patzer hingegen wie Absicht. Oder um bei Hasso Plattner zu bleiben: wie sprachliches *mooning*. Diese Praxis ist dem Multimilliardär, Tausendsassa und Impresario – *multi billionaire, jack of all trades and impresario* – nicht nur auf seinem Segelboot vorgeworfen worden, sie hat den *students* in Stanford auch schon als Protestform gedient: Man zieht die Hose runter und zeigt den nackten Arsch – *f*** English!*

Ich wähle dieses verrückte Beispiel und den drastischen Vergleich, weil mir der Auftritt des Professors symptomatisch erscheint: für den deutsch-englischen Stuss, den wir gelegentlich fabrizieren, wenn wir in der englischen Sprache zusammenkommen und sie als *lingua franca* nutzen, also als Standard- und Verkehrssprache für Bildung, *business* und Beziehungspflege. Dies gilt umso mehr, seit *video calls* per Zoom oder Teams im *trend* sind und sich manche Mitmenschen scheinbar ununterbrochen vor Kameras und Monitoren aufhalten, also in großer Distanz zu anderen und doch irgendwie nah. Obwohl ich überzeugt bin, dass die Missverständnisse dieser neuen *meeting culture* weit über das gesprochene Wort hinausgehen (wenn ich nur an die irrige Vorstellung denke, *Zoom parties* seien tatsächliche Partys!), werde ich mich in diesem Kapitel auf die sprachlichen Tücken konzentrieren und wie man sie vermeidet.

Dabei mache ich meine kritischen Beobachtungen nicht an bestimmten Personen, bestimmten Branchen oder einer bestimmten Generation fest, vielmehr an einer Haltung, die mir in der rundherum vernetzten Welt von heute verbreitet erscheint: dass man auf Englisch alles Mögliche von sich geben kann und damit immer durchkommt – *that you'll get away with everything anyway!* Als wäre *lingua franca* nur eine andere Bezeichnung für «freestyle language», in der es weder verbindliche Bedeutungen von Wörtern und Redewendungen gibt noch kommunikative Standards gelten. Das könnte erklären, warum deutschsprachige *participants* einem *meeting* oft nicht mit dem weltweit gängigen Satz *Hello everyone!* beitreten, sondern lieber mit einer dieser drei denglischen Fanfaren:

«Hello together!»
«Hello in the round!»
«Hello also from my side in the round!»

Sicherlich ist die Toleranz der Menschen groß, deren Muttersprache Englisch ist. Sie sind es schließlich auch untereinander gewohnt, größere sprachliche Differenzen zu überbrücken. Zum Beispiel wenn ein Brite sagt: *I would like to table the issue!* – und die US-amerikanische Kollegin versteht: *He would like to postpone or forget the issue* – «er möchte das Thema vertagen oder einfach vergessen». Oder wenn sie denselben Satz sagt und der britische Kollege irrigerweise versteht: *She wants to bring up, discuss and consider the issue* – «sie will das Thema auf den Tisch bringen, um es zu diskutieren und darüber zu beraten».

Trotzdem sollten wir uns ein wenig Mühe geben. Das gilt schon, wenn wir unsere «akustischen Probleme» anbringen, ohne die viele Konferenzschaltungen keine Konferenzschaltungen wären. Im Englischen von «acoustic problems» zu sprechen, ist zwar irgendwie verständlich und deshalb tolerabel, klingt aber trotzdem seltsam. Als gäbe es Probleme mit dem musikalischen Stil, den Bob Dylan zum Entsetzen mancher *fans* vor 55 Jahren aufgegeben hat und der seit den 1990ern auch *unplugged* genannt wird. Stimmt hingegen etwas mit der Tonübertragung nicht, sind *sound problems* oder *technical issues/problems* gemeint. Auch könnte man sagen:

I cannot hear you.
Can you hear me (now)?

Da es schnell zu einer technischen «Rückkopplung» kommen kann, schadet es nicht zu wissen, dass es sich dabei nicht etwa um «backcoupling» oder so ähnlich handelt, sondern um *feedback* im guten alten Sinn. Das bedeutet erstens, dass man es so benennen muss: *There's a feedback (noise) in the line. Please turn down your (loud)speakers!* Zweitens darf man nicht immer annehmen, dass eine Person aus heiterem Himmel eine kommunikative Rückmeldung geben möchte, wenn von *feedback* die Rede ist.

Größte Vorsicht ist mit den Kommunikationsstörungen geboten, die sich durch *calls* ziehen, wenn sich einzelne Teilnehmerinnen und Teilnehmer immer wieder ausklinken, also die *Muting*-Funktion nutzen und genau genommen gar nicht teilnehmen. Die Verunsicherung und Verzweiflung über das Schweigen der anderen kann denselben psychologischen Druck erzeugen wie ein Unfall. Man klammert sich dann an die eigene Muttersprache und kommuniziert nur noch aus dem Affekt heraus:

«What is?»
«Is what?»
«Hello everyone!» – obwohl die Begrüßung lange zurück liegt.

Wer die verlorenen Seelen wirklich zurückholen möchte, könnte einen SOS-Ruf – *save our souls* – senden. Damit lässt sich die Realität wenigstens in ironischer Weise auf den Punkt bringen, den das Kontrollzentrum einst mit Major Tom erlebte:

Ground control to Peter!
Oder: *Earth to Peter, earth to Peter!*

Wer unterdessen in *video calls* mit den wiederkehrenden körperlichen Bedürfnissen offen umgehen will, statt kommentarlos zu verschwinden, kann freundlich um eine «Pinkelpause» bitten: *toilet break* oder *bio break*. Letzteres ist laut ‹Merriam-Webster› in den 1990er Jahren als *techie slang for using the bathroom* aufgekommen. Eine ähnliche Bedeutung hat die Abkürzung *afk – away from keyboard* –, die man dezent in den *chat* tippen kann.

Wer das Mikrofon hingegen immer anlässt und deshalb zum Beispiel «Cerealien» kauend am Gespräch teilnimmt, produziert nicht nur störende Geräusche, sondern provoziert auch ein neueres Wortspiel: *cereal killing*.

Läuft technisch und zwischenmenschlich alles reibungslos, lauern andere Fallen: angefangen mit Vorbereitung und Vorstellungsrunde bis zu Moderation und Verabschiedung.

So muss die Toleranz englischsprachiger *participants* unweigerlich an ihre Grenzen stoßen, wenn wir vollmundig ankündigen: «You will get the material in the next minutes.» Was als kurzfristiges Versprechen gemeint ist und «in den nächsten Minuten» bedeuten soll, kann auf Englisch nur so verstanden werden: «Sie bekommen das Material im nächsten Protokoll.» Schließlich sind *minutes* auch eine «Mitschrift». Unmissverständlich ist: *You will get it in a few minutes*. Oder: *You'll get it shortly*.

In der Vorstellungsrunde kommt es vor allem darauf an, einen guten Eindruck zu machen, was damit beginnt, den richtigen Zeitpunkt für den eigenen Beitrag abzupassen. *Timing* ist überhaupt die größte Herausforderung aller *online meetings*: Da es nur wenig bis gar keine nonverbale Kommunikation mit Blicken und Gesten gibt, ist die Gefahr groß, dass man mit unangebrachter Ungeduld und Forschheit auffällt und in die Runde platzt, nach dem Motto: «Hoppla, here am I.»

Höllisch aufpassen sollte man im Lauf des Gesprächs mit dem Satz *I hear you*. Er kann nicht nur die Stimmung, sondern auch den Gesprächsfluss zerstören, da er nicht etwa bedeutet, dass man jemanden akustisch oder inhaltlich versteht. Vielmehr bringt er in strenger, beinahe genervter Weise – *in a passive aggressive manner* – zum Ausdruck, dass sich das Gegenüber wiederholt und deshalb bitte still sein möge! Wer es akustisch meint, muss (wie schon geschrieben) sagen: *I can hear you*. Wer inhaltlich zustimmen möchte, könnte sagen:

That's right.
Exactly!
I agree.
Point taken.

Bestehen tatsächlich Schwierigkeiten, die anderen zu verstehen, sollte man keine Hemmungen haben, das Problem freundlich anzusprechen:

Could you speak more slowly please?
Could you say that again? oder *Could you repeat that last bit please?*
Could you speak up please/a little louder?
Could you explain that again? I didn't get that. I am sorry.
Just to clarify, are you saying that ...?

Wem zu viel Fachchinesisch gesprochen wird, kann um eine verständliche Sprache bitten:

Could you explain that in layman's terms – «allgemeinverständlich», «für Laien»?
Could you explain that again in a non/less technical language?

Hat man hingegen das Gefühl, nicht vollständig verstanden worden zu sein oder die Dinge nicht gut genug rübergebracht zu haben, lassen sich Missverständnisse mit folgenden Wendungen aus dem Weg räumen:

I think you might have misunderstood me ...
Please allow me to clarify it once more.
Can you leave it with me? I'll find out and let you know.
I'll get back to you on that (later).

Will man den Gesprächsfluss nicht zerstören, aber dennoch ein anderes Thema ansprechen, kann man bequem zu folgenden Redewendungen greifen:

Sorry, would you mind if I asked a question? – «Würde es (Sie/euch) stören, wenn ich eine Frage stelle?»
Could I interrupt you for a minute? – «Darf ich Sie/euch kurz unterbrechen?»
Would you mind if I jumped in there please? – «Erlauben Sie/erlaubt ihr, dass ich mich hier einklinke?»
I won't keep you long/I will keep this brief – «Ich werde mich kurz fassen.»
(Again) on the subject of ... – «(Noch einmal) zum Thema ...»
While we are on the subject of ... – «Wo wir gerade beim Thema ... sind ...»
Talking/speaking of ... I would like to add ... – «Da wir gerade von ... sprechen, würde ich gerne noch sagen ...»
By the way ... – «Übrigens ...», «am Rande bemerkt ...»
Apropos of ... – «Apropos/bezüglich ...»
Apropos of nothing ... – «Ganz nebenbei ...»

Apropos *apropos:* Wie so oft sind es auch in *meetings* die Fremdwörter, die gelegentlich Probleme bereiten, vor allem wenn sie lässig aus der Hüfte geschossen werden. Auch ich bin viele Jahre in eine kommunikative Falle getappt, wenn ich zur Absprache von Terminen und *next steps* «spontan» sein wollte: «Let's be spontaneous», habe ich gesagt, ohne zu wissen, dass das für professionelle Verabredungen unüblich ist. Man sagt:

Let's play it by ear! – sinngemäß: «Lassen Sie/lass(t) uns das spontan entscheiden!», «Die Uhrzeit können wir uns später einfach zurufen.»
We'll take it from there! – «Dann/danach sehen wir weiter!»

Von unserer Vorstellung, «wegen später spontan zu sein», müssen wir uns verabschieden, selbst wenn Übersetzungsprogramme wie DeepL «Let's be spontaneous about later!» vorschlagen. Das englische Wort hat einen Unterton von *random*, als ob man sich willkürlich oder gar lust- und triebgesteuert verhalten möchte. Der Satz ließe also (einmal mehr) auf private und womöglich sexuelle Absichten schließen.

Merken Sie sich am besten: Je informeller der englischsprachige Austausch ist, desto leichter kann uns denglischer Stuss von den Lippen kommen. Professor Meinel hat es vorgemacht: Es ist ganz leicht, sich aus dem Stegreif zu disqualifizieren! So auch am Ende aller Treffen, *meetings, hangouts,* Zoom-Konferenzen, ganz gleich, wie Sie es nennen möchten und wie gut Sie bis zu diesem Punkt «performt» haben: Wer aus Mangel an einer besseren Schlussformel «See you in old freshness» oder «Make it good» vom Stapel lässt, wirkt weder *fresh* noch *good.* Und wer «Thank you for taking your time» raushaut, dankt in Wahrheit nur fürs Trödeln – *as if you were thanking for dillydalling, dawdling [dohdling], spending time idly or faffing around.*

Das mache ich jetzt anders: *Thank you for taking the time! See you soon! And all the best!*

I feel so English

**Nur keine Hemmungen! Sprechen Sie
ruhig über Ihre Gefühle**

Mit dem Klima fing alles an. Vor gefühlt 20 Jahren. Es war aufgefallen, dass die Sommer irgendwie wärmer und die Winter irgendwie kälter sind als die tatsächlich gemessenen Temperaturen. Im Wetterbericht war deshalb auf einmal ganz offiziell von
der «gefühlten Temperatur» die Rede. Übrigens auch in der
Anglosphere – der englischsprachigen Welt: *All of a sudden per-
ceived temperatures began to feature in weather forecasts.*

Gefühlt befanden wir uns damals noch in der Steinzeit: ohne
smartphones. Ohne Instagram. Und ohne *wi-fi* – was ja heutzutage
gefühlt das erste Anliegen von Gästen in Cafés, Hotels oder Bah-
nen ist: «Can I have the dabble-ju-lahn password?» Mit dieser
Frage bleiben gefühlt 99 Prozent der reisenden Deutschen un-
verstanden, ausgeloggt und abgeschnitten von der Außenwelt –
incommunicado! Denn wer kein Deutsch spricht, würde niemals
von «WLAN» sprechen, obwohl es astreines Englisch ist: Es steht
für *wireless local area network,* hat sich aber außerhalb unseres
Sprachraums nie durchgesetzt. *The magic word* – das Zauberwort –, das gefühlt die ganze Welt versteht, lautet *wi-fi* und wird
[waifai] ausgesprochen.

Doch zurück zu den gefühlten Temperaturen: Mit ihnen sind
uns im Alltagsleben allerlei andere Fühler gewachsen. Diese ma-

chen es möglich, beliebige Situationen und Angelegenheiten zu erfassen, für die früher anstrengende Recherchen und empirische Nachforschungen erforderlich waren. Unkenntnis und Ungenauigkeit sind dadurch zu einer sympathischen Gefühlslage geworden. Wir haben gelernt, sie innerlich abzurufen, immer und überall.

Zeitgemäß leben bedeutet heute also auch postfaktisch zu fühlen, und zwar alles, was das Leben gefühlt mit sich bringt: Alter, Zeiträume, Einkommen, Paarungs(un)lust und sogar Englischkenntnisse:

«Er ist gefühlt 30.» (… obwohl er tatsächlich 40 ist.)
«Sie ist gefühlt 50.» (… obwohl sie tatsächlich auch 40 ist.)

Oder:
«Ich warte schon eine gefühlte Ewigkeit.»

Oder:
«Gefühlt verdiene ich zu wenig Geld.»

Oder:
«Mein letzter Sex ist gefühlt ein Jahr her.»
«Meiner zehn.»

Oder:
«Seit meiner letzten USA-Reise ist mein Englisch gefühlt dreimal besser.»

So bedauerlich sich vieles anfühlen mag, so erbaulich können bestimmte Gefühle auch sein. Zum Beispiel wenn sich Politikerinnen und Politiker auf gefühlte Mehrheiten oder gefühlte Minderheiten verlassen. Ein Kanzlerkandidat der SPD hat damit einmal im Wahlkampf eine gefühlte Innentemperatur knapp unter dem Siedepunkt erreicht. Das war 2017, als Martin Schulz vor der Bundestagswahl erklärte: «Gefühlt bin ich schon Kanzler.»

Für mich als Denglischen Patienten sind gefühlige Redewendung von doppelter Bedeutung. Erstens, weil es sich auf Reisen oder im Job auszahlt zu wissen, wie man unsere gefühlten Wahr- und Weisheiten allgemein verständlich übersetzt. Und zweitens, weil es sie auf ganz eigene Weise auch im Englischen gibt. Selbst ohne Kanzlerkandidat zu sein, lassen sich den ganzen Tag lang Dinge fühlen:

I feel bad/sorry for you! – «Du tust mir leid!»
Feel free! – «Tun Sie sich keinen Zwang an», «Bedien dich!»
I feel you should not be doing this! – «Es wäre besser, wenn du damit aufhörst!»

Generell gilt: Die englische Sprache geizt nicht mit Gefühlen. Tatsächlich äußern sie sich sogar ziemlich oft in Situationen, in denen man bei uns nur schräg angesehen würde. Ich denke etwa an die gängige Formulierung *I feel like* … Mit ihr lässt sich jederzeit gewissermaßen jeder Wunsch herbeifühlen: *I feel like eating an apple. I feel like going to the cinema. I feel like meeting your mother.* Stellen Sie sich das bitte auf Deutsch vor! «Ich fühle mich nach einem Apfel.» «Ich fühle mich nach einem Kinobesuch.» Oder: «Ich fühle mich danach, deine Mutter kennenzulernen.»

Die englischen Sätze bedeuten nicht mehr und nicht weniger, als dass man einen Apfel essen, ins Kino gehen oder die Mutter kennenlernen möchte. Dass man also Lust darauf hat – was übersetzt auch total daneben wäre: «I have lust on an apple, on the cinema, on meeting your mother …» Denglischer geht es nicht, aber das wissen Sie ja längst. Umgekehrt würde ich nur zwei Sätze durchgehen lassen: «Ich fühle mich nach Ferien» und ausnahmsweise: «Ich fühle mich nach einem Bier.» Alle anderen Gefühle «nach einem Schnitzel», «nach mehr Abwechslung» oder «nach einer neuen Schrankwand» halte ich für ähnlich verzichtbare Anglizismen wie «Liebe» oder «Freunde machen».

Zugleich müssen wir im Englischen immer auf den Zusammenhang achten. Fallen Sätze wie: *I feel like throwing up/like dying*, hat selbstverständlich niemand Lust, sich zu übergeben oder gar zu sterben. Die Menschen fühlen sich dann einfach schlecht und haben womöglich Lust auf Ruhe, Schlafen oder besseres Wetter.

Was nun unser modisches Adjektiv «gefühlt» betrifft, gibt es zwei klare Regeln:

1. Man kann es nicht direkt übertragen. Sagen Sie also besser nicht: «I have waited a felt/perceived eternity.» Oder: «My last sex was felt ten years ago.» Oder: «He/his age is felt mid twenty.»

2. Bilden Sie stattdessen einen Hauptsatz mit Ihrem Gefühl und packen Sie die Aussage in den Nebensatz! Ungefähr so wie ein Fernsehreporter, der vor einem brennenden Haus, vor dem britischen Parlament, vor Massenprotesten in Hongkong oder vor einem Pärchen Pandas steht, das sich in der Sonne fläzt. Der könnte sagen: «Ich habe das Gefühl (Hauptsatz), dass es hier brennt (Nebensatz).» Auf Englisch: *I feel it's on fire.* Oder: *It feels like (it is) on fire!* Also:

I feel/it feels like I've been waiting for ages.
I feel/it feels like it's been ten years since I had sex.
I feel like in my mid twenties.
It feels like I am not earning enough.
My English feels much better since I have been to the US.

Wenn Sie das alles in Zukunft drauf haben, können Sie gefühlt jede kommunikative Klippe nehmen und werden sich auf einen Schlag viel besser verstanden fühlen.

Too much information!

Passen Sie auf, dass Sie nicht *private* und *personal* verwechseln

Das Wort *private* hat in der englischen Sprache seinen ganz eigenen Reiz. Und seine Tücken! Nicht nur dass wir es aus Kriegsfilmen mit einer Bedeutung kennen, die mit unserem Verständnis von «privat» erst einmal gar nichts zu tun hat. So ging es in dem Film ‹Saving Private Ryan› nicht etwa um die Privatsphäre von Ryan, sondern darum, einen Soldaten namens Ryan aus dem feindlichen, von der deutschen Wehrmacht besetzten Gebiet zu retten. *Private* ist nämlich ein elementar wichtiges militärisches Hauptwort: Es steht für den niedrigsten Dienstgrad des (oder der!) «Gefreiten».

Wenn es hingegen wahrhaft privat werden soll, ist das im Englischen auch nicht immer leicht und konfliktfrei. Als Denglischer Patient habe ich in den letzten Jahren gelernt, unnötige Konflikte zu vermeiden, die dadurch entstehen, dass wir im Deutschen keinen großen Unterschied zwischen «privaten» und «persönlichen» Angelegenheiten kennen. Deshalb formen wir arglos einen Satz wie «I know Peter privately». Das soll ausdrücken, dass man diesen Peter nicht nur aus dem Büro und dem beruflichen Leben kennt: «Den kenn' ich privat!» Blöd nur, dass es die anderen leicht so verstehen können, dass man diesen Peter schon nackt gesehen hat. Denn das bedeutet *privately* in aller zugespitzten Kürze.

Wer dieses Missverständnis vermeiden will, sagt: *I know him personally*. Wer wiederum absichtlich über eine sexuelle Affäre mit irgendeinem Peter plaudern möchte, könnte auch *I know him biblically* sagen – ich kenne ihn, wie Gott ihn schuf. Das wäre unmissverständlich und immerhin ein bisschen poetisch.

Apropos «Affäre»: Ist sie wirklich das Verhältnis, das wir uns darunter vorstellen, ist es meistens zu allgemein, einfach von «affair» zu sprechen. Wie so oft in der englischen Sprache entscheidet ein vorangestelltes Bestimmungswort, der sogenannte *modifier*, um welche Angelegenheit es sich handelt: *a state affair* – eine «Staatsaffäre» –, *a bribe affair* – einen «Bestechungsskandal» –, *a murky affair* – «ein dunkles Kapitel» –, *a prickly affair* – «eine heikle Sache» –, *a sorry affair* – «eine traurige Geschichte» … Nicht einmal *private affair(s)* reicht für unsere Zwecke aus, weil damit alle möglichen «Privatangelegenheiten» gemeint sein können, von der Arthrose in den Knochen bis zum Bankkonto in Zürich.

Wer hingegen über eine Liebesaffäre sprechen will, sagt genau das: *love affair*. Geheimnisvoller: *secret affair*. Dabei muss man zugleich gewarnt sein, dass solche Affären schnell als unmoralisch empfunden werden und Mitmenschen schockiert sein können. Lassen Sie es mich so sagen: Während wir Deutsche uns mehr für das Innere einer Affäre interessieren, die Anziehung und Hingezogenheit der Beteiligten, fühlen sich die Menschen im englischen Sprachraum stärker verleitet, eine bestimmte Annahme über die äußeren Rahmenbedingungen zu treffen: dass die Affäre außerhalb bestehender Ehen stattfindet. Wer also unverheiratet ist, nicht fremdgeht und auch nicht diesen Eindruck erwecken will – *someone who isn't cheating, having someone else on the side nor wants to create the impression* –, ist mit *fling* (falls kurz) oder *romance* (falls länger) auf der moralisch sicheren Seite. Als ich meinen Telefonjoeker fragte, verriet er mir seine heimliche Lieblingsaffäre: *tryst* – ein altes, eher literarisches Wort, das sich als *lovers' tryst* in jedem Liebesbrief gut macht und auch den romantischen Faktor jeder Kurznachricht verstärkt.

Ein Lied, das mir im Angesicht all dieser Affären direkt ins Ohr kommt, ist Tina Turners Sehnsucht nach dem *private dancer*. Dabei geht es, was jetzt nicht mehr überraschen sollte, um mehr als private Tanzstunden. Diese wiederum lassen sich in der Welt der Tanzschulen ganz anständig als *private class(es)* bezeichnen, in den USA auch oft kurz als *privates*. Zugleich muss man mit genau diesem Wort höllisch aufpassen, weil es auch für die *private parts* steht: die Geschlechtsteile! Mit dieser Bedeutung wurde der schon erwähnte Kriegsfilm zur Zeit seines Erscheinens 1998 auch als ‹*Saving Ryan's Privates*› kolportiert. Ob Gemächt oder Gefreiter, die Popband Depeche Mode hatte gute Gründe, nicht vom «private Jesus», sondern vom *personal Jesus* zu singen: Jesus als eine Art persönlicher Helfer für alle privaten Lebenslagen.

Was nun den generellen Unterschied zwischen *personal* und *private* betrifft, muss man zunächst betonen, dass er gar nicht immer existiert. Ein Privatkonto heißt *personal account*, das Privatleben ist *personal life*, personengebundene Daten sind *personal data*. In allen drei Fällen könnte man als *modifier* aber auch *private* benutzen: *private account, private life, private data*. Im allgemeinen Sprachgebrauch wird hier nicht differenziert. Unterschiede gibt es trotzdem!

Grundsätzlich gilt, dass *personal* an eine Person gebunden ist, nicht an eine Sache. Die einzige Ausnahme, die mir einfällt, ist das «Personalpronomen» in der Grammatik, das sich nicht auf Menschen, sondern ausschließlich auf Dinge bezieht: *I am talking about the personal pronoun ‹it›*. *Private* ist hingegen nur einer Person oder Gruppe gehörig oder zugänglich, nicht beliebig vielen oder gar allen. Das hat zur Unterscheidung zwischen unternehmerischen, also «privat» finanzierten, und staatlichen, also öffentlich finanzierten Angelegenheiten geführt: *between the private and the public sector*.

Der US-amerikanische Schauspieler George Clooney hat einmal gesagt: ‹*I don't like to share my personal life. It wouldn't be personal if I shared it*›. Er hätte auch sagen können: *I don't like to share my private life.* Der Unterschied zwischen *personal* und *private* wird nämlich erst im zweiten Satz deutlich: Es ist etwas anderes, ob man sagt *It wouldn't be personal ...* oder *It wouldn't be private if I shared it.* Warum?

Betrachten wir zur Erklärung den Satz: *My personal data is not strictly private.* Ganz klar: Meine persönlichen Daten lassen sich kaum zu 100 Prozent geheim halten, irgendwer hört oder liest immer mit. *Private* wohnt der Geist der «Vertraulichkeit» und «Geheimhaltung» stärker inne als *personal.* Mit dem Satz ‹It wouldn't be personal if I shared it› hat George Clooney gesagt, dass er sein Privatleben nicht mehr besitzen und kontrollieren würde, es also nicht mehr seins nennen könnte. Mit *It wouldn't be private...* hätte er hingegen zum Ausdruck gebracht, dass es aufhören würde, vertraulich und von der Öffentlichkeit abgeschirmt zu sein.

Das erklärt auch, warum *private eye* «Detektiv» bedeutet: Er schaut hinter die Kulissen ins Verborgene der Menschen. So wie auch der freche Blick der britischen Satirezeitschrift ‹Private Eye›. Wird eine Person als *private* beschrieben, lebt sie zurückgezogen, ist zurückhaltend bis reserviert oder gar geheimniskrämerisch. Stephen Barclay, seinerzeit für den Brexit zuständiger britischer Minister, berichtete mehrfach aus Brüssel: ‹I can't reveal the discussions. These are private and confidential.› Das sollte nicht bedeuten, dass man Persönliches und Privates ausgetauscht oder gar getuschelt habe, sondern dass die politischen Verhandlungen mit der EU vertraulich und nicht für die Öffentlichkeit bestimmt waren.

Das führt mich zu den «privaten Führungen», zum Beispiel durch Kunstausstellungen. Im Deutschen können wir damit beides meinen: entweder eine Führung im exklusiven Kreis (alleine oder in kleiner Gruppe) oder eine Führung in einem exklusiven Bereich der Ausstellung, die auch in einer großen Gruppe möglich ist; entscheidend ist, dass der Bereich nicht öffentlich ist. Im Englischen wird unterschieden: Eine *personal tour* bucht man alleine oder im kleinen Kreis. Die Zahl der Teilnehmer einer *private tour* ist hingegen nicht von Bedeutung. Während *personal* eingrenzt, wer die Führung bekommt, bestimmt *private*, was gezeigt wird.

Demnach hat *private* den Anspruch, die Allgemeinheit herauszuhalten, was im Marketing gerne als *exclusive* angepriesen wird. Da es andere ausschließt, kann es auch «in Eigenregie» bedeuten. *Private labels* oder *private brands* sind deshalb Haus- oder Eigenmarken.

Und was ist mit dem *personal computer?* Er ist ein Gerät für den eigenen Gebrauch, entweder am Arbeitsplatz im Büro oder daheim. Die beste Übersetzung ist deshalb «persönlicher Rechner» oder schlicht «Arbeitsplatz» – im Unterschied zum Großrechner, auf den verschiedene Leute zugreifen. Ein «privates Gerät» ist er deshalb noch lange nicht.

Und auf jeden Fall ist er kein Computer fürs Personal! Der falsche Freund «personal» (für das englische *personnel* oder *staff*) schleicht sich gelegentlich bei uns ein und lässt eine gänzlich neue Bestimmung für das Gerät entstehen, durch die es den *users* gerade nicht mehr alleine zur Verfügung stehen würde.

Spräche man von einem *private computer,* wäre das ein Rechner, der im Zweifelsfall aus privater Tasche bezahlt wurde und der vertrauliche Daten enthält, die im Büro nichts verloren haben. Entsprechend kann man im Büro von einer *personal experience* berichten, ohne rot zu werden: *In my personal experience they are trustworthy clients.* Etwas anderes wäre eine *private experience with the client*, aber das hatten wir schon.

Bleibt noch das vertrauliche Gespräch unter vier Augen. Wer sich das wünscht, kann fragen: *Can we have a word?* Oder: *Can we talk in private?* Hauptsache, das Gespräch wird nicht *personal*, also unsachlich. Das ist der Fall, wenn tatsächliche oder nur scheinbare persönliche Eigenschaften des Gegenübers thematisiert werden, die nichts zur Sache tun: «Sie sind viel zu jung, unerfahren, dumm, alt, kleinkariert ...» Hier handelt es sich um eine unaufrichtige Scheinargumentation – *a disingenuous reasoning or a red herring.* (Lesen Sie mehr über diesen roten Hering im nächsten Kapitel.) Hochgestochen Lateinisch ist auch von *argumentum ad hominem* die Rede. Dazu lassen sich immer wieder viele Menschen verleiten, besonders gerne hinter vorgehaltener Hand: *on the quiet, off the record* oder, wie mir Joe neulich zuflüsterte: *in Steve Job's mode!*

Ziemlich unsachlich, um nicht zu sagen unlogisch und widersprüchlich, ist übrigens auch die Bezeichnung britischer Privatschulen. Je elitärer sie sind, desto mehr legen sie Wert darauf, *public schools* genannt zu werden, obwohl sie aus großen privaten Schatullen finanziert werden, nicht aus der Staatskasse – *they are funded from private wealth not from public taxes.* Die Bezeichnung *public school* kommt aus einer Zeit, als Eltern zwischen Privatlehrern für ihre Sprösslinge und neu gegründeten öffentlichen Lehranstalten wählen konnten. Wer arm war, bekam gar keine Ausbildung!

Das kann zu verwirrenden Dialogen wie diesem führen:

Do your children get private education?
Yes, they attend a public school.

Was dort abgeht, ist selbstverständlich *strictly confidential.*

Bekennt endlich Farbe –
know your true colours!

**Wie man «rot sieht» und «das Blaue
vom Himmel lügt»**

Jeder Mensch hat seine Reizthemen. Für mich sind es Phrasen wie «That's not the yellow from the egg» oder «Everything in the green area». Man hört und liest sie immer wieder. Obwohl sie schwachsinnig sind, werden sie sogar auf Postkarten gedruckt und verkauft. Nicht dass ich mich darüber grün und blau ärgere oder gleich rot sehe. Die Leute sollen kaufen und lustig finden, was sie wollen! Doch für sinnvolle englische Gespräche sehe ich durchaus schwarz. Schließlich erlebt man leicht ein blaues Wunder, wenn denglische Albernheit die Sicht versperrt für das, was man sagen kann und was nicht: «I get green and blue of anger»? «I see red»? «I see black»? «I experience a blue wonder»? …

… wissen Sie es?

Um das «Gelbe vom Ei» rasch aufzuklären: Eine wörtliche Übersetzung dafür existiert nicht, weder mit «gelb» noch mit «Ei». Man könnte sagen: *That's brilliant!* Oder: *That's not exactly brilliant* – was mich nebenbei daran erinnert, dass ich in deutschsprachigen Texten gelegentlich «brilliant» lese. Ich frage mich, ob es Absicht ist oder ob wir langsam vergessen, dass das deutsche «brillant» nur mit einem «i» geschrieben wird.

Immerhin kann ein fehlendes «i» nicht zu denselben Missverständnissen führen wie der kunterbunte Haufen an Redewendungen, denen ich dieses Kapitel widme – *this chapter is dedicated to a host of colourful expressions.* Und falls Sie sich gerade fragen, wie «ein kunterbunter Haufen von Menschen» übersetzt wird: *motley crew!* Mir ist dieser Ausdruck geläufig, seitdem ich wissen wollte, was uns die *heavy metal band* Mötley Crüe mit ihrem Namen sagen will. Durch die Umlaute hatte ich auf ein paar Witzbolde aus Deutschland getippt, nicht auf todernste *hard rock musicians from Los Angeles.*

Doch kommen wir zu den bunten Redensarten: Mit ihnen will ich Sie ermutigen, mehr Farbe in Ihren Wortschatz zu lassen. Gleichzeitig warne ich vor einer bestimmen Farbenblindheit, die erst zutage tritt, wenn wir die rote Linie schon überschritten haben – *a colour blindness that we only discover once we have crossed the ...* hier unterbricht mich plötzlich mein Telefonjoeker, der ahnt, dass ich *red line* schreiben möchte. Er warnt mich: ‹*In english, we don't use «red line» that way. You cannot cross a red line by using the wrong colour idiom! The «red line» is usually used for a much more serious transgression*› – also eine schwerwiegende «Grenz- oder Regelüberschreitung». Überrascht frage ich zurück: ‹*But I mean it in an ironic way. Not funny?*› Joe bleibt eisern: ‹*Not funny!*› (Mehr über *transgression* und andere Übergänge im Leben lesen Sie im Kapitel ‹Segway to heaven›.)

Womit Joe auf jeden Fall Recht hat: Mit eingefärbten Redensarten müssen wir vorsichtig sein! Um bei der Farbe Rot zu bleiben: Stellen Sie sich vor, Joe würde sagen: «Ich mag das rote Klebeband in Deutschland nicht», bloß weil es in seiner Muttersprache gängig ist, auf diese Weise über die «Bürokratie» zu klagen: *I don't like the red tape in Germany.* Oder: *There's too much red tape in Europe.* Wer *red tape* nicht kennt, muss das für kompletten Stuss halten.

Wie viele Farben und Schattierungen, Schwierigkeitsgrade und letztendlich Fallen es gibt, zeigen alleine die Übersetzungen der fünf Beispiele, die ich Ihnen noch aus dem ersten Absatz schuldig bin:

1. «Wir erleben ein blaues Wunder» – *We get the shock of our lives; we receive/suffer a setback* («Wir erleben einen Rückschlag»).
2. «Alles im grünen Bereich» – *Everything is fine/okay.*
3. «Ich ärgere mich grün und blau» – *I am extremely angry about ..., it galls me that ..., it maddens me that ...* (dasselbe gilt für «sich schwarz ärgern»).
4. «Ich sehe rot» – *I see red!*
5. «Ich sehe schwarz» – *I'm pessimistic about ..., I feel gloomy about ...*

Leicht sehen Sie: Die deutsch-englische Farbenlehre ist unberechenbar. Mal darf man den gewohnten Anstrich behalten *(to see red)*, mal liegt man genau damit total daneben! Das ist auch der Fall, wenn wir uns beim englischsprachigen Augenarzt mit einem «roten Auge» vorstellen. Auf Englisch ist immer vom *pink eye* die Rede, solange nicht die Folgen eines unzumutbar späten oder frühen Flugs gemeint sind (und man zugleich eine Schwäche für Managerfloskeln besitzt): *On Friday night, I took the red-eye from London and on Monday morning I took it back.*

Wo ich von verfärbten Augen spreche: Ich selbst erntete einmal schräge Blicke, als ich in Cardiff das kassierte, was ich für ein «blue eye» hielt. (Bitte fragen Sie nicht nach den Umständen!) Was William Shakespeare vor 400 Jahren noch verstanden und geschrieben hätte, wird heute nur noch *black eye* genannt, auch im übertragenen Sinn: *The face mask scandal was a black eye for the government* – der Skandal um die Masken fügte der Regierung ein blaues Auge zu.

Wer *black* und *blue* kombiniert erleben möchte, muss etwas weiter gehen als ich in Cardiff und entweder andere «grün und blau schlagen» oder dasselbe erfahren – *to beat somebody/to be beaten black and blue.* Hier sehen wir, was uns in beiden Sprachen im Moment des Schmerzes bleibt: das Blaue! (Daher kommt im Deutschen auch der Ausdruck «etwas einbläuen».) Unser «blauer

Fleck» hat hingegen auf Englisch gar keine Farbe, er wird *bruise* [*bruhs*] genannt.

Das gilt auch für andere Fälle, wenn wir zum Blauen neigen und ohne Plan und Orientierung, mit einem Schuss Willkür, aufs Geratewohl und auf gut Glück handeln, also «ins Blaue»:

We're going into the unknown.
We are flying blind.
It's a random shot/a shot in the dark/a stab in the dark.

Ein anderes verbreitetes Wort für das (blaue) Ungewisse ist das Adjektiv *haphazard* [*häpp'häs(ö)d*]. Es setzt sich zusammen aus *to hap*, ein mittlerweile ausgedientes Verb für «einfangen», und *hazard* – «Zufall», «Risiko», «Wagnis». Je dunkler es wird, desto besser passt es:

«Er gibt einen Tipp ins Blaue ab» – *he's guessing haphazardly.*
«Sie versuchte es ins Blaue» – *it was her/an haphazard attempt.*
«Die Polizei ermittelt im Dunkeln» – *the police makes an haphazard investigation.*

Noch besser gefällt mir hier eine spezielle Redewendung für Kriminalfälle, auch wenn sie farblos ist: *The police are on a fishing expedition.*

Als Faustregel können Sie sich merken, dass unser Blau meistens nicht übersetzt wird. Etwa wenn wir «das Blaue vom Himmel versprechen» oder gar «lügen»:

He promised everything under the sun.
Her promises are pie in the sky. It was a pie in the sky promise.
She lied through her teeth.
He lied his head off.

Dasselbe gilt, wenn wir erstens «ins Blaue fahren», was zweitens ein schöner Ausflug «ins Grüne» werden kann. Die erste Farbe wird hier nie, die zweite nur selten übersetzt:

Let's just go anywhere! Let's go on a random trip/tour/walk! Let's go for an outing! Let's go somewhere nice/warm/cosy ...!
Let's go somewhere green! Let's go for a walk/a picnic/a swim! Let's go to the country(side)!

Ein stolzer Vertreter der englischen Oberschicht hat mir übrigens einmal erklärt, dass Menschen in England, die wirklich Besitz im Grünen haben und viel auf sich halten, kurz: die adelig sind oder es gerne wären, selten von *countryside* sprechen: *That's what foreigners do!* Vielmehr würden seinesgleichen sagen: *It's beautiful in the country. I much prefer our neighbours in the country to the ones in the city.* Und was ist mit dem «blauen Blut» der Adeligen? Es fließt über alle Sprachbarrieren hinweg als *blue blood.*

Währenddessen sucht unser «blauer Brief» seinesgleichen. Die Schule verschickt ihn als Warnung, wenn die Versetzung gefährdet ist. Und wenn wir erwachsen sind, kann er uns als knallhartes Kündigungsschreiben erreichen. Für die erste Bedeutung gibt es gar keine englische Entsprechung, es ist eine Art *warning shot* für Eltern. Im zweiten Fall erhält man *a pink slip.* Gibt es dafür schwerwiegende Gründe, kommt eine andere Farbe ins Spiel, die wir aus dem Fußball kennen: *Peter was shown the red card.* Oder: *His boss showed him the red card.* (Noch viel mehr Fußball-Englisch finden Sie in den beiden Kapiteln «We have a grandios Saison gespielt» und ‹*Let's talk footy!*›.)

Bleiben noch unsere beiden Klassiker «blauäugig» und «blau sein»:

- Wer naiv und gutgläubig ist, gilt als *wet behind the ears* oder *half-baked.* Älteren Personen, die ein bisschen weltfremd oder zu idealistisch erscheinen, wird ein Sternenblick nachgesagt: *a starry-eyed journalist/politician and so on.*

- Wer «blau» ist, muss zwar die Farbe vergessen, kann aber die eigene Alkoholisierung mit zig anderen Ausdrücken beschreiben, je nach Stadium: *Last night I had one too many, I was well-oiled, I was pissed, smashed, legless, I had a meltdown* .... (Im zweiten Band meiner Buchreihe «The devil lies in the detail. Lustiges und Lehrreiches über unsere Lieblingsfremdsprache» habe ich der Trunkenheit ein ganzes Kapitel gewidmet. Bei buzzfeed.com finden Sie sogar eine Liste mit mehr als 2400 Beschreibungen für den Rausch.)

Zugleich ist unser «Blausein» eine herrliche Quelle für Missverständnisse. Denn wie wir aus zahllosen *pop songs,* Filmen und Büchern wissen, ist *to feel blue* oder *to be blue* etwas anderes, selbst wenn es die Ursache oder die Folge eines gesteigerten Alkoholkonsums sein kann. Das *OED* kennt folgende Bedeutungen: *depressed, low-spirited, sad, sorrowful, dismayed, downcast, miserable, melancholy, dejected* – «deprimiert», «trübsinnig», «traurig», «sorgenvoll», «bestürzt», «niedergeschlagen», «erbärmlich», «wehmütig», «geknickt». Wie arg verstrickt man in diese Gemütszustände sein kann, hat Bob Dylan einst vorgesungen: ‹Tangled Up in Blue›. Das Lied macht mich auf die schönste Art melancholisch.

Allein diese Beispiele führen uns vor Augen, dass es «blau» auch in der englischen Sprache mächtig in sich hat. Während im Deutschen vieles «ins Blaue» hinein geht, kommt im Englischen einiges «aus dem Blauen» heraus: *He turned up out of the blue.* Bei uns käme er «aus heiterem Himmel»: *Peter called me out of the blue.* Die Steigerung ist ein «Blitzschlag» oder ein «Pfeil», der aus dem Blauen kommt: *Peter divorcing his wife didn't come as much like a bolt from the blue than his decision to quit his job* – seine Scheidung war weniger unerwartet und überraschend als seine Entscheidung, den Job an den Nagel zu hängen.

Apropos *job:* Jeder kennt *blue collar workers* in *blue collar jobs* –
Menschen mit blauen Kragen, die ihr Geld mit den Händen verdienen und manchmal das tragen, was wir als «Blaumann» bezeichnen. Ihre Aufträge bekommen sie oft von Menschen, die
wenigstens früher stolz auf ihre weißen Kragen waren: *white
collar workers/employees* – «Büroangestellten» – in *white collar
jobs* – «Bürotätigkeiten» –, wo es gelegentlich zu *white collar crime*
kommt, also zu «Wirtschaftskriminalität».

Manche Zustände in der Wirtschaft ärgern mich dermaßen,
dass ich heftig fluchen möchte. In der *Anglosphere* kann dann die
Luft blau werden – *with his anger on white collar crime Peter made/
turned the air blue.* Eine Sprache mit vielen Kraftausdrücken heißt
blue language. (Wie man effektiv flucht, können Sie im Kapitel
‹*Fuck off for beginners*› erfahren.) Als *blue movies* versteht man unterdessen «pornografische Filme».

Hier auf die Schnelle – *on a fly* – noch zwei Wendungen in blau,
die Sie kennen sollten:

Once in a blue moon sind «alle Jubeljahre».
Und *boys/men/women in blue* sind «die Polizei». (Ob es auch
girls in blue gibt? Ich muss an den lesenswerten Roman ‹*The Girl
in Blue*› von P. G. Wodehouse denken. Er handelt allerdings von
einer *stewardess.*)

An diesem Punkt hätte ich Verständnis, falls Sie Zeit zum Ver-
schnaufen brauchen. Sie sollen sich schließlich nicht in die Farben der Sprachen tauchen, «bis Sie schwarz sind» – *until you are
blue in the face.* Dieser allerletzte blaue Ausdruck ist die beste
Übersetzung für «bis zum Gehtnichtmehr». Und er ist die Über-
leitung zu den dunkelsten aller Redewendungen. Sie sind ungefähr so vielschichtig wie die Antwort auf die Frage, ob Schwarz
überhaupt eine Farbe ist: Es heißt, Schwarz sei alle Farben auf
einmal! Ich habe sie in vier Gruppen aufgeteilt:

1. «schwarz» nur auf Deutsch:

«Ich fahre schwarz» – *I'm* AE *traveling/BE* *travelling without a ticket, I'm dodging the fare, I'm a fare dodger;* «Schwarzfahren» – *fare-dodging,* AE *traveling/BE* *travelling without a ticket.*

«Ich arbeite schwarz» – *I work illegally, I work/earn on the side, I don't pay taxes on my work, I get paid under the table.*

«Sie zahlt keine Rundfunkgebühr und schaut schwarz» – *She watches public service television without paying the licence (fee).*

«Er hat mich angeschwärzt» – *He has denounced me, he has turned me in, he has informed (the police) against me, he dobbed me in, he ratted me out, he snitched on me (for doing something).*

«Er malt immer alles schwarz» – *He* AE *catastrophizes/BE* *catastrophises everything.*

2. «schwarz» und *black:*

«Du bist auf der schwarzen Liste» – *You have been blacklisted.* (Der Ausdruck wird auch ironisch ins Gegenteil verkehrt: im Sinne eines Privilegs! Also etwa: «Du gehörst zum exklusiven Kreis.»)

«Das bekommt man auf dem Schwarzmarkt» – *That one can get on the black market.*

«Er ist das schwarze Schaf» – *He's the black sheep.*

«Mein Kater ist schwarz wie die Nacht» – *My tomcat is black as the night.*

«Wir sind in den schwarzen Zahlen» – *We're in the black.*

3. *black* nur auf Englisch:

She has blackened her boss – «Sie hat den Boss diffamiert/seinen Ruf ruiniert.»

She blackmailed me – «Sie hat mich erpresst.»

Tomorrow's party will be a black tie event – «Der *dress code* (Englisch) morgen ist Smoking (kein Englisch).»

He was blackballed by the tennis club – «Er wurde vom Tennisclub abgelehnt.»

He is in many people's black book – «Viele Leute haben ihn abge-schrieben/auf dem Kieker», kurz: «Er ist unten durch!»

4. *black* in beiden Sprachen:

Hier beschränke ich mich auf den *blackout*. Der wiederum macht die Rückfrage erforderlich: Welcher denn? Die wichtigsten Definitionen aus dem «Duden» und dem OED:

«Duden»: «zeitweiliger Ausfall des Sehvermögens unter der Ein-wirkung hoher Beschleunigung oder bei Kreislaufstörungen» – OED: *‹Temporary loss of vision experienced when a person is subjected to strong accelerative forces, esp. during flying›*

«Duden»: «plötzlich auftretender, kurz dauernder Verlust des Bewusstseins, Erinnerungsvermögens» – OED: *‹A (usually tempo-rary) loss of memory; an amnesic gap, esp. for events occurring during a period of alcohol intoxication. Also: a momentary or brief loss of consciousness, esp. when caused by reduced blood flow to the brain; a faint›* – «Ohnmacht»!

«Duden»: «Aussetzen des Empfangs von Kurzwellen» – OED: *‹Loss of radio reception›*

«Duden»: «totaler Stromausfall (besonders in einer Groß-stadt)» – OED: *‹The failure of an electricity supply (esp. with respect to lighting); the resulting darkness›*

«Duden»: «nächtliches Verdunkeln von Objekten zum Schutz gegen einen Luftangriff» – OED: *‹The action and material of extin-guishing or obscuring lights, esp. by covering the windows in a build-ing, as a precaution during air raids; the resulting darkness; the time or period of compulsory extinguishing or covering of lights›*

«Duden»: «plötzliches Verdunkeln der Szene bei Schluss des Bildes im Theater (besonders nach Pointen im Kabarett)» – OED: *‹The darkening of a stage, as between scenes, during a performance; a darkened stage›*

Zu allem Überfluss führt das *OED* für *blackout* noch eine «dick-flüssige Schokoladentorte» auf. Und eine «Nachrichtenblocka-de». Dass es dazu längst nicht nur in Diktaturen kommt, zeigen sogenannte *blackout periods,* auch *election silence* genannt: In Australien, im Vereinigten Königreich oder in einigen Staaten der EU ist während oder auch kurz vor Wahlen eine politische Bericht-erstattung verboten.

Wenn man nun «Weiß» zum «Schwarzen» mischt, beruhigt sich das chaotische Bild. Zwei Redensarten sind im Deutschen und im Englischen mehr oder weniger identisch:

It's not as black and white as he thinks – «Das ist nicht so schwarz-weiß, wie er denkt.»
It's written here in black and white – «Hier steht es schwarz auf weiß.»

Bekanntlich ergeben Schwarz und Weiß einen langweiligen «Graubereich». Er ist im US-amerikanischen Englisch *gray area* und im britischen Englisch *grey area.*

«Weiß» alleine macht alles wieder etwas komplizierter: Wie überall auf der Welt kennen wir die «weiße Fahne» – *the white flag.* Als Anglizismus haben wir außerdem «weiße Listen» – *white lists:* voller vertrauenswürdiger Personen, Institutionen oder Sa-chen, also das Gegenteil von *black lists* (siehe oben). Auch haben wir «Weiße Ritter» – *white knights.* Sie springen rettend ein, zum Beispiel finanziell.

Doch was ist *a white elephant?* Als Edmund Stoiber, der frühere bayerische Ministerpräsident, einmal im Weißen Haus bei George W. Bush zu Gast war und ihm einen weißen Elefanten aus Nymphenburger Porzellan schenkte, war der eine gelungene Ver-sinnbildlichung seiner selbst: ein total nutzloses Geschenk! Im schlimmsten Fall, wenn der Elefant lebt, kostet dessen Unterhalt auch noch eine Menge Geld. «Weiße Elefanten» provozieren im-mer die Frage: «Was machen wir jetzt damit?» Ob es in Stoibers

Fall Absicht war? Hätte er vor laufenden Kameras mit «nein» geantwortet, wäre es möglicherweise *a white lie* gewesen – eine «Notlüge»!

Während der Politik *white papers* (oder «Weißbücher») seit ungefähr 100 Jahren dazu dienen, die Öffentlichkeit ausführlich über Themen zu informieren, praktiziert man in jüngerer Zeit auch das «Weißwaschen», um größere Fehler (also zum Beispiel die Sache mit dem weißen Elefanten) zu vertuschen: *The government was accused of whitewashing the scandal over face masks.* Man versucht also, den belastenden Dreck zu beseitigen. Im Englischen wird das Ziel *a clean slate* genannt – eine «saubere Schiefertafel». Sie entspricht unserer «weißen Weste»: *The government is trying to wipe the slate clean/wipe (off) the slate.* Danach kann man von vorne anfangen – oder, wie das *OED* erklärt: ‹*to make a fresh start*›!

Noch langweiliger als *white* ist übrigens *vanilla*, wenn man es als Farbe verstehen will, nicht als Geschmacksrichtung (die ich mag!). Wer Einfältigkeit und Durchschnittlichkeit benennen möchte, also nichts Besonderes, sagt: *that's (plain) vanilla* – einfach «08/15»!

Bevor Sie gleich einschlafen, lassen Sie uns schnell zurückkommen zu den echten Farben, die leuchten und alles andere als langweilig sind. Fangen wir mit *purple* an, irgendwas zwischen blaurot und rotblau, auch «purpurrot», «violett» und «lila»:

They are going through a purple patch – «Sie haben eine Glückssträhne!»

Das Gegenteil, eine «Pechsträhne», wird *losing streak* oder *bad/rough patch* genannt. Das führt mich zur Warn- und Signalfarbe Rot:

- *to be in the red* – kennen wir auch zu gut: Schulden haben und «in den roten Zahlen sein». Jeder hasst es: *Everybody hates being in the red!*

- *to be out of the red* – der ersehnte Zustand: *Only winning the lottery took me out of the red.*
- *to catch someone red-handed* – eine Person «auf frischer Tat ertappen», wir sagen auch «in flagranti», möglicherweise mit einem eindeutigen Beweis in den Händen, zum Beispiel einer noch qualmenden Pistole: *The robbers were caught red-handed with two smoking guns: a bag of money and a pistol.*
- *to be red in the face* – eine von vielen Möglichkeiten, peinliches Erröten auszudrücken: *He goes/turns red in the face when his colleague tells him that his fly is undone/open* – dass der «Hosenstall» offen ist! (Mehr Varianten fürs Rotwerden finden Sie im Kapitel «Let's become concrete!».)
- *to paint the town (red)* – «die Stadt unsicher machen», «(ordentlich) auf den Putz hauen», «einen draufmachen», «die Sau rauslassen» und was einem sonst einfällt, wenn die Fesseln los sind: *No work and no children to look after during the coming weekend, so let's go and paint the town red!*
- *to roll out the red carpet* – der «ganz große Empfang», wenn der rote Teppich ausgerollt wird. Gibt es nicht nur für Staatsmänner und -frauen – *the red carpet was, of course, rolled out for the Queen* –, sondern auch im Privaten: *My girlfriend's parents always give us the red-carpet treatment when we visit them.*
- *a red flag* – eine ernste Warnung: *The broken front axle of my car raised a red flag for an immediate safety inspection.*
- *red hot* – der neueste Scheiß, den alle wollen: *The new gadget is red-hot. I have been waiting outside the shop for days and nights to get hold of it!*
- *red herring* – «rot» reimt sich auf «tot», so wie der unbedeutende Hering oder die leblose Katze, die auf den Tisch geworfen wird, um von wichtigen Themen und den wirklichen Problemen abzulenken. Wir sprechen von «Finten»: *That topic sounds exciting but it is just a/another red herring. Nothing new, nothing sensational, nothing to add to solving the real problems but simply a waste of time. It's their typical dead-cat strategy!*

- *red-letter day* – entspricht unserem «roten Eintrag im Kalender», kombiniert mit einer Portion Freude: *Without doubt, my birthday was a red-letter day for my mum.*

Ist die Freude noch ein bisschen größer, kommen wir zur Farbe Rosa, im Englischen meistens *pink* genannt:

- *to be tickled pink* – «sich wahnsinnig freuen»: *Peter was tickled pink when his mother finally read his book.*
- *to see pink elephants* – «weiße Mäuse sehen»: *Has she taken drugs? Her stories are very hard to believe. She seems to be seeing pink elephants.*
- *to be in the pink of (one's) health/youth etc.* – «in voller Blüte sein»: *Your grandmother looked ever so well when I saw her, she was in the pink of condition.*
- *to look through rose-tinted/rose-coloured glasses* – wenn man sich die Dinge schöner sieht (oder trinkt), als sie sind, also «durch die rosarote Brille»: *When he has had one too many* (Bedeutung: siehe oben) *he always sees everything through rose-tinted glasses.* Wer sich unter Alkoholeinfluss andere Menschen schön trinkt, trägt laut ‹*Merriam-Webster*› übrigens *beer goggles* – die «Bierbrille».

Hält man darüber hinaus auch den Besitz anderer Leute für schöner und besser als den eigenen, landet man beim Neid, und der ist auf Englisch *green: He's green with envy* – «er ist gelb (oder grün) vor Neid». (Gelb ist im Englischen auch nicht vorteilhaft belegt: *yellow-bellied* bedeutet «feige».)

The grass is always greener on the other side – diesen Anglizismus haben wir auch. Die deutsche Redensart gefällt mir allerdings besser, weil der Neid hier schließlich berechtigt ist: «Die Kirschen des Nachbarn schmecken süßer.» Eine weitere deutsche Redensart ist: «Ich bin dir grün.» Sie ist ein Ausdruck der Zuneigung, den man so übersetzen kann: *I am fond of you.*

«Grün» ist darüber hinaus dem Grünen vorbehalten. Zwar haben wir gelernt, dass man in unserer Lieblingsfremdsprache nicht «ins Grüne» fährt. Aber wenn man im grünen Garten gut und gerne arbeitet, hat man nicht nur bei uns einen «grünen Daumen», sondern auch auf Englisch: *She has a green thumb/green fingers.* In Großbritannien gilt man auch als *green fingered.* In den USA ist hingegen vom *brown thumb* die Rede, wenn jemand kein Geschick im Garten beweist. Das führt mich kurz zu einem anderen braunen Amerikanismus. Er beschreibt unseren «Arschkriecher»: *a brown-noser!* Und «Arschkriecherei» ist *brown-nosing.* Doch bevor man zu solchen hässlich braun gefärbten Ausdrücken greift, sollte man vielleicht besser ganz auf Farben verzichten:

- *to be colourless* – «farblos sein»: *It's difficult to make conversation with him. He is dull and colourless.*
- *to be off* AE *color*/BE *colour* – «sich unwohl fühlen»: *After I had Covid I was really off colour for a couple of weeks.* Eine zweite Bedeutung existiert vor allem in Großbritannien: Ein «geschmackloser Witz» ist dort *an off colour joke.* Das *OED* erklärt es so: ‹*of questionable taste, disreputable, improper, vulgar, slightly indecent or obscene*›.

Freundlicher sind ohne Zweifel die Redewendungen mit unbestimmten Farben:

- *to give/lend color/colour to* – (langweilige) Themen und Berichte spannender machen und aufpeppen. Beliebt unter Journalisten: *The broken door and stolen items lent colour to the story of a robbery.* Oder: *The props* – die «Kulissen» – *in the play* – im «Theaterstück» – *helped to give color to the performance.*
- *a highly colored/coloured text/report* – mit anderen Worten: Man kann es auch übertreiben mit den Farben! Im Netz fand ich diesen farbigen Beispielsatz: *The highly coloured burglary report had to be rewritten when they found out that the police officer who*

wrote it was a relative of the family – er war ein Verwandter der Bestohlenen.

- *to sail under false colors/colours* – «unter falscher Flagge segeln»: *Is the boss of the union* – der «Gewerkschaftsboss» – *sailing under false colours? I don't think he really understands what he's supposed to be doing!*
- *local color/colour* – haben wir auch: das «Lokalkolorit». *The weekend vegetable market in our small town adds much local colour.*
- *to see/show one's true colors/colours* – «sein wahres Gesicht erkennen/zeigen»: *When he started using colourful idioms he revealed his true colours – and everyone could see it.*
- *with flying colors/colours* – «mit Bravour» oder «mit Glanz und Gloria»: *She sailed through the exam with flying colours.* (Achtung! *Sail through* bedeutet nicht «durchfallen», sondern «bestehen».)
- *to paint in bright/dark colors/colours* – «beschönigen» bzw. «schlecht darstellen»: *When Peter was employed he didn't like it and he wasn't happy, but he painted everything in the brightest colours, and made it look like he was absolutely fine. Later he learned to paint the self-employed life in dark colours in order to get more support!*

Kommen wir am Schluss zu meiner neuen persönlichen Lieblingsfarbe: Silber! Ich nehme an, dass sie es geworden ist, weil ich graue Haare bekomme – *getting gray/grey hair has one upside: I am very slowly turning silver!* Man könnte auch von *salt and pepper hair/ beard* sprechen. Im Jargon des *marketing* ist außerdem von *silver economy* und *silver surfers* die Rede. Aber nicht von «Silver Agers», das ist Pseudoenglisch!

Nicht übersetzen lässt sich der «silberne Löffel», den man niemals klauen darf – *the German idiom ‹stealing silver spoons› defies translation.* Dieser Diebstahl ist der Inbegriff für eine gesellschaftliche Verfehlung, mehr noch als *one's hand in the (cash) register.* In England steht der Silberlöffel für eine privilegierte Kindheit in einer wohlhabenden Familie und für eine gewisse Lebensuntüchtigkeit: *Mortimer has never had a job. He was born with a silver spoon in his mouth.* Bei uns wird man in solchen Fällen mit dem «goldenen Löffel» groß.

Zu «golden» fällt mir ein, dass unser «Goldesel» im Englischen eine Gans ist: *the golden goose.* Sie legt *golden eggs.* Eine «Glanzzeit» oder «Blütezeit» heißt *golden age.* Und «Glückskinder» sind *golden boys/girls,* vor allem als Sportlerinnen und Sportler. Gelernt haben wir den *golden handshake,* den man bei uns als Anglizismus oder übersetzt als «goldenen Handschlag» bekommen kann.

Als großen Klassiker gibt es noch die «Leinwand» – *the silver screen,* der Inbegriff für Hollywood. Das wiederum betrachte ich als einmalige Gelegenheit – *a golden opportunity* –, an das ‹White Album› der Beatles zu erinnern, die in ihrem Lied ‹Honey Pie› («Mein Zuckerschneckchen») über ein englisches Mädchen in Hollywood gesungen haben:

> ‹You became a legend of the silver screen
> And now the thought of meeting you
> Makes me weak in the knee›

Nach diesem Ausflug hoffe ich, dass Sie die Farben nicht satthaben – *I hope you are not browned off!* Nach meinen anfänglichen Bedenken sehe ich jedenfalls nicht mehr schwarz – *I am no longer pessimistic about you having colourful conversations in English!*

Helmut me home!

**Über einen Clown aus Dresden, der in einem
New Yorker Taxi die geniale *verbification* lehrt**

Wenn Menschen, die nur der deutschen Sprache mächtig sind,
plötzlich alles auf Englisch machen müssen, geraten sie leicht an
den Rand der Verzweiflung – *they are bordering on despair.* Der Zustand resultiert aus einer ihnen ganz eigenen Herangehensweise:
Sie verwirren ihre Umgebung, weil sie selbst verwirrt, überfordert
und auch ein bisschen fasziniert sind. Dabei könnte alles ganz
easy sein!

Ein Schauspieler, der diese innere Krise wie kein zweiter dargestellt hat, ist Armin Mueller-Stahl. In dem Filmklassiker ‹Night
on Earth› spielt er den Taxifahrer Helmut Grokenberger, der versucht, sich in New York City durchzuschlagen, oder besser gesagt:
der sich bemüht, holpernd voranzukommen. Er macht es ohne
wesentliche Englischkenntnisse oder die notwendige Fahrtaug-
lichkeit.

Es tut weh und ist zugleich unterhaltsam anzusehen, wie in seinem New Yorker Taxi – dem *yellow cab* – die Mentalitäten aufein-
anderprallen, bevor sie ihren gemeinsamen Weg nach Brooklyn
finden. Zur Verwirrung trägt bei, dass Grokenberger das Ziel unentwegt «Brookland» nennt.

Im Rückblick wirkt die Fahrt durch eine kalte Nacht im Jahr
1991 wie ein modernes Wintermärchen. Mehr als drei Jahrzehnte

nach dem Fall der Berliner Mauer ist jener Helmut mit der Fellkappe das Porträt eines ostdeutschen Auswanderers in die große weite Welt. Zugleich hat ihn der US-amerikanische Regisseur Jim Jarmusch, dessen Mutter Deutsche war, zu einer Ikone für viele von uns gemacht: für Denglische Patientinnen und Patienten, die sich auf einem Auslandseinsatz befinden, egal ob aus dem Osten oder Westen, Norden oder Süden.

Daheim in Dresden war Helmut Grokenberger ein Clown, der auf zwei winzigen Flöten gleichzeitig spielen konnte, was er im Taxi mit einem gewissen Zauber demonstriert. Spricht er, gibt er viel Kauderwelsch von sich. «Ich bin in trouble», sagt er wie für dieses Buch gedichtet. Und er lobt Jojo, seinen Fahrgast: «You are my most best customer.» Dieser amüsiert sich derweil über den deutschen Namen: «Helmut!» Weil er klinge wie *helmet*, also wie ein Helm.

Da könne man sein Kind auch «Lampenschirm» nennen! Schon hat der Fremde aus *Germany* seinen Spitznamen weg: *lampshade!* Wie würden erst die deutschen Wörter «Taxifahrt» oder «Autofahrt» in Jojos Ohren klingen? Es spricht für den Humor des Films, dass dieser Kalauer nicht bemüht wird.

«Goes good. Goes good», sagt Helmut, als sein Taxi endlich rollt, um dann von Jojo schon wieder korrigiert zu werden: ‹*In English, we say «good to go»!*› Doch für Helmut ist es bereits ein Erfolg, überhaupt verstanden zu werden und ein bisschen voranzukommen. Mit jedem Versuch macht er einen kleinen Schritt nach vorne. Es ist ein mühsamer, aber lohnender Weg, den er von seinem bisherigen Leben schon gewohnt ist: als Clown in der DDR, von der DDR ging es in die Bundesrepublik, von Europa nach Nordamerika, immer von einer Gelegenheit zur nächsten. Symbolisch für Helmuts holprige Manöver durch die Stadt, durch die Sprache und durch die Welt ist der Gang des Automatikgetriebes, den er nicht finden kann. Jojo: ‹*You must put in D for drive!*› Und mehrmals, fast ungläubig, sagt Helmut: «D is to drive!», «Drive is D!»

«D» ist tatsächlich wie *drive!* Allerdings ist es unmöglich, eindeutig zu bestimmen, ob damit das Verb *to drive* – «fahren» – oder das Hauptwort *the drive* – «die Fahrt» – gemeint ist. Und selbst wenn diese Funktion in keiner Fahrzeugschaltung eingebaut ist, gibt es noch einen anderen *drive* – den «Antrieb» –, den ein Mensch besitzt, um überhaupt ein Leben führen zu können, egal ob er Helmut oder Jojo heißt. Oder vielleicht Angela, wie Jojos Schwägerin, die später nicht ganz freiwillig im Taxi mitfährt und die Helmut mit ihrem impulsiven *drive* verzaubert.

Der «D-Moment» dieser Geschichte ist ein Geschenk für den Clown aus Deutschland und für uns, sein Publikum. Es ist ein kleiner Moment der Erkenntnis, der einen großen und genialen Kniff der englischen Sprache verdeutlicht: Ein und dasselbe Wort tritt häufig als Zustand und Tätigkeit auf, als Sache und Beschäftigung, als Wesen und Gewese oder, ganz trocken in der Sprache der Grammatik, als Substantiv und Verb. Gehen Sie zur Veranschaulichung einfach zurück zum ersten Absatz dieses Kapitels und suchen Sie nach den beiden folgenden englischen Wörtern, die einen «an den Rand der Verzweiflung» bringen können:

border – «Grenze», «Rand»; *to border (on)* – «(an)grenzen», «am Rande von etwas sein»
despair – «Verzweiflung»; *to despair* – «verzweifeln»

Es ist die sogenannte englische *verbification*, durch die x-beliebige Hauptwörter ohne Mühe zu Handlungen werden. Ein flinker sprachlicher Vorgang, der keinerlei Umwandlung erfordert und der «Englisch erst englisch» macht, wie der Linguist und Autor Steven Pinker in seinem Buch ‹The Language Instinct› geschrieben hat. Obwohl der Begriff *verbification* erst seit 1871 schriftlich belegt ist, ist die Methode schon Jahrhunderte alt. Der britische Linguist David Crystal verweist auf William Shakespeare als ihren Erfinder und spricht von *verbing* – eine Wortschöpfung, die den Vorgang in und durch sich selbst erklärt: Das Hauptwort – *the verb* – wird zum Verb: *to verb!* In einem weiteren Schritt wird daraus ein Gerundium, indem die Endung *-ing* angehängt wird: *verbing.* Auf dieselbe Weise wird übrigens auch das englische Partizip Präsens gebildet, zum Beispiel: *the verbifying/verbing linguist* – der Verben bildende Linguist.

Laut Crystal schlummert heute in jedem Hauptwort ein neues Verb. Auf jeder Seite in einem englischen Wörterbuch könne man Beispiele für die *verbification* finden:

access, to access – «Zutritt», «betreten»
bed, to bed – «Bett», «betten», «zu Bett bringen»
cut, to cut – «Schnitt», «schneiden»
drink, to drink – «Getränk», «trinken»
end, to end – «Ende», «beenden»
f***, to f*** – das müssen Sie ausfüllen!
and so on – und so weiter

Unterdessen sucht die Methode im Deutschen ihresgleichen. Wie nah wir ihr kommen, aber wie weit wir mit unserer Verbbildung auch von ihr entfernt sind, zeigen diese fünf Beispiele:

1. *salt* und *to salt* – «Salz» und «salzen». Es ist ein vergleichbarer deutschsprachiger Prozess: Hauptwort plus Endung «-en» ergibt das Verb.
2. *police* und *to police* – wir haben die «Polizei», aber «polizeien» können wir nicht.
3. *exit* und *to exit* – «Ausgang», aber «ausgehen» bedeutet etwas anderes.
4. *phone* und *to phone* – «Telefon» und «telefonieren». Eine andere typisch deutsche Verbbildung: Wir verlängern das Hauptwort mit «-ieren». (Über die Tücken einiger deutscher Verben auf «-ieren» lesen Sie mehr im Kapitel «Wer sich konzentriert, verliert!»)

5. *question* und *to question* – unsere «Frage» und «fragen» sind nah dran. Über den Umweg der Konjugation ist die 1. Person Singular ein Treffer: «ich frage».

Einen großen Schwung Verben hat der digitale Medienalltag entstehen lassen. Viele davon sind uns als Anglizismen ebenfalls geläufig. Durch das Unternehmen Uber wurde auch das gleichlautende Verb rund 25 Jahre nach Helmuts Erlebnissen Teil des Taxialltags. Hier sieben Beispiele:

1. *code* und *to code* – wer es kann, programmiert oder «codet» ein Programm, den «Code»
2. *copy* und *to copy* – auch wir machen «'ne Kopie» oder «eine Copy», aber «kopieren» nach wie vor
3. *carbon copy* und *to cc* – auch hierzulande «cc'en» wir, doch den «Kohlepapierdurchschlag» haben wir vergessen
4. *mail* und *to mail* – auch wir bekommen und versenden «Mails» und «mailen»
5. *message* und *to message* – dasselbe gilt für «Messages» und «messagen»
6. *stream(ing)* und *to stream* – dito (auf Englisch übrigens: *ditto*)
7. *Uber* und *to uber* – auch unsereins «ubert», und gelegentlich «übern» wir sogar

Diese verlustfreie und beispiellose Wortbildung macht das Englische außerordentlich praktisch, flüssig, schnell und in diesem Punkt tatsächlich leicht zu lernen. Wie leicht, hat Andy, ein Hauptdarsteller der US-amerikanischen *sitcom* ‹My Boys›, zusammengefasst: *‹I like your verbs that are things. I think I'm gonna sandwich after I sofa here for a bit.›*

Nur die Betonung ist in manchen Fällen zu beachten, wenn sie sich zwischen Hauptwort und Verb unterscheidet:

«Helmut kommt voran» – *Helmut progresses/is progressing*
[*prou'grässes*]
«Helmuts langsamer Fortschritt» – *Helmut's slow progress*
[*prougrähs*]

Hier folgen sieben weitere Beispiele häufig verwendeter Verben mit abweichender Betonung. In der amerikanischen Aussprache existiert der Unterschied in einigen Fällen nicht. Sonst gilt die Regel, dass die Hauptwörter auf der ersten Silbe und die Verben auf der letzten betont werden.

Hauptwort (Betonung vorne)	Verb (Betonung hinten)
1. *conflict* [AE *konflik(t)*; BE *konnflikt*] – «Konflikt»	*to conflict* [AE *kon'flik(t)*; BE *kon'flikt*] – «im Konflikt sein»
2. *contest* [AE *kahn'test*; BE *konntest*] – «Wettbewerb», «Wettstreit»	*to contest* [AE/BE *kon'test*; BE auch *konn'test*] – «bestreiten», «(wett)streiten»
3. *contract* [AE *konträk(t)*; BE *konnträkt*] – «Vertrag»	*to contract* [AE *kon'träkt*; BE *kon'träkt*] – «anstellen», «vertraglich vereinbaren»; «schrumpfen», «sich zusammenziehen»
4. *decrease/increase* [AE *di'kries/in'kries*; BE *diekries/innkries*] – «Abnahme»/ «Zunahme»	*to decrease/increase* [*di'kries/in'kries*] – «abnehmen», «sinken»/«zunehmen», «steigen»
5. *impact* [AE *im'päkt*; BE *impakt*] – «Einfluss», «Auswirkung»	*to impact* [AE *im'päkt*; BE *impakt*] – «beeinflussen», «Auswirkungen zeigen»
6. *insult* [AE *in'salt*; BE *innsalt*] – «Beleidigung»	*to insult* [*in'salt*] – «beleidigen»
7. *permit* [AE *pöhrmit*; BE *pöhmit*] – «Erlaubnis»	*to permit* [AE *pöhr'mitt*; BE *pöh'mitt*] – «erlauben»

Dauerte die Bildung einzelner Verben früher Jahre, manchmal Jahrzehnte und, wie David Crystal betont, sogar Jahrhunderte, passiert sie heutzutage innerhalb kürzester Zeit. Am laufenden Band scheinen neue Begriffe zu entstehen. Und es geht dabei nicht nur um digitale Beschäftigungen wie *to google, to tinder, to twitter, to whatsapp* oder *to zoom*. Das Wintermärchen von Helmut und Jojo erinnert mich zum Beispiel an eine Nebentätigkeit in der Vorweihnachtszeit, die erst seit wenigen Jahren so genannt wird: *fatherchristmassing*. Es ist ein ungewöhnlich langes, verwirrendes, fast deutsches Wort, das wie geschaffen ist für Helmut – *the perfect opportunity for him to job on the side!*

Was ruft Jojo am Ende Helmut hinterher, als der in seinem Taxi davonholpert? ‹*Learn some English, Helmut!*› Auf dass der sonderbare Mann aus dem fernen Deutschland besser zurechtkomme in der harten, kalten Welt. Dabei ist es ausgerechnet dieser Mann, der ein neues englisches Verb geschaffen hat. Es beschreibt die außergewöhnliche Art der Beförderung, die Jojo nach Brookland bekommen hat und deren beste Pointe ich hier nicht (Achtung, *verbification:*) «spoilern» will: *Please helmut me home* – bitte eine Fahrt, die ich nie mehr vergessen werde!

«We have a grandios
Saison gespielt»

Fußballsprache, erste Halbzeit:
Denglische Stolperfallen von A bis Z

Fußballzeit ist Englischzeit! Dieser Satz gilt schon aus Tradition, schließlich war es der englische Sprach- und Strafraum, aus dem vor gut 150 Jahren die Regeln und Grundbegriffe des sogenannten *Association Football* zu uns geflankt wurden. Auch der erste deutschsprachige Verein trägt einen englischen Namen: Grasshoppers Club Zürich. Und selbst der 1904 in Paris gegründete Weltverband FIFA kam nie ohne Englisch aus: Fédération Internationale de *Football Association*.

In Deutschland haben wir vergessen, wie schwer man sich anfangs mit der «Fußlümmelei» tat, die auch als «englische Krankheit» verspottet wurde. Nichts ist mehr von der kulturellen Herablassung jener Zeit zu spüren. Und von der Angst vor einer Verdrängung der Turnbewegung!

Wenn heutzutage in der Bundesliga und auf unseren Bolzplätzen von *dribbling, passing, tackling, assisting, pressing* oder *forechecking* die Rede ist, dann sind das internationale Standards, die sich sprachlich wie athletisch durchgesetzt haben, ganz einfach weil sie auf der ganzen Welt verstanden werden: von Spielerinnen und Spielern, Trainerinnen und Trainern, von den *fans* und von Sponsoren. Vor allem für das enorme Geschäft mit dem Herrenfußball gilt: Je mehr Geld im Spiel ist, desto englischsprachiger wird es, nicht zuletzt auf dem «Transfermarkt» – selbst wenn die Website transfermarkt.com ausgerechnet ein deutsches Wort international bekannt gemacht hat.

Denglischen Patienten, die in irgendeiner Weise mit von der Partie sind, kommt die Entwicklung gut zu Pass, bekommen sie doch immer mehr Gelegenheiten geboten, unsere Lieblingsfremdsprache einzusetzen. So können sie quasi *live* testen, ob und wo es am eigenen Fußball-Englisch noch hapert.

Zwei Arten von sprachlichen Trainingseinheiten bieten sich an:

Die erste zielt ganz aufs Verstehen englischsprachiger Berichte und Kommentare: eine Übung, die selbst Engländerinnen und Engländern viel abverlangen kann. (Mehr dazu in der zweiten Halbzeit, dem nächsten Kapitel: ‹*Let's talk footy!*›)

Die zweite Trainingseinheit fordert uns als *active speakers*. Wir sollen verlernen, mit Hand und Fuß zu kommunizieren, und lernen, mit treffenden Ausdrücken zu punkten.

Dazu zählt zum Beispiel die Grundkenntnis, dass ein Handspiel auf keinen Fall als «handgame» oder «handplay» moniert werden darf, weil das nur anzüglich klingt. Es ist ganz langweilig von *handball* die Rede, selbst wenn das mitten auf dem Fußballfeld nach einer anderen Sportart klingt. Auch darf man den Schiedsrichter – *referee* – nicht mit einem Flüchtling – *refugee* – verwechseln. Oder man sollte wissen, dass unser «Trainer» international nicht zum Einsatz kommt, wo ausschließlich vom *club manager* oder *team coach* die Rede ist. Außerdem schadet es nicht zu wissen, dass ein *club coach* im Mutterland des Fußballs auch als «Mannschaftsbus» durchfahren kann, aber selbstverständlich niemals eine «Klappcouch» ist, auch wenn Lothar Matthäus das gelegentlich gesagt hat.

Lernbereitschaft und Kritikfähigkeit sind freilich ungleich verteilt, und wo ich «freilich» sage und schon Lothar Matthäus erwähnt habe: Gerade die Bayern neigen zu einer Art sprachlichem *freestyle*. Wenn ich nur an Franz Beckenbauer denke, dem sicherlich eine Sonderrolle zukommt, nachdem er überall auf der Welt mit dem Fantasietitel «the Kaiser» eingelaufen ist. Als er 1977 mit 31 Jahren nach New York wechselte, konnte er nach eigenen Angaben kaum mehr sagen als *yes* und *no*. Verständliches Englisch ist seitdem nie seine größte Stärke geworden, so dass man bei der FIFA immer darüber hinwegsehen musste, dass er das Exekutivkomitee als «comedy» bezeichnete. Viel Toleranz hat auch stets ein anderer *Beckenbauerism* erfordert: seine Art des Erfolgs. Statt *success* sagt er unverbesserlich «sexess», was klingt wie eine bayerische Kreuzung aus *sex* und Exzess ... oder wie eine Weihnachtsfeier des FC Bayern München. 1999 entstand dort sogar ein kleiner Kaiser!

Fairerweise muss eingeräumt werden, dass auch außerhalb von Bayern eine Menge sprachlicher *freestyle* losgetreten wird. Berühmt wurde zum Beispiel Dortmunds früherer Torwart Roman Weidenfeller, als er im April 2011 vom Sender *Dubai Sports* interviewt wurde. Seine Mannschaft hatte gerade die Deutsche Meisterschaft gewonnen, und er war noch völlig aus der Puste:

> Reporter: ‹*Weidenfeller! I think it's phenomenal today: the win against Nuremberg and the win of the trophy!*›
> Weidenfeller: «We have a grandios saison gespielt. I think that the team was famous.» (Sie können das Interview auf Instagram @der_denglische_patient sehen.)

Es beeindruckt mich noch heute, wie leichtfüßig Weidenfeller die deutsche und die englische Sprache zu einem westgermanischen Superstatement verschmolzen hat. Zugleich besteht kein Zweifel, woran es haperte. Weidenfeller hat der Überforderung Ausdruck verliehen, die Spieler erleben, wenn Englisch für sie plötzlich zur Pflicht wird. Das gilt besonders für Stars, die mit astronomischen Summen zu ausländischen *clubs* gelockt werden. Zum Beispiel Kai Havertz oder Timo Werner, die in der Saison 2020/21 laut transfermarkt.com für 180 und 130 Millionen Euro zum Chelsea F. C. in London gingen. Die Voraussetzungen für solche Verträge liegen nicht nur in herausragenden fußballerischen Qualitäten, sondern auch in passablen Englischkenntnissen. Schließlich sollen die jungen Multimillionäre halbwegs unmissverständlich über Spielverläufe oder Gefühlslagen sprechen können: vor der Weltpresse und, immer häufiger, in Werbe- und Videobotschaften auf Instagram oder YouTube. Und wenn ich nur Havertz und Werner vergleiche, denke ich: Je jünger sie sind, desto weniger kommunizieren sie überhaupt noch auf Deutsch.

Zugleich sind auch die Fans immer mehr gefordert. Wie sagte einer nach dem Ausscheiden der deutschen Elf aus der Weltmeisterschaft 2018 gegenüber dem britischen Sender *SkyNews?* «Next time we play better in the VC!» So sehr er «WC» meinte, so wenig wollte er sagen, dass man das nächste Mal besser auf dem Klo spielen solle. Doch genau das hat er gesagt! Der *World Cup* wird im Englischen niemals «WC» abgekürzt. Warum der *fan* es trotzdem gemacht hat? Vielleicht dachte er, die Abkürzung sei umgangssprachlicher – *cooler!* Andererseits sind *water closets* und die Abkürzung W. C. heutzutage so selten, dass das Publikum das Ende des Satzes überhört haben mag. Doch dieses Glück im sprachlichen Unglück hat längst nicht jeder.

Bestimmte Wörter lassen sich gar nicht ignorieren, wenn es *Kracher* sind! Etwa wenn wir das «Elfmeterschießen» arglos als «penalty shooting» oder gar als «shooting» übersetzen, so dass die sportliche Angelegenheit klingt wie eine todernste Schießerei. Der letzte Ausscheidungskampf in einem zivilisierten Fußballspiel wird *penalty shoot-out, penalties* oder einfach *shoot-out* genannt.

Bereits diese ersten Beispiele verdeutlichen, worauf es auch beim Fußball ankommt, wenn man international mitreden will: die passenden Wörter und Wendungen zu kennen. Mir ist bewusst, dass das furchtbar nach Lernen klingt. Aber genau darum geht es – mit einem Vorteil und einem Haken.

Der Vorteil: Keine Panik – *no sweat!* Englische Wörter, die den Aufbau und den Ablauf eines Fußballspiels beschreiben, sind meistens kurz und unseren oft ähnlich. Angefangen beim «Ball» – *ball*. «Netz» *ist net*, «Freistoß» *free kick*, «Abseits» *offside*, «Hälfte» *half*. Das «Foul» hieß schon immer so. Und selbst kleine Abweichungen kann man sich gut merken: Der «Anstoß» ist nicht «onkick», sondern *kick-off*. Unterdessen wird der «Pass» zwar gleich geschrieben – *pass* –, aber von Briten mit einem langem «a» gesprochen und von Amerikanern mit dem typischen ae-Laut. Die Liste am Ende des Kapitels kann Ihnen als *training* der wichtigsten Begriffe dienen.

Der Haken: Flüssige Gespräche über Fußball sind geprägt von vielen Floskeln und festen Redewendungen, von regionalen Unterschieden und nicht zuletzt (wie in jeder Sprache) von großem Tempo. Es ist deshalb nicht leicht, aus den einzelnen Begriffen sinnvolle und halbwegs gewohnte Sätze zu formen. Ich will damit aber auch nicht sagen, dass Sie es in diesem Leben nicht mehr lernen. Wie immer gilt: Übung macht den Meister – *practice makes perfect!*

Übrigens sind es die Niederlagen, die es erleichtern, ins Gespräch zu kommen und den *football talk* zu üben. Das gilt vor allem für internationale Wettkämpfe, wenn die deutschsprachigen Teams ausscheiden. Wer dann noch Lust hat, raus zu gehen und über Fußball zu sprechen, dem wird auffallen, dass sich ein bisschen Englisch lohnt. Schließlich ist die Wahrscheinlichkeit groß, andere Fans zu treffen, die kein Wort Deutsch sprechen. Alles, was man sich für diese erste Übungseinheit überlegen muss, ist die Art, wie man mit der Pleite der eigenen Mannschaft umgehen will:

Option 1: gar nicht! Falls Sie nach dem verlorenen Match gefragt werden *(How was it for you?)*, antworten Sie höchstens mit einem Wort: *Excruciating!* Das bedeutet: «qualvoll», «unerträglich», «entsetzlich», «fürchterlich», «schmerzhaft», «scheußlich», «schauderhaft» – auf einmal!

Option 2: sich dumm stellen – *feigning [fäining] ignorance: Football? I prefer table tennis.*

Option 3: eine ehrliche Reaktion auf die Niederlage: *We have done badly/poorly (in the last match, in the World Cup, in the Cup ...)/come off badly/performed poorly.*

Option 4: Allgemeinplätze wie *You cannot always win.* Doch Vorsicht: Das kann schnell arrogant wirken. Besser ist deshalb: *Everyone needs a rest once in a while.*

Option 5: ein Schuss Demut – *a dash of humility: Our team lost their winning streak* – die Glückssträhne ist vorüber, womit man ja gleichzeitig einräumt, dass Glück immer ein entscheidender Faktor ist und sich der neue Weltmeister bloß nicht zu viel einbilden sollte. Auch von einer «Pechsträhne» kann man sprechen – *a losing streak.* Oder: *Our team is going through a rough patch.*

Option 6: Selbstironie – *self-deprecation.* Diese ur-britische Form der Kommunikation ist uns zwar nicht angeboren, sie kann aber auch erlernt werden. Jürgen Klopp hat es in den vergangenen Jahren immer wieder in entwaffnender Weise vorgemacht. So nannte er sich 2015 zu seinem Antritt als *manager* des Liverpool F.C. «the normal one», um jeden Verdacht auszuräumen, er könne sich für etwas Besseres halten, so wie der portugiesische Trainer José Mourinho, der 2004 behauptet hatte, «the special one» zu sein. Flugs wurden Tassen und T-Shirts mit Klopps Ausspruch bedruckt. Darin sehe ich auch eine Option für die deutsche Nationalmannschaft und ihre Anhänger. Warum treten wir nach vier Weltmeistertiteln nicht selbstbewusster auf? «We are the normal ones!»

Überhaupt: Jürgen Klopp! Nach seiner Ankunft in England ging er sein Fußball-Englisch bemerkenswert an, um nicht zu sagen:

auf Klopp'sche Art! Er machte aus seinen englischen Patzern genauso wenig ein Geheimnis wie aus seinen Lernerfolgen. (Einige der Ersteren können Sie auf YouTube sehen.) So hat er verstanden, dass denglische Krisenbewältigungsformeln à la «Football is no wish concert» oder «One comes to the other» die Krise nur verschlimmern. Verständlich ist: *Football is no picnic* oder *Misfortune seldom comes alone*. Ein Fachbegriff, den Klopp früh gelernt hat, ist *hamstring* – der hintere Oberschenkelmuskel. Nach einigen Verletzungen im Liverpooler Team erklärte er ihn 2015 vor der versammelten englischsprachigen Presse zum «shitword of the year for me».

In der Zwischenzeit ist mit Thomas Tuchel ein zweiter deutscher Spitzentrainer in England angekommen, der dieselbe positive Botschaft verkörpert wie Jürgen Klopp und wie einst Jürgen Klinsmann als *national coach* der USA. Sie richtet sich an die *kids* auf deutschen Bolzplätzen: Seht her, Fußball-Englisch lernen lohnt sich!

Kommen wir also zum Spiel selbst, damit Sie bis zur nächsten WM ein bisschen mitreden können, wenn Sie in der Kneipe oder auf der Fanmeile mit Menschen aus aller Welt fiebern:

abseits – *offside*
Abstieg – *relegation, moving down*
Abstoß – *goal kick, goalie kick*
Abwehr, Verteidigung – BE *defence*, AE *defense*
Abwehrspieler/in, Verteidiger/in – *defender*
anfeuern – *to cheer (someone) on*
Angriff – *attack, offensive move*
Anstoß – *kickoff*
Aufstellung – *lineup, roster* (vor allem AE)
Aufstieg – *promotion, moving up*
Ausgleichstor (schießen) – BE *equaliser*, AE *equalizer; (to score) the equalising goal*
Auswärtsspiel – *away game*

Auswärtstor – *goal scored in an away game*
auswechseln – *to substitute/to switch players*
Auswechselspieler/in – *substitute, sub, super sub* (ein «Joker»)

Bank – *bench*
Begegnung, Spiel(paarung) – *fixture*
besiegen – *to defeat*
Bolzplatz – *amateur (football/soccer) field*

DFB-Elf – *German national football team*
Doppelpass – *one-two pass, give and go pass*
Dreierkette – *straight three-man backfield*
Dribbling – *dribbling*

Eckball – *corner ball*
Ecke – *corner*
eine Ecke treten – *to make a corner kick*
Eigentor – *own goal*
Einwurf – *throw-in, toss*
die Elf – *the team*
Elfmeter – *penalty kick*
Elfmeterschießen – *(penalty) shoot-out*
im/nach Elfmeterschießen gewinnen – *to win on penalties*
Endspiel, Finale – *final*

Fahne – *flag, banner*
Fallrückzieher – *bicycle kick, scissors kick*
fausten – *to punch (the ball)*
Feld – *field, pitch*
Flanke – *cross, center (e. g. into the penalty area)*
Flugkopfball – *diving header*
Foul – *foul*
Freistoß – *free kick*
Fußballstadion – *(football) stadium*

Gastmannschaft, Gäste – *visiting team*
Gegner/in – *opponent, opposing team*
Grätsche – *sliding trip, straddle, vault*
grätschen – *to straddle, to tackle, to trip*

Halbfinale – *semi-final*
Halbzeit – *halftime*
Halbzeitpause – *halftime break*
Hälfte – *half*
den Ball halten – *to save*
den Ball gut halten – *to make a good save*
Hattrick – *hat-trick* (drei Tore in einem Spiel: ideal mit links, rechts und dem Kopf)
Heimelf, Gastgeber, Platzherren – *home team*
Heimspiel – *home game*
Hinrunde, Hinspiel – *first round/leg*

kicken (im Sinn von bolzen, nicht spielen) – *to kick the ball around*
Konter – *counterattack, counteroffensive*
Kopfball – *header (shot)*

Latte – *crossbar*
Libero – *sweeper*
Linienrichter/in – *linesman/lineswoman*

Manndeckung – *one-on-one coverage, man coverage*
Mannschaftsbus – *team coach*
Mauer – *(defensive) wall*
mauern – *to form a defensive wall, to defend aggressively*
Meisterschaft – *championship*
Mittelfeld – *midfield*
Mittelfeldspieler/in – *midfielder*

Nachspielzeit – *injury time, stoppage time, added time*
Netz – *net*
Niederlage – *defeat*

parieren, abwehren – *to parry (the ball)*
Pass – *pass*
ein Faul etc. pfeifen – *to blow (the whistle) for a foul etc.*
Pfosten – *post*
Platzverweis – *ejection, expulsion*
vom Platz verweisen – *to eject/to throw out (of the game), to throw off the field*
Pokal – *cup*
Pressing – *pressing*

Qualifikation – *qualification (round), qualifying*
Querpass – *lateral pass, crossfield pass, square pass*

Rangliste – *rankings*
Reservespieler/in – *substitute, sub, reserve (player)*
Rückgabe – *return pass*
Rückrunde, Rückspiel – *second round/leg*

Schiedsrichter/in – *referee*
schiedsrichtern – *to referee*
Schienbeinschutz – *shinguard, shinpad*
ein Tor schießen – *to score a goal*
Schiri – *ref*
Schlachtenbummler/in – *away fan*
Seitenlinie – *sideline, touchline*
Sieg – *win*
Siegtreffer – *(match-)winning goal, winner*
Spitze – *forward, striker out front*
Stand – *score*
Stollen – BE *stud*, AE *cleat*

Strafpunkt – *penalty point*
Strafraum – *penalty area, penalty box, the box*
Strafstoß – *penalty kick*
Stürmer/in – *forward, striker*

Tabelle, Tabellenstand – *table, standings*
die Tabelle anführen – *to top the standings*
Taktik – *tactics* (Singular)
Tor – *goal, score*
Torhüter/in, Torwart/in – *goalkeeper, keeper, goalie*
Torjäger – *top scorer, goal-getter*
Torlinie – *goal line*
Torraum – *six-yard box*
Torschützenkönig/in – *leading goalscorer, goal king*
Trainer/Trainerin – *(club) manager, head coach* oder einfach *boss*
trainieren – *to practice, to train, to work out*
Treffer – *goal, hit*
treten – *to kick*
jmd. ans Schienbein treten – *to kick s. o. in the shin*

Ultras – *ultras*
Unentschieden, Remis – *draw, tie, tie game*
torloses Unentschieden – *no-score/goalless draw*
das Spiel endete unentschieden – *the match ended in a draw*

Verein – *club*
Verlängerung – *extra time*
verletzt – *injured*
Verletzung – *injury*
Viererkette – *straight four-man backfield, four-man backfield defense*
Viertelfinale – *quarter-final*
Vorstand – *board of the club*

wechseln (aus- und einwechseln) – *to substitute (out/in)*
Weltmeister/in – *world champion*
Weltmeisterschaft – *world championship, world cup, the cup*
Wertung – *scoring, points award*

Zuschauer/innen – *spectators, audience*
der/die zwölfte Mann/Frau – *the twelfth man/woman*

Let's talk footy!

Fußballsprache, zweite Halbzeit:
Kommentieren wie die englischen *pros*

Willkommen zur zweiten Halbzeit und zu einem wahrhaften Seitenwechsel – *welcome to the second half!* Das ist übrigens alles, was man auf Englisch sagt, denn «der Seitenwechsel» ist kein Thema. Denken Sie also erst gar nicht an «changing of sides» oder «changeover» ... *the concept of Seitenwechsel is completely absent!*

Dieses Kapitel soll nicht von denglischen Patzern handeln. Vielmehr widmen wir uns ohne Missverständnisse der englischen Fußballsprache für Fortgeschrittene – nicht «runaways», wie uns Otto Waalkes einst weismachen wollte, sondern *intermediate* oder *advanced learners/players/commentators*, je nachdem, zu welcher Gruppe Sie sich zählen möchten. Das ist Ihr Kurs für *English football slang!*

Auf der Suche nach den besten Wörtern und Wendungen bin ich zuerst einem Tipp auf YouTube gefolgt: Er führte mich zu einem kurzen Lehrfilm des Chelsea F. C. Darin sollte der deutsche Stürmer – *striker* – Timo Werner englische Fußballausdrücke erklären. Da er aber offenkundig noch nicht lange genug in England spielte, um sie zu kennen, verstrickte er sich in ein wildes Ratespiel. Ähnlich wie auf dem englischen Rasen erzielte er kaum einen Treffer. Trotzdem ist das Video sehr sehenswert. Eine Kostprobe:

‹Timo, what's a howler [haula]?›

Timo Werner: «Somebody who makes holes in other legs.»

Dabei ist Werners Antwort indirekt tatsächlich eine treffende Erklärung für das, was *howler* genannt wird: nämlich ein «Heuler»! Also das, was Werner produziert, wenn er, statt zu spielen, einen Bock schießt, so dass das Stadion vor Lachen oder Weinen bebt.

Weil mir Timo Werner nicht weiterhelfen konnte, musste ich weitersuchen und rief meinen Telefonjoeker an. Er überraschte mich mit dem Hinweis, dass er sich nicht für Fußball interessiert – *he isn't at all interested in football!* Und er gab mir den Rat: ‹*You should watch the Sportmoderators on British television. Listen to their commentary, for example on the Premier League!*›

Gesagt, getan – *consider it done, Joe!* Virtuell habe ich mich auf die Insel begeben und mir alle möglichen Fußballübertragungen angesehen – *I spent a day or two in front of my virtual British telly watching football programmes.*

Dabei wurde mir rasch klar, dass Sportmoderatorinnen und -moderatoren – *the commentators* – und die Expertinnen und Experten – *the pundits* –, die manchmal zusätzlich eingeladen werden, keine Fachleute für englische Grammatik sind, jedenfalls nicht für die Grammatik, die wir in der Schule gelernt haben. Zum Beispiel sagen sie ziemlich oft «he do»: «He don't do that no more» statt *He doesn't do that anymore.* Oder sie werfen *present perfect* und *simple past* durcheinander: «He has scored ten times last year» statt *He scored ten times last year.*

Warum sie das machen? Erstens spricht kein Mensch fehlerfrei. Zweitens gibt es gerade in der britischen Bevölkerung unterschiedliche Vorstellungen davon, was korrektes Englisch ist. Drittens, wie auch David Crystal betont: ‹*Silence is anathema*› – die *commentators* wissen, dass ihr Schweigen noch viel grauenvoller wäre als eine unpassende Zeitform. Und ich möchte ergänzen: Sich ständig korrigierende *reporters* wären es allemal! (*Anathema* bedeutet «Fluch» oder «kein Thema» [*ännaθiema, ä'naθiema*].)

Es ist natürlich das Tempo der *Live*-Berichterstattung, das selbst den wendigsten *commentators* die Kontrolle über das Sprachzentrum rauben kann. Zu welchen Flachpässen das manchmal führt, wissen wir von deutschen Moderatoren. «Es steht im Augenblick 1:1, aber es hätte auch umgekehrt lauten können», sagte Heribert Faßbender in der ARD. Sein Kollege Gerhard Delling bemerkte einmal: «Die Luft, die nie drin war, ist raus aus dem Spiel.» Das Lustige an solchen Sätzen ist nicht der Gedanke dahinter, sondern seine totale Abwesenheit!

Ich muss dabei an David Coleman denken, der früher unzählige Wettkämpfe für die BBC kommentiert hat. Er ist dabei in so viele Fettnäpfchen getreten – man sagt: *He had the foot-in-mouth disease* –, dass er zum Inbegriff für die Stilblüten – *the gaffes, blunders and bloopers* – der *sports commentators* wurde. Das Satiremagazin ‹*Private Eye*› hat ihm und seinen vielen *colleagues* sogar eine eigene Kolumne gewidmet: ‹*Colemanballs*›. Der Name leitet sich ab von dem Ausdruck *(complete) balls-up*: totale Stümperei. Oder: *He balled up the match with his comments* – «Er hat das Spiel mit seinen Kommentaren verhunzt». Hier drei Beispiele:

‹*If that had gone in, it would have been a goal!*›
‹*He just can't believe what's not happening to him.*›
‹*This evening is a very different evening from the morning we had this morning.*›

Als *Colemanball* wurde übrigens auch eine legendäre englischsprachige Satzleiche veröffentlicht, die von keinem Fußballer oder Sportmoderator stammte, sondern von John Major, dem früheren britischen Premierminister: ‹*When your back's against the wall it's time to turn around and fight.*›

Drehen wir uns jetzt in Richtung Spielfeld. Im Laufe meiner Recherche wurden mir 30 schöne Formulierungen zugespielt, die Sie kennen sollten. Sie demonstrieren, was auch Timo Werner gelernt hat, seit er nicht mehr in Leipzig, sondern in London spielt:

wie eigen und verwirrend die englische Fußballsprache ist, wenn man nicht eingeweiht ist. Höchste Zeit, das zu ändern!

Am Anfang muss *footie* oder *footy* stehen, der Grundbegriff für alle Amateure und Profis – *the word to know regardless whether you're an amateur or a pro!* So heißt die ultimative Seite mit Fußballstatistiken www.footystats.org. Das *OED* kennt außerdem diese Sätze:

‹The new Nike ad features the ultimate footie team.›
‹The only time I exercise is when I play footie with my mates.›

So, let's talk footy!

1. Der Anhang – WAGs

Mit dieser Abkürzung werden Spielerfrauen und -freundinnen beschrieben und getarnt – *wives and girlfriends!*

2. Die Arschlochtour – *shithousery*

Klingt fies, ist fies, und zwar menschlich. Abgeleitet von *shithouse* – jede Art von «Scheißkerl» und «Kameradenschwein» –, ist die *shithousery* auf dem Fußballrasen etwas, das man oft gar nicht mit ansehen mag. Neu ist sie nicht, jedenfalls dann nicht, wenn die Einschätzung zutrifft, die die Sportredaktion des ‹Guardian› zur Fußball-WM 2018 gab: ‹*Shithoursery is everything from diving to headbutting via haranguing the referee and time-wasting*› – alles von der Schwalbe zur Kopfnuss, über Diskussionen mit dem Schiedsrichter und Zeitschinden. Generell sei es der Versuch, sich auf unfaire und unsportliche Art einen Vorteil zu ergattern – ‹*generally, shithousery is an attempt to gain an advantage by unfair means and therefore it has existed around football for a long time.*› Laut dem ‹Liverpool English Dictionary› wird der Ausdruck seit den 1960er-Jahren benutzt. Mittlerweile kann man ihn und das Problem auch außerhalb von Fußballplätzen antreffen.

3. Die Blockade – *parking the bus*

Macht eine Mannschaft vor ihrem Tor alles dicht und spielt sie nur defensiv, ohne anzugreifen, ist das eine totale Blockade. Als José Mourinho zum ersten Mal Trainer von Chelsea war, warf er dem Team von Tottenham vor, seinen Bus mitgebracht und vor dem Tor geparkt zu haben. Später zog seine eigene Taktik denselben Vorwurf auf sich. Als Trainer von Inter Mailand bemerkte Mourinho 2010 nach dem Sieg über Barcelona: ‹We beat them 3–1, not by parking the bus or the boat or the airplane, but by smashing them.›

4. Die (vertane) Chance – *a sitter*

Ein Schuss, der hundertprozentig reingehen sollte, aber am Ende doch nicht sitzt – *the player missed a sitter* … Zum Beispiel weil er sich verschätzt hat – *because he misestimated his kick*. Ob sich ein *sitter* auch einfach realisieren lässt, habe ich übrigens bis heute nicht herausgefunden.

5. Dreschen – *hoofing*

Wenn der Ball ungenau getreten wird, als wäre ein Pferd mit seinen Hufen am Werk – *why are the players always hoofing the ball?*

6. Eröffnungsdruck – *early doors*

Wenn ein frühes Tor oder eine frühe Entscheidung fällt – *they nicked a goal early doors.* Wollen Sie wissen, wie es weiterging? *It was just a case of shutting up shop to grind out the win* – der Laden wurde zugemacht, der Weg zum Sieg war nur noch ein Stellungskampf. Das klingt schon wieder nach dem Bus …

7. Der Fön? *Hairdryer treatment*

Bei uns bekommen die Spieler gleich den ganzen Kopf gewaschen, in englischen Kabinen reicht ein Ausraster des *coach*, der extrem viel Wind erzeugt – *the team was so bad in that first half that there is no doubt the coach will give them the hairdryer treatment.*

8. In der Offensive oder Defensive – *on the front/back foot*

Auf den Druck im Spiel kommt es an: Mal kann man ihn erzeugen, aufrechterhalten und damit punkten (siehe auch ‹Heavy Metal Football›). Mal bekommt man ihn zu spüren und muss sich ihm am Ende sogar beugen. Im ersten Fall spricht man von der Offensive – *the team was on the front foot and pushing for the winning goal.* Im zweiten Fall von der Defensive – *Germany were on the back foot after their best striker had been sent off.*

9. Das Gebälk – *woodwork hit*

Wenn der Ball gegen Pfosten – *the post* – oder Latte – *the crossbar* – prallt, wird an die gute alte Zeit erinnert, als das Torgestell noch aus Holz war – *again the striker's ball just hit the woodwork/ only came off the woodwork.*

10. Ein Gruß nach Hause? *Nodding home*

Gelingt ein Kopfballtor, spricht man davon, dass der Ball «nach Hause genickt» wird – *the player nodded home a beautiful free-kick by his team mate to level the match 2–2.* Verstehen Sie das? Es gab einen Freistoß, und der war die Vorlage für den Kopfball, der schließlich für den Ausgleich sorgte. Unfassbar war nur, dass der Trainer in diesem Moment einschlief – *it was in that moment when the team's manager was nodding off.*

11. *Heavy Metal Football*

Damit hat sich Jürgen Klopp, kurz: *The Klopp*, als *coach* von Liverpool im *English Football Slang* verewigt. Gemeint ist der beinharte Stil, den er schon als Trainer von Mainz und Dortmund predigte und den er später mit nach England genommen hat. Übersetzt klingt er so: *The term ‹heavy metal football› describes the style of play implemented by German football coach Jurgen Klopp. As a style, it is high intensity and fast, involving rapid counter-attacking moves.*

12. Ein kranker Schuss? *Hospital pass*

Manche Schüsse sind so schlecht, dass der Arzt kommen muss – *what seemed like a routine pass has actually turned into a hospital pass.* Der *player* erlebt dann einen Albtraum – *it's a nightmare situation for the midfielder.*

13. Eine Katastrophe (so oder so) – *unplayable*

Wenn ein Spieler so gut ist, dass niemand gegen ihn ankommt, gilt er als unbezwingbar: *Franz Beckenbauer was unplayable in his prime* – in seiner Blütezeit.

Und wenn ein Ball oder ein Platz in miserablem Zustand sind, also unbespielbar, bezeichnet man sie ebenfalls als *unplayable.*

14. Der Kellner lässt grüßen – *putting it on a plate*

Wird der Ball so bequem serviert, dass er ohne Mühe angenommen werden und ins Tor befördert werden kann, ist diese Redewendung gefragt. *The striker dribbles past five players before putting it on a plate for the centre forward to tap in. Centre forward?* Mittelstürmer.

15. Laufbursche – *bags of pace*

Ein weiterer Ausdruck, den Timo Werner noch nicht kannte, obwohl er sich darin in gewisser Weise selbst hätte wiederfinden können: ein schneller, aber nicht immer treffsicherer Spieler.

16. Der Motivator – *man manager*

Auch dieser Eintrag ist Jürgen Klopp gewidmet, der berühmt für seine Fähigkeiten ist, *players* zu motivieren … oder ihnen einen Einlauf zu verpassen – *he is the perfect example for a head coach with good man management skills who knows when to encourage or eviscerate each individual on the team.*

17. Das Pärchen? *Brace*

Zwei Tore, ein Paar – *by scoring twice the player made the difference: He bagged a brace to send his team on their way to victory.*

18. Rangelei – *handbags*

«Somebody who is very slow?», fragt Timo Werner im besagten Video. Nein, lautet die Antwort: *someone who is* streitlustig – *confrontational, combative or who just likes to provoke and yap like a dog* – einer der kläfft, aber nicht beißt. Ich musste an die frühere britische Premierministerin Margaret Thatcher denken, die gelegentlich mit ihrer Handtasche um sich geschlagen hat. *Handbagging* ist nämlich laut OED ein Kampfsport unter Frauen: eine Art, andere zu vermöbeln. Bei einer Auseinandersetzung auf dem Spielfeld, die noch nicht ausgeartet und gewalttätig ist, urteilen Kommentatoren: *It's just handbags* – nur eine kleine Rangelei, nichts Ernstes.

19. Die Schlafmütze – *caught sleeping*

Das Wortbild erklärt von selbst – *it's self-explanatory: The defence was caught sleeping when they failed to close down the opponent's striker. He used the space to pick his spot and send the ball sailing past the goalkeeper.*

20. Der Schönheitswettbewerb – *Hollywood pass*

Wer sich verkünstelt, trifft nicht, sondern kann sich beim Film bewerben – *the player is incredibly gifted, but he tries too many Hollywood passes when he should just keep it simple.*

21. Schwache oder starke Nerven? *To bottle it/to have a lot of bottle*

Verliert eine Person oder die ganze Mannschaft den Mut, die Nerven und dann das Spiel, das sie eigentlich schon gewonnen hatte, muss sie sich auch auf Englisch den Vergleich mit einer Flasche gefallen lassen – ‹*they have bottled it*› *means they have thrown away a game from a position of advantage.* Der Kommentator sagt dann zum Beispiel: *The second the team got close to winning they went and bottled it. Biggest bottle-jobs in football!* Hauptsache, er verwechselt die Wendung nicht mit einem anderen Ausdruck: *to have a lot of bottle.* Der gilt den besonders willens- und nervenstarken Spielern, die dem größten Druck im wichtigsten Spiel standhalten und dabei auch noch Treffer erzielen. Sie werden *big-game players* genannt – Weltklasse!

22. Der Streuner – *the poacher/fox in the box*

Wer die meiste Zeit im Strafraum – *in the box* – auf die nächste Torgelegenheit lauert, staubt ab, was zu holen ist. Das ist sinngemäß das Gleiche wie wildern, deshalb wird im Englischen vom *(goal) poacher* gesprochen – *the poacher scores a lot of goals in the box, but is generally not very active in other areas of the pitch.* Ein bisschen faul und egoistisch, aber torstark, wird dieser Spielertyp auch als streunender Fuchs bezeichnet – *he's also called the fox in the box, a total nightmare for defenders to keep an eye on.*

23. Der Timo! – *goal hanger*

«Again what learned», mag sich Timo Werner gedacht haben, als er diesen Begriff erklären sollte. Sein erster Tipp: «When you miss a lot of goals.» Doch so schlimm muss es gar nicht kommen – *a goal hanger is a player who stays close to the opposing team's goal.* Nach dieser Erklärung ist sich der deutsche Stürmer von Chelsea sicher: *Ah, that's me! You can call it Timo!*

24. Tauchstation – *dive*

Kennen wir auch: als «Schwalbe»! Könnte ebenso «Schiri-Verarsche» genannt werden. Das Manöver besteht darin, im Zweikampf – *during a tackle* – absichtlich zu Boden zu gehen, um ein Foul zu simulieren – *it's the deliberate attempt to hoodwink the referee into calling a foul by throwing oneself to the ground.* Häufig wird es mit der Gelben Karte bestraft – *a dive is a yellow-card offence.* Manche Spieler haben den Ruf weg, ständig Theater zu spielen und sich dreist fallenzulassen – *the player has earned a reputation for theatrics and again, that was a blatant dive!* Wie wir schon gelernt haben, kann das in *shithousery* ausarten, die «Arschlochtour».

25. Totentanz – *dead-ball goal/situation/specialist*

Wenn der Ball still liegt, spricht man von einer *dead-ball situation* – zu deutsch eine Standardsituation: Anstoß, Ecke und jeder Freistoß. Gelingt dann ein Tor, ist vom *dead-ball goal* die Rede. Übrigens: *Around 30 percent of all the Premier League goals originate from a dead ball.* Toni Kroos' freches Freistoßtor gegen Schweden während der WM 2018 war übrigens ein besonders schönes Beispiel – *his cocky free-kick showed the world that he is a great dead-ball specialist.*

26. Unhaltbar – *top bin(s)*

Was Timo Werner für eine Art der Fußballwette hielt, beschreibt in Wahrheit die beiden oberen Torecken: *top bin* oder *top bins*. Und das seit 2019 auch ganz offiziell: ‹*The striker smashed the ball in the top bin(s)*›, steht im *OED*. Als Adverb kann der Ausdruck auch den Schuss beschreiben: *the moment the shot went top bins.*

27. Volltreffer! – *back of the net!*

Landet der Ball mit großer Wucht tief im Netz, jubeln Mannschaft und Fans: *That goal was buried into the back of the net!* Darüber hinaus ist der Ausdruck ein geflügeltes Wort für triumphale Momente im Leben. Es war der Erkennungssatz – *the catchphrase* – von Alan Partridge, einem fiktiven, sehr von sich überzeugten, aber inkompetenten Fernsehmoderator, den alle *Brits* kennen und den Steve Coogan gespielt hat: ‹*My girlfriend is 33, I am 47, she's 14 years younger than me – back of the net!*›

28. Weltklasse – *a worldie/worldy*

Steht in keinem englisch-deutschen Wörterbuch, obwohl es ein großartiges Tor ist, das die Welt nicht mehr vergessen kann: *The*

player has curled in a worldy from 35 yards. A wonder strike! A sensa-
tional goal! A screamer!

29. Der Kleiderschrank – *wardrobe*
Ein Mensch wie eine Wand – *a player who is massive in stature and who blocks and clears every ball that comes into their area is called wardrobe.*

30. Hauptsache weit weg – *into row Z!*
Macht sich im Team Panik breit, wird der Ball in die höchsten Ränge des Stadions katapultiert – aber nur sinnbildlich. Tatsächlich soll er an eine ungefährliche Stelle auf dem Feld geschossen werden – *the player took no chances there and cleared the ball as far and high as possible: He blasted it into row Z.* Eine Panne war das nicht!

Zugegeben, das war eine lange zweite Halbzeit. Wenn Sie nach dem Schlusspfiff – *after the full time whistle* – immer noch mehr lernen wollen, empfehle ich diese Website: ‹Learning English through Football›, www.languagecaster.com.

Is your boss moving the goalposts?

Fußballsprache, Verlängerung: Jetzt noch schnell 10 Phrasen fürs *business English*

Sollten Sie nach den zwei vorangegangenen Halbzeit-Kapiteln noch die Kraft haben, lassen Sie sich unbedingt auf diese kurze Verlängerung ein und nehmen Sie die zehn folgenden Redewendungen vom Fußballfeld mit. Sie werden Ihren englischsprachigen Arbeitsalltag spielerisch bereichern!

1. *to kick off/the kick-off*
Der Anfang von allem ist der «Anstoß»! Auch im denglischen Businessjargon ist der «Kickoff» zum Standard geworden, um Termine, sorry: *meetings*, Konferenzen und ganze Projekte beginnen zu lassen. Auf Englisch: *We'll kick off at 9 o'clock/on Monday/ next month.* Oder: *The project's kick-off will be chaired by the client's chairwoman.*

2. *to be on the ball*
Das sagen wir auch auf Deutsch: Starke Spieler sind oder bleiben immer «am Ball». Außerhalb des Spielfelds gibt es dafür eine noch kürzere englische Beschreibung: *Someone is at it!* Beides bedeutet, entweder generell oder in einer bestimmten Angelegenheit oder Tätigkeit sehr gut und zuverlässig zu sein. Zum Beispiel: *She is particularly on the ball/at it with her finances. He is on the ball/*

at it with his time management. Kann auch leicht verneint und negativ als Kritik benutzt werden: *She/he is not particularly at it/on the ball with …*

3. *to keep your eye on the ball/to take your eye off the ball*
Vom Skifahren, das bekanntlich keinen Ball erfordert, kenne ich es so: Man soll nicht mit den Augen an den Skispitzen kleben, sonst stürzt man! Zu stürzen ist im Fußball weniger die Gefahr als den Überblick über das Umfeld und die anderen Spieler zu verlieren und zum Beispiel einen schlechten Pass zu spielen. Zugleich muss man den Ball auch gut im Auge behalten, um ihn nicht zu verlieren. Deshalb kommt es am Ende immer auf den richtigen Mix an – auch im Beruf. Im *business English* gibt es deshalb beide Sichtweisen: 1. *As the market is changing fast, we cannot afford to take our eyes off the ball/we must keep our eyes on the ball. In other words: We must focus!* 2. *As the market is changing fast, we cannot keep our eyes on the ball all the time/we have to take our eyes off the ball from time to time. In other words: We must keep track with new developments, have a good look round and try out new things!*

4. *A game changer*
ist eine Managémentfloskel, wenn Entscheidungen gefällt werden oder Dinge passieren, die die Ausgangslage entscheidend verändern. Auf dem Spielfeld kann das die Einwechslung eines starken *super sub* oder eine Fehlentscheidung des Schiedsrichters sein. So wie während der Europameisterschaft 2020/2021 im Halbfinale England gegen Dänemark. Der Niederländer Danny Makkelie pfiff in der zwölften Minute der Verlängerung einen Elfmeter für die Engländer, der schließlich zu ihrem Sieg führte. Zwangsläufig erinnerte das an das WM-Finale von 1966, aber lassen wir das – *let's not go there …* Im echten Leben können neue Gesetze, ein sensationelles Konkurrenzprodukt oder eine Virusepidemie *game changers* sein: *Due to Covid our rival company went bankrupt, which turned out to be a huge game changer for us.*

5. to know the score

Jeder sollte zu jeder Zeit wissen, was der Stand der Dinge ist – *what's the state of play?* Falls es Nachholbedarf gibt, sollte man sich auf den neuesten Stand bringen: *If you don't know the score bring yourself up to date or ask someone for help.*

6. to blow the whistle on someone

Was zu viel ist, ist zu viel! Wenn Kolleginnen oder Kollegen gegen Regeln verstoßen oder illegal handeln, indem sie zum Beispiel in die Kasse greifen, hat man mitunter keine andere Wahl – *I had to blow the whistle on the management director because she had her hand in the till.* Dann kann auch die rote Karte erforderlich sein: *She was shown the red card and had to leave!* (Mehr über farbige englische Redewendungen lesen Sie im Kapitel «Bekennt endlich Farbe – *know your true colours!*».)

7. to score an own goal

Immerhin ist das Eigentor eine Kunstform, die nicht jedem gelingt. Leider gibt es niemals Lob, wenn man sich ohne Absicht, aber auch ohne ausreichende Vorsicht selbst schadet. Passiert auch im beruflichen Leben immer wieder: *I scored an own goal when I cancelled the contract without having the new one signed.*

8. to watch from the sidelines

Sich herauszuhalten kann von Zeit zu Zeit die beste Taktik sein, aber langfristig ist es keine gute Strategie, jedenfalls nicht wenn man für sich und andere etwas erreichen will. Wer schon einmal in einem Stadion auf den Rängen oder gar auf einer Ersatz- oder Trainerbank war, kennt das Gefühl, wenn das eigene Team spielt, man selbst aber tatenlos zuschauen muss. Im Arbeitsalltag kann es zum Problem werden, wenn man sich von anderen ausgeschlossen fühlt: *I have to get more actively involved in the project. I am watching too much from the sidelines. I wonder if our boss is already sidelining me.*

9. to take sides

Parteinahme nennen wir es: für ein Team, für einen Ansatz, für ein Konzept. Im Wettkampfsport ist das selbstverständlich. Im Büro ist es hingegen oft gewöhnungsbedürftig und fragwürdig. Aber manchmal ist es auch nicht zu vermeiden. Könnte im drastischen Fall so klingen: *I don't want to take sides against my boss, but this project will be lost if I remain neutral!*

10. to move the goalposts

Man kennt es von kleinen Kindern auf Spielplätzen und von sehr unfairen Menschen im Büro: Sie ändern die Regeln zu ihren Gunsten und zu Ungunsten anderer – *they change the rules or objectives and aims of what the team is trying to do.* Echte Klagen können so klingen: *It's impossible to reach a goal because the management keeps moving the goalposts.* Dass so etwas auf dem Fußballplatz tatsächlich auch passiert, demonstrierte übrigens ein dänischer Torwart im Jahr 2009. Als das herauskam, war es dermaßen scheiße, dass es in die Kategorie fiel, die ich schon erklärt habe: *shithousery!* Sie erinnern sich: Schwalben, Zeitschinden und dergleichen mehr. Etwa auch der absichtliche Einsatz eines *laser pointer* durch den zwölften Mann! So geschehen durch englische Fans im bereits erwähnten Halbfinale der Euro 2020. Diesmal war der Torwart aus Dänemark das Opfer, und der englische Fußballverband musste 25 500 Pfund Strafe zahlen.

Sollte Ihnen keine der Redewendung gefallen, dann probieren Sie diese letzte: *Let's play foosball!* Das ist kein Denglisch, sondern astreines Englisch, sogar mit einem eigenen Eintrag im *OED*: *‹[from German] table football game in which players rotate rods attached to opposing ranks of miniature representations of footballers in order to direct a ball into their opponent's goal. Also: the ball used in this game.›* In der Originalsprache: «Kommt Leute, wir spielen Tischfußball!» Ist der Kicker nicht ohnehin das Beste, was uns der Fußball fürs Büro geschenkt hat?

German gender

Deutsch hat es, Englisch nicht: der, die, das Problem

Man kann es weder übersetzen noch wirklich erklären, was Menschen fühlen, die sich aufgrund unterschiedlicher Herkunft in einer englischsprachigen Beziehung befinden und aus heiterem Himmel gefragt werden, ob sie «ihn» anmachen können, ob sie «sie» mögen, oder gar, ob sie «ihn» schon um die Ecke gebracht haben:

«Can you turn him on?»
«Do you like her?»
«Have you taken him out?»

Ich selbst habe mich schon in Beziehungen dieser sprachlichen Art geübt, weil ich weder Georgisch noch Polnisch oder Schweizerdeutsch ausreichend beherrschte ...

Während ich mich in solchen Situationen stets gewundert habe, über wen meine Freundinnen nun schon wieder sprachen, war in Wahrheit gar nicht von anderen Menschen die Rede. Vielmehr machten sie das, was im soziologischen Neudeutsch als «gendern» bezeichnet wird: Sie gaben leblosen Gegenständen ein Geschlecht – rein grammatikalisch, versteht sich. Schließlich hatten sie nicht mehr im Kopf als den Fernseher, die neue Fernsehserie oder den ollen Müll. Im Englischen ist all das immer *it:*

Please turn it on ... the telly!
Do you like it ... the television series? (Achtung! Klingt nach Mehrzahl, ist aber Einzahl.)
Have you taken it out ... the (AE) *garbage;* (BE) *rubbish?*

Missverständnisse wie diese bilden leicht den sprachlichen Alltag in Beziehungen, in denen die Partner Englisch zur gemeinsamen Verkehrssprache gemacht haben, damit sie sich wenigstens ein bisschen verstehen, wenn sie sprechen. Und da es von solchen Partnerschaften immer mehr gibt, kommt es auch zu immer mehr Missverständnissen. Da gendern wir gelegentlich kräftig mit: *The apple* wird auf einmal männlich, weil er für uns «der Apfel» ist. Und *the manual* wird weiblich, weil wir «die Gebrauchsanleitung» gebrauchen:

«He had a wurm inside.»
«I don't understand her.»

Gleichzeitig lassen wir lebende Menschen zu Sachen mutieren, wenn sie in unserer Grammatik das neutrale Geschlecht besitzen. So wie das Mädchen, das nicht mehr zu sein scheint als eine leblose Puppe, wenn wir sagen: «It is pretty.» Auf Englisch wäre das unsäglich!

Zusätzliche Verwirrung entsteht, wenn die grammatikalischen Geschlechter anderer Sprachen von unseren abweichen. So ist «der Müll» im Spanischen oder Französischen weiblich und im Polnischen immer ein Plural. Je nach Beziehung kann ein Gespräch also den folgenden konfusen Verlauf nehmen:

Denglischer Partner: «Did you take him down?»
Franglische oder spanglische Partnerin: «No, but her.»
Ponglische Partnerin: «No, but them.»
Denglischer Partner: «Who?»

Jede sechste bis siebte Ehe, die in Deutschland geschlossen wird, ist mittlerweile mehrsprachig. Hinzu kommen die vielen zwischenmenschlichen Verbindungen, die sich gar nicht zählen lassen, privat genauso wie im Büro. Entsprechend groß ist das Risiko, dass irgendwer auf Englisch fröhlich gendert und dabei die irrwitzigsten Doppeldeutigkeiten fabriziert. Zum Beispiel wenn die Kollegin fragt: «Can you please do him?» Gemeint ist vielleicht der Bericht. Oder wenn der Kollege fragt: «Can you please do her?» Für *native speakers* aus der *Anglosphere* sind gegenderte Sätze dann besonders schwierig zu verstehen, wenn sie zweideutig sind – *when they carry a sexual innuendo*. (Lesen Sie unbedingt mehr darüber im Kapitel «*The art of* Schweinkram»!)

Mein Telefonjoeker hält es in solchen Situationen sogar für nachteilig, Englisch von der Wiege an gelernt zu haben – *he thinks it is disadvantageous to have learnt English from the cradle*. Weil er gar nicht anders kann als sich zu wundern, wer nun schon wieder betreut, umgebracht, übers Ohr gehauen oder gar begattet werden soll: Soweit die grobe Skala der Bedeutungen, die die englische Redewendung *to do someone* haben kann. Wenn er also hört «Can we do her?», möchte er vorsichtig zurückfragen: *Who are we going to care for/remove/have sex with/rip off?* Im Zusammenhang mit einem zu fertigenden Bericht wäre selbstverständlich nur die Frage verständlich: *Can you please do it?*

Für *native speakers* ist es auf Dauer keine dankbare Position, stets diejenigen zu sein, die peinliche Rückfragen stellen. Gerade Menschen aus Großbritannien haben damit bekanntlich ihre Probleme. Joe kann ich allerdings keine falsche Zurückhaltung vorwerfen, im Gegenteil! Vielleicht liegt es daran, dass er als Journalist sein Geld damit verdient, nachzufragen und ins Schwarze zu treffen. Und weil er sich selbst immer wieder in der deutschen Sprache versucht, wollte er neulich noch etwas mehr über das Phänomen wissen, das ich hier als *German gender* bezeichnen möchte.

Joe hatte bemerkt, dass wir britische Medien im Deutschen mal zu Männchen und mal zu Weibchen machen: Wir sagen «der *Telegraph*», «der *Economist*», «der *Guardian*», aber «die *Times*», «die *Sun*» oder (seine eigene Redaktion) «die *Financial Times*», kurz: «die *FT*». Ich hielt die Antwort für relativ naheliegend, gerade im Fall der Sonne. Wieso sollten wir daraus «das *Sun*» oder «der *Sun*» machen? Dasselbe gilt für «den Telegrafen», «den Ökonomen», «die Zeit» und so weiter.

Joe ließ nicht locker, auch weil ihm aufgefallen war, dass wir uns gelegentlich selbst zu verwirren scheinen: Wir trinken «das Weizen» («das Bier»). Als Rohstoff dient «der Weizen», obwohl er «das Korn» und «das Getreide» ist. Oder wir tanken «das Benzin», aber «den Diesel», weil er «der Kraftstoff» ist. Auch fahren wir «einen Diesel», obwohl es «das Auto» heißt. Laut «Duden» bezieht sich «der Diesel» nicht auf «das Fahrzeug», sondern auf «den Motor» und «den Personenkraftwagen/PKW».

Für die Eindeutschung englischer Begriffe sind das keine guten Voraussetzungen, vor allem wenn es um neuere technische Begriffe geht. Joe wollte wissen: ‹*Why do you say* das Internet, der Spam *and* die Webcam?› Die Frage war berechtigt, und ich musste zugeben, dass ich sie mir noch nie gestellt hatte: Englische Lehnwörter aus der digitalen Welt, die allgegenwärtig sind, werden auf eine Weise gegendert, die nicht immer sofort einleuchtet. Zum ersten Mal fiel mir auch bei diesen Beispielen auf, dass es so etwas wie ein dominantes deutsches Grundwort gibt. Starke wörtliche Paten also, die wir zugrundelegen:

«das Netz» für «das Internet»
«der Müll» für «der Spam»
«die Kamera» für «die Webcam»

Doch damit nicht genug. Wir haben «das iPhone», weil es vom «Telefon» abstammt, aber «das iPad», obwohl der «Duden» «das Tablet» als «den Schreibblock» und «die Schreibtafel» erklärt. Liegt es daran, dass es «das Gerät» ist? Und dann spielt da noch «der iPod». Warum? Weil er sich offenbar an der älteren Generation des MP3-Player orientiert. Der wiederum ist «der Spieler», aber auch «das Abspielgerät». Ebenso eigenwillig ist die Art, wie den Spielkonsolen das Geschlecht zugespielt wird. Da ist «die Playstation», ok, von «die Station». Das gilt aber nicht für «der Nintendo» oder «der Gameboy». Zugleich gibt es «die Nintendo Wii». Weil es «eine Box» ist? Ich verstehe das nicht!

Haben wir es hier vielleicht auch mit Willkür zu tun? Einmal erlaubt der «Duden» sämtliche Artikel: «der, die, das Preview». Doch eine Voraufführung wird ausschließlich als «die Peakpreview» vorgeschrieben. Eine voreingenommene oder verzerrte Meinung ist «der» oder «das Bias», genauso wie die eingedeutschte *e-mail*. Wegen der «Post» würde ich nur «die E-Mail» sagen. Doch der «Duden» erlaubt auch «das E-Mail».

Das Beispiel gibt Joe und mir zu denken: Kann es sein, dass wir langfristig dazu tendieren, importierte Anglizismen neutral zu gendern? Dass wir von «das Apartment» und «das Management» sprechen, lässt sich mit einer alten französischen Tradition erklären («das Compartment», «das Engagement») und mit einer noch älteren lateinischen («das Momentum»). Doch was ist mit «Vintage»: Trägt das beliebte englische Lehnwort überhaupt einen deutschen Artikel? Der «Duden» bestätigt «das Vintage», ohne dass das dominante Bezugswort klar wird. «Der Stil» und «die Mode» können es nicht sein. «Das Design» vielleicht?

Oder warum sagen wir «das Comeback»? Joe hatte auf «die Comeback» getippt, «die Rückkehr» für das dominante Patenwort haltend. Tatsächlich scheint sich «Comeback» aber auf «das Zurückkehren» oder «das Zurückkommen» zu beziehen. Auch sagen wir «das Close-up», obwohl es eine Großaufnahme ist. Oder «das Outfit». Weil es unser Äußeres beschreibt? Auch «das Team» macht mich stutzig: Während es der «Duden» (seit 1915!) als «Gruppe von Personen, die gemeinsam an einer Aufgabe arbeiten», beschreibt, frage ich mich, ob es sich am altmodischen «Kollegium», am noch älteren «Gespann» oder am sozialistischen «Kollektiv» orientiert. Eine Unmenge englischer Gerundien auf «-ing» deutet in dieselbe neutrale Richtung: «das Marketing», «das Brainwashing», «das Consulting», «das Doping», «das Training», «das Feeling» und so weiter.

Ob das alles fair und verständlich ist, bleibt freilich eine andere Frage. «Der Sex» ist männlich, denn er hat für uns ausschließlich die Bedeutung «der Geschlechtsverkehr», nicht «das Geschlecht». Das scheint wiederum das dominante Patenwort für «das Gender» zu sein, obwohl der «Duden» keinen neutralen, sondern einen weiblichen Bezug liefert: «Geschlechtsidentität des Menschen als soziale Kategorie».

Und «die Deadline»? Sie ist *der* Horror für jeden Autor und kann schon mal seinen Tod bedeuten. Trotzdem bleibt diese Linie weiblich. Wie eine strenge Frau!

I don't want your
buddy wash!

Manchmal kommt es (doch) auf die Aussprache an

Es war auf einem der letzten Flüge von Air Berlin, jener Fluggesellschaft, die ich im Nachhinein «Berliner Luft» nennen möchte, nachdem sie sich in derselben aufgelöst hat. Alles, was für mich von ihr geblieben ist, habe ich im Ohr: die genuschelte Begrüßung – *the mumbled hello* – des Flugkapitäns auf einem Flug nach Mallorca: «Welcome on board, Ladies and Germans!»

Ich hatte den Eindruck, der Kapitän, dem die *gentlemen* nicht von den Lippen kommen wollten, war ein Bayer. Die Dame, die neben mir saß, schien weiter ausholen zu wollen: «Ach, die Deutschen und ihr Englisch!», sagte sie und rollte die Augen – *she rolled her eyes.* Doch ich ließ mich nicht anstecken von der Kritik, schon gar nicht in dieser Situation. Jeder Mensch soll schließlich das Recht haben, zu nuscheln oder müde zu sein.[*] Andererseits war mir auch klar, worauf die Frau hinauswollte – *I knew what she was getting at:* die Macken in der Artikulation, die standardmäßig mitgeliefert werden, wenn Deutsche in den Englischbetrieb schalten. In seiner unvergesslichen Begrüßung hatte auch der Kapitän damit nicht gegeizt – *with his memorable [memmoräbl] an-*

---

[*] Am Ende war ich dem Kapitän sogar dankbar, weil er mich inspiriert hat, einen Podcast über deutsche Eigenarten zu starten. Er heißt: «Dear Ladies and Germans!»

*nouncement the captain revealed three major flaws that are common
to most German speakers:*

1. die Aussprache des englischen *th* wie ein «s». Sie ist unser wohl
größtes sprachliches Markenzeichen, wenn ich nur an die unzähligen Auftritte und Erwähnungen von ‹ze Germans› denke,
etwa in dem US-Filmklassiker ‹*The Big Lebowski*› oder in meinem
britischen Lieblingsfilm ‹*Snatch*›. Auch in der englischen Boule-
vardpresse hat die Referenz ihren festen Platz – *ze sensational
press in England has mocked zis pronunciation for a long time*. Egal
ob es um Fußball, Sonnenliegen auf spanischen Ferieninseln, den
Zweiten Weltkrieg oder andere Reizthemen – *battlegrounds* –
geht: Die Ausschlachtung des phonetischen Makels wird wie ein
billiger Punktgewinn verbucht und gefeiert. Manchmal mühen
sich Denglische Patienten selbst dann noch mit der Aussprache
von *th* ab, wenn es ganz einfach wie «t» gesprochen wird: in Namen wie *Theresa, Thomas, Thompson, Thames, Thai, Lesotho* oder
in dem Gewürz *thyme* – «Thymian».

2. die Artikulation des englischen *w* wie ein deutsches «w» in
«Wehwehchen». Tatsächlich werden die Anfänge der Wörter *why,
we, want, whiskey* ähnlich ausgesprochen wie das *o* in der Zahl *one*.

3. die Aussprache des englischen *v* wie ein englisches *w!* Makel
Nr. 2 und 3 lassen Sätze wie *William plays volleyball* oder *Victoria
drinks whisky* klingen wie *Villiam plays wolleyball* oder *Wictoria
drinks visky*. Immerhin demonstrieren wir mit dieser paradoxen
Betonung, dass wir imstande sind, beide Laute zu bilden! Der
frühere britische Botschafter Simon McDonald schrieb mir einmal in einem Brief: ‹*The commonest error German speakers make is
to turn English vee into a double-u: so ‹visit› becomes ‹wisit›; people
clearly know there's a difference from German, but overcompensate*› –
die Leute wissen, dass es anders klingen muss als im Deutschen,
und dann übertreiben sie: in die falsche Richtung …

Doch ist das wirklich ein Problem?

In den Jahren, in denen ich über unseren Umgang mit der englischen Sprache geschrieben habe, bin ich noch nie in dieser Aus-
führlichkeit auf die Schwächen unserer Aussprache eingegangen.
Ganz einfach, weil ich überzeugt bin, dass sich Sprachkenntnisse
nicht daran festmachen lassen, ob man bestimmte Laute perfekt
(nach)bilden kann, die sogenannte Muttersprachler in ihrer Kindheit gelernt haben. Es ist ein Vorsprung, den die meisten Menschen ab einem bestimmten Alter nicht mehr aufholen können.
Vom Gegenteil auszugehen ist nicht nur ein verbreitetes Missverständnis, sondern leider auch eine Form der Ab- und der Aus-
grenzung. Sie richtet sich gegen Menschen, die im Erwachsenenalter eine neue, fremde Sprache lernen. Da ich es unerträglich
finde, wenn ihnen in Deutschland, Österreich oder in der Schweiz
mit dieser Haltung begegnet wird, will ich meinen, dass auch wir
mit unserem Englisch etwas Toleranz verdient haben.

Zugleich ist Kritik immer dann gerechtfertigt, wenn die Aussprache in einer Weise verunglückt, dass sie Missverständnisse
erzeugt. Obwohl ich also der Meinung bin, dass viele phonetische
Patzer kein Drama sind und niemand Hemmungen haben sollte,
mit einem deutschen Akzent zu sprechen, möchte ich dieses Kapitel nutzen, um einmal zu erläutern, in welchen Fällen es trotzdem auf den richtigen Ton ankommt. Etwa wenn wir …

- die *lounge* [*laundsch*] zum *launch* [*lohntsch*] machen, so dass
  es klingt, als würden wir uns etwa auf einer Abschussrampe
  für Raketen befinden, nicht in einem Warte- oder Aufenthalts-
  bereich.
- uns versehentlich an den Beckenrand begeben und von der
  pool [*puhl*] *position* sprechen, obwohl wir eine ideale Ausgangslage oder Startposition meinen – die *pole* [*poul*] *position*.
- die Nachspeise verwüsten, weil wir *desert* [AE *dässärt;* BE
  dässät] – also eine «Wüste» – statt *dessert* [*die´söht*] bestellen.
- aus dem «Körper» einen «Kumpel» und aus dem «Kumpel»

einen «Körper» machen, indem wir *body* [AE *bahdy*; BE *boddy*]
wie *buddy* [*baddy*] klingen lassen und umgekehrt. Auf diese
Weise verwandeln wir das «Duschgel» – *the body wash* –
und die «Körpercreme» – *the body lotion* – zu fragwürdigen
Substanzen, mit der die meisten Kumpels wahrscheinlich nichts
anfangen können.

- den «Kalender» – *the calendar* [AE *källinda*; BE *kallinda*] – zum
  «Kochsieb» – *colander* [*kallanda*] – erklären. Das Problem lässt
  sich leicht aus der Welt schaffen, da es für die Terminplanung
  ohnehin gängiger ist, vom *diary* [*daiarî*] zu sprechen. Solange
  wir das wiederum nicht mit *dairy* [*dährî*] verwechseln – einem
  «Milchprodukt».

- Gäste empfangen und es «kaum» wie eine Begrüßung klingen
  lassen, sondern wie eine Ausladung: «You are hardly welcome!»
  statt *You are heartily welcome!*

- über den musikalischen «Bass» sprechen, aber nicht [*bais*],
  sondern [*bahs*] sagen und damit den Eindruck machen, dass wir
  uns viel mehr für «Bars» interessieren. Dasselbe gilt im Restaurant oder auf dem Markt für die Bestellung des Fisches namens
  bass – «Barsch».

Ein anderes verwirrendes Beispiel fiel mir schon vor Jahren auf,
als ich für ein paar Wochen bei der deutschen Ausgabe des Magazins GQ [*dschie kju*] arbeitete, was übrigens für ‹Gentlemen's Quar-
terly› steht, also eine «Vierteljahresschrift für Herren». Weil ich
den Chefredakteur – *the editor* – vertreten durfte, gab mir der Verlag in München den Titel «Guest Editor». Der offenkundige Hang
zur englischen Sprache deckte sich aber nicht mit der Aussprache
im *editorial team,* wo hartnäckig von [*dschäi kju*] die Rede war, als
würde man eine Zeitschrift namens JQ machen. Später ist mir
aufgefallen, dass viele Menschen den Namen der Lautsprecher-
marke JBL [*dschäi bie ell*] wiederum häufig wie GBL [*dschie bie ell*]
klingen lassen. Zugleich käme wohl niemand auf die Idee, aus
dem *disc jockey* oder dem *video jockey,* kurz «DJ» und «VJ», einen

«DG» oder «VG» zu machen. Ich habe bis heute nicht verstanden, warum wir uns in einigen Fällen versprechen und in anderen nicht. Vielleicht ist es das, was der Botschafter mit *overcompensate* sagen wollte: dass wir bestimmte Klänge für englischer und deshalb angebrachter halten als andere und mit ihnen übertreiben. Kann es sein, dass in einigen Situationen der Laut [*dschie*] und in anderen der Laut [*dschäi*] für «englischer» gehalten wird? Ich weiß es nicht und kann es deshalb nicht besser erklären.

Ähnlich unerklärlich und rätselhaft ist übrigens, wenn Leute auf Englisch über die deutsche Hauptstadt sprechen und sie klingen lassen wie einen Ort namens «Burlin» [*Bööh'lin*] statt Berlin [*Bö'linn*].

Erklärbar ist hingegen, warum wir eine ganze Reihe Buchstaben mitsprechen, die im Englischen stumm sind – *so-called silent letters*. Weil wir es aus unserer eigenen Sprache (oder aus anderen) einfach so gewohnt sind. Es geht hier also um «Psychologie», und das auch wörtlich, denn *psychology* wird ohne *p* gesprochen: [*saï'kollodschi*]. Die «Psyche» – *psyche* – klingt entsprechend [*saikie*]. Und unser «Scheinenglisch», das in beiden Sprachen «pseudo» ist, klingt auf Englisch so: [*suhdo inglisch*].

Ein ähnlicher Fall ist das *l*. Obwohl allgemein bekannt ist, dass es in *could* oder *would*, *talk* oder *walk* akustisch ausgelassen wird, sprechen es Denglische Patienten oft mit, wenn es in ähnlichen deutschen Wörtern zu hören ist: etwa in *half* [*hahf*] – wie «halb» –, *chalk* [*tschahk*] – es bedeutet «Kreide» und ähnelt dem «Kalk» –, *palm* [*pahm*] – wie «Palme» – oder *calf* [*kahf*] – wie das «Kalb». (Wer Kalb(fleisch) essen will, bestellt hingegen *veal* [*wiel*].) Auch der «Lachs» kommt bei unseren Landsleuten gelegentlich mit einem gesprochenen «l» auf den Teller, wie wir es vom «Salmon» kennen. Tatsächlich wird *salmon* im amerikanischen Englisch [*sämmen*] und im britischen Englisch [*sammen*] gesprochen. Wer das «l» unbedingt hören will, kann den Lachs (wenigstens in New York) in der jiddischen Mundart ordern: *lox*!

Stumm ist außerdem der Buchstabe *b*, wenn er am Ende eines Wortes auf *m* folgt. Das bombigste Beispiel dafür ist *bomb* [*bomm*]. Merken sollten Sie sich auch

to climb [*klaim*] – «klettern»
to comb, comb [*coum*] – «kämmen», «Kamm»
crumb [*cramm*] – «Krümel», «Krume»
dumb [*damm*] – «dumm»
honeycomb [*hannicoum*] – «Bienenwabe»
lamb [*lamm*] – «Lamm»
limb [*limm*] – «Glied(maße)»
numb [*namm*] – «empfindungslos», «betäubt», «taub»
succumb [*sö'kamm*] – «(etwas) erliegen», «unterliegen»
thumb [*θamm*] – «Daumen»
tomb [*toum*] – «Grab».

Das *b* ist auch in Wörtern stumm, die auf *bt* enden: *debt* [*dett*] – «Schuld» –, *subtle* [*sattl*] – «feinsinnig», «raffiniert», «unauffällig» – oder *doubt* [*daut*] – «Zweifel». Auch das *g*, das *k* und das *n* werden nicht immer mitgesprochen. Wir wissen das vom *design* und vom *sign* – «Signal», «Schild», «Zeichen» –, vom *knowhow* und vom verdammten *damn*. Dasselbe gilt für

paradigm [*paradaim*] – «Paradigma», «Muster», «Modell»
benign [*bi'nain*] – «gutartig»
malign [*ma'lain*] – «bösartig»
to feign [*fäin*] – «so tun, als ob», «vortäuschen»

knee [*nie*] – «Knie»
to knot, knot [AE *natt*; BE *nott*] – «knoten», «Knoten»
to knit, knitwear [*nitt, nitt-uwhär*] – «stricken», «Strickwaren»
knight [*nait*] – «Ritter» (und die berühmte Londoner Knightsbridge [*naitsbridsch*])
knick-knack [*nicknäck*] – eins meiner englischen Lieblingswörter, das unserem «Dingsbums» nahekommt

autumn [*ohtöm*] – «Herbst»
to condemn [*kon'dämm*] – «verurteilen»
column [*kollum*] – «Kolumne»
solemn [*solläm*] – «ernst», «feierlich»
gnome [*noum*] – «Gnom»
hymn [*himm*] – «Hymne»

Das *r* ist in einigen Wörtern stumm, wenn auch nur im britischen Englisch, nicht im US-amerikanischen:

bird [AE *börd*; BE *böhd*]
cart [AE *kart*; BE *kaht*]
father [AE *faðör*; BE *fahða*]
fork [AE *fork*; BE *fohk*]
iron [AE *airenn*; BE *aienn*]
where [AE *huwhär*; BE *uwhäh*]

Wie heikel die Unterschiede zwischen britischer und US-amerikanischer Aussprache manchmal sind, zeigt sich im «Labor» – *in the laboratory*. Während die Briten [*laborratori*] sagen, machen sie sich über US-Amerikaner lustig, die [*läbratohri*] beinahe klingen lassen wie *lavatory* [*lävatohri*], einen Waschraum, oder kurz: das Klo! Wie hat einst der Ire George Bernard Shaw die Vereinigten Staaten und das Vereinigte Königreich beschrieben? ‹*Two nations divided by a common language!*›

Doch zurück zu unseren Eigenarten. Sie ergeben sich häufig aus unseren Gewohnheiten in der deutschen Muttersprache, die bestimmte Klänge vorgibt, die wir leicht übernehmen, wenn wir nicht aufpassen: *Robust* etwa spricht man [*rou'bast*] aus, nicht [*robast*]. Und verschiedene Adjektive auf *-able* würden wir gerne auf dem *a* betonen, lägen damit aber falsch: *capable* [*käipäbl*], *formidable* [*fohmidäbl*], *admirable* [*ädmiräbl*], *likeable* [*laikäbl*].

Manchmal haben wir auch wieder nur falsche Erwartungen von der «richtigen englischen Aussprache», zum Beispiel bei:

executive: [ig'säkjutiff], nicht [egse'kjuhtiff]
purchase: [AE *pöhrtschiss;* BE *pöhtschiss*], nicht [*pörtschäis*]
dozen: [*dasn*], nicht [*dousn*]
awry: [o'rai], nicht [ohri]

Bleibt mir noch, meine persönlichen Stolperwörter zu beichten, wenigstens ein paar davon. Auf eines bin ich erst aufmerksam geworden, als ich mit meinem Telefonjoeker über die verschiedenen Varianten von Covid – *the different Covid variants* – sprach und er mich, freundlich wie immer, darauf aufmerksam machte, dass *variant* nie [*wä'raiant*], sondern AE [*wärriänt*] oder BE [*währiänt*] ausgesprochen wird.

Ein anderes Wort mahnt mich, dass ich es dazu niemals bringen werde: *a yacht!* Amerikaner sagen [*jatt*], Briten [*jott*]. Unterdessen zeigt mir die «Garage», dass gelegentlich der US-amerikanische Akzent auf mich abfärbt – *that American English rubs off on me!* Oder liegt das Problem darin, dass die britische Aussprache von *garage* in meinen Ohren amerikanisch klingt? Briten sagen [*gärrädsch*], während Amerikaner und ich es britisch klingen lassen: [*ga'rahsch*].

Ein letztes Wort ist die etwas hochgestochene und altmodische Konjugation *albeit,* die «allerdings», «wenngleich» oder «wenn auch» bedeutet. Jahrelang las ich in Texten [*ohlbait*] vor mich hin. Ich hatte nie davon gehört, dass man [*ohlbie'it*] sagt! Da ich es jetzt weiß, möchte ich mit folgendem Satz enden: *Most people understand your English, albeit with occasional difficulty.* Zugleich werden Ihr Auslandseinsatz und Ihre internationale Karriere bestimmt nicht an Ihrer deutschen Aussprache hängen. Sollten Sie also scheitern, können Sie versichert sein: *Zis was not ze problem!* Henry Kissinger hat es mit einem unüberhörbaren frrränkischen Akzent zum US-Außenminister gebracht. Da werden wir es mit einem miserablen «Tie-äitsch» auch schaffen!

«I can't get no desinfection!»

Was uns die Coronakrise sprachlich gebracht hat

Erinnern Sie sich noch an den März 2020? Es war der Moment, in dem sich *frequent travellers, weekenders* und *conference hoppers* auf einmal in Luft auflösten und Platz machten für *superspreaders, home teachers, Zoom hosts* und unzählige *covidiots*.

Mit dem Beginn der Coronakrise konnten wir erleben, wie unser Deutsch auf einen Schlag englischer wurde. Es war eine eindrucksvolle Gelegenheit, die gleichsam virale Verbreitung von englischen Lehnwörtern zu beobachten. Deutlich wurde, dass diese besonders dann Karriere machen, wenn sich die Welt schneller dreht, als wir auf Deutsch dichten können. Zu Beginn des Jahres 2020 ahnte noch niemand, was auch begrifflich auf uns zukommen und sich fast so schnell wie das Virus verbreiten sollte. Zum Beispiel der *polymerase chain reaction test,* kurz *PCR test* (was immer das heißen mag). Oder *filtering facepieces* – die «FFP-Maske» (was also doppelt gemoppelt ist, weil «FP» bereits «Maske» bedeutet). Wer an der Maske, so oder so, Anstoß nahm, konnte sich auch bei uns mit *mask shaming* hervortun: entweder wenn das «Gesichtsteil» nicht aufgesetzt war oder wenn es als überflüssige Vermummung empfunden wurde.

Den neuen gesellschaftlichen Rahmen bildete zunächst das *social distancing*. Allerdings wurde es bald als zu radikal empfunden, schließlich sollte es nicht darum gehen, die Menschen sozial auseinanderzuhalten oder gar voneinander zu isolieren. Ab Mitte

2020 war deshalb vom *physical distancing* die Rede: Damit sich die Leute nicht mehr auf die Pelle rückten, wurde ihnen dringend geraten, aufs Händeschütteln zu verzichten – *to refrain from shaking hands*. Sie begannen die Ellbogen oder die Füße aneinander zu stoßen – *elbow bumps* (oder *elbow bumping*) und *footshaking*.

Es ist tatsächlich bemerkenswert, wie viel Schwung das unbeliebte Coronavirus in unseren Wortschatz gebracht hat – angefangen beim *coronacoaster*, dem Auf und Ab der Meldungen, der Regeln, der letztendlich großen Konfusion über die aktuelle Lage. Das Chaos erinnerte an ein *rollercoaster*, die Achterbahn. Auf ihr befand sich irgendwann jeder, im Beruf oder daheim. Rasch lernten die Menschen, die große Strategie dagegen aufzusagen, auf Englisch: *Flatten the curve!*

Den wohl größten lexikalen Neuzugang bildete der *lockdown*, gefolgt vom hypothetischen *shutdown*. Kaum jemand hatte die beiden Wörter vor 2020 benutzt, und nur wer Englisch sprach, kannte sie. Heute ist vor allem der *lockdown* selbstverständlicher Teil des deutschen Wortschatzes und der Alltagssprache (mehr darüber im Kapitel «Neues aus der *Anglosphere*»).

Eine enorme Konjunktur erlebten auch *home schooling* und «Home Office». Sie erkennen es an der Schreibweise: Während *home-schooling* (mit oder ohne Bindestrich) schulbuchtaugliches Englisch ist, zählt das «Home Office» zu den Anglizismen, die wir (wieder einmal) nicht im Einklang mit der englischsprachigen Welt nutzen. Will man in der *Anglosphere* verstanden werden, sagt man *(I do) remote work* oder *I work from home*. Oder man schreibt ganz kurz: *I wfh* – was meine Autokorrektur allerdings weiterhin mit *wtf* verwechselt: *WHAT THE F***!*

Freundinnen und Freunde der heimischen Handarbeit brachten unterdessen *crafternoons* hervor: Nachmittage – *afternoons* –, an denen sie zuhause einem Handwerk – *craft* – nachgehen. (Im Kapitel ‹Baby, are you hangry?› lesen Sie mehr über den Trend zu solchen sogenannten Kofferwörtern.)

Interessant war auch ein Video, das die Runde machte. Es kam von dem Berliner Sender Radioeins und trug den Titel: «I can't get no desinfection». Als Parodie des Rolling-Stones-Lieds ‹I can't get no Satisfaction› galt das Wortspiel dem Umstand, dass Deutsche massenhaft Klopapier und Desinfektionsmittel hamsterten. (Und in Frankreich? Kauften sie Rotwein ...!) Hamsterkäufe wurden zu Beginn der Krise in der ganzen Welt zu einer Art kollektiver Übersprungshandlung, die am Rande bemerkt mit *hoarding* oder mit *panic buying* übersetzt wird, niemals mit «hamstering»!

Als Denglischer Patient brauchte ich eine Weile, bis ich bemerkte, dass den fröhlichen Machern des ironischen Videos ein klitzekleiner Fehler unterlaufen war. Sie hatten das englische Wort *disinfection* mit einem «e» geschrieben, wo ein «i» stehen müsste, so wie auch im englischen Wort *disease*, der «Krankheit». Oder wie im Wort *disaster,* das wir ganz offiziell «Desaster» schreiben, zu dem sich das unheilvolle Covid-19-Virus längst ausgewachsen hatte.

So unbedeutend der Patzer mit dem «e» in Wahrheit ist, so symptomatisch war er zugleich: für die sprachlichen Herausforderungen, die mit jeder Krankheit einhergehen können. Analog zum gefürchteten *long covid* mit einem möglichen *brain fog* oder zum *languishing* – einer dauerhaften Ermattung – bedrohen uns sprachliche Langzeitfolgen, wenn wir nicht aufpassen.

Zum Beispiel wenn wir mit kranken Menschen zu tun haben, die kein Deutsch sprechen, oder wenn wir uns selbst nicht im deutschen Sprachraum befinden. Egal ob Sie als Ärztin oder Arzt, Patientin oder Patient unterwegs sind, Sie sollten gehört haben, dass der Ausbruch einer Krankheit als *outbreak* bezeichnet werden kann, die Ansteckung aber nicht etwa als «onsticking». Man sagt *infection, contagion* oder *contamination.* Auch hilft es zu wissen, dass sich *physicians* nicht mit Physik, sondern mit Medizin auskennen und dass es kein Problem ist, Menschen zum *drug store* oder *drug shop* (der «Drogerie») zu schicken.

Allzu oft befällt uns eine Krankheit, die ich an anderer Stelle schon als «Vokabulitis» bezeichnet habe: Wir benutzen irrige englische Wörter und kennen die (zu)treffenden nicht. Das fängt mit den Brustschmerzen an, die weder Mann noch Frau als «breast pain» übersetzen kann, solange die Beschwerden nicht von den weiblichen Brüsten kommen. Korrekt ist *chest pain,* denn *chest* ist der «Brustkorb». Oder wörtlich eine «Kiste». So gibt es auch *treasure chests* – «Schatztruhen» – und *war chests* – «Kriegskassen», doch das sind andere Geschichten. Wer Menschen ärztlich abhören will, sagt: *I need to listen to your chest.*

Generell hat sich ein gut sortierter englischer Erste-Hilfe-Wortschatz schon immer ausgezahlt. Und in grassierenden Großkrisen ist es besonders vorteilhaft zu wissen, was all die Begriffe übersetzt bedeuten, die wir nicht importiert haben. Wissen Sie es? (Halten Sie die rechte Seite zu!)

Tröpfchen	*droplet*
Auswurf	*phlegm*
niesen	*to sneeze*
husten	*to cough*
Atemwege	*respiratory (passages), airways*[*]
Lungenentzündung	*pneumonia*
Und endlich, die Impfung!	*At last, the vaccination! Or in a more colloquial fashion: the jab!*

Selbstredend sind auch Wortkombinationen möglich: *Sneeze/ respiratory droplets* sind Tröpfchen, die aus den Atemwegen ausgeniest werden, bei Covid-19 bekanntlich die Ansteckungsgefahr Nummer eins – *the biggest spread of disease and contagion risk!*

Allgemein gilt: Je größer die Gefahr, krank zu werden, desto größer das Risiko, nicht verstanden zu werden, sobald eine grenzüberschreitende englischsprachige Kommunikation erforderlich ist. Viele medizinische Vokabeln sind ähnlich, aber eben nicht

---

[*] Das macht meine Atemwege genau genommen zu *German airways*!

identisch wie «Hygiene» und *hygiene* oder «Symptom» und *symptom*. Die Quarantäne etwa ist *quarantine*, die «Epidemie» ist *epidemic* und die «Pandemie» *pandemic*.

Um voll und ganz verstanden zu werden, kommt es außerdem auf die Aussprache an. *Coughing* klingt wie [*koffing*], *hygiene* wie [*haidschien*], *phlegm* wie [*flemm*]. *Vaccination* spricht man [*waksïnäischn*], *quarantine* [*kuwharäntien*]. Und *pneumonia?* Das «p» wird ausgelassen: [*njuˈmounia*]!

Wer aus der Quarantäne oder aus dem Krankenhaus entlassen werden will, fragt nicht: «When will I be freed/released/liberated?» Das würde man nur nach einer Gefangenschaft fragen, selbst wenn sich Quarantänen und Krankenstationen ähnlich anfühlen. Die Zauberformel lautet: *When will I be discharged?* *Discharge* hat im Englischen viele Bedeutungen. In der Sprache der Mediziner kann es auch eine nässende Wunde sein: *a discharging wound.*

Und wenn Sie zu guter Letzt anderen eine gute Besserung wünschen wollen, machen Sie es nicht wie die Universitätsklinik in Göttingen, die auf ihren Monitoren «We wish a good improvement» geschrieben hat. Patienten sind schließlich keine Maschinen, die man ölen oder mit einem Update bespielen kann, damit sie am Ende noch besser funktionieren. Das Coronavirus mag in unserer Gesellschaft viel verändert haben, doch Genesungswünsche bleiben ganz die alten, auch in unser Lieblingsfremdsprache:

Get well soon!

Unser Mann in L. A.

Wenn Sie nach einer Übersetzung für «spießig» suchen, hilft Ihnen Larry David

Wie öde unsere Existenz manchmal ist und wie sehr man sich mit der eigenen Person langweilen kann, konnten viele Menschen im Corona *lockdown* erleben. Da ich häufiger gefragt wurde, welche englischsprachige Fernsehserie ich empfehlen würde, möchte ich hier eine herausragende Figur vorstellen. Zum einen, weil sie mir schon viel brauchbares Alltagsenglisch beigebracht hat. Zum anderen, weil sie wie sonst niemand *social distancing* beherrscht – jene Handlungsmaxime, die viele von uns ab März 2020 in Traurigkeit und Depression gestürzt hat. Das Gleichgewicht aus Isolation und Zufriedenheit ist nun mal nicht jedermanns Sache. Gut, wenn es dafür ein Vorbild gibt!

Das gilt aus deutscher Sicht umso mehr, wenn man bedenkt, dass der Protagonist in Los Angeles lebt, aber unter den Verhaltensauffälligkeiten leidet, die bockige Berliner, redselige Rheinländer, besserwisserische Bayern, sparsame Schwaben und hochnäsige Hamburger an den Tag legen. Er unterbricht und korrigiert seine Mitmenschen, drängt ihnen ungefragt seine Krankheiten und sein Wissen auf. Außerdem stellt er unentwegt seine Prinzipien in den Raum (um nicht zu sagen: in den Weg!), weiß das meiste besser, will andere am Pranger sehen und leidet chronisch unter mangelnder Selbstironie, wenigstens tut er so.

Ich spreche von einem alten weißen, fast kahlköpfigen, jüdisch erzogenen, aber gottlos gesinnten Mann namens Larry David. Er ist Autor, Hauptdarsteller und das lebende Vorbild für den fiktiven, alten weißen, fast kahlköpfigen, jüdisch erzogenen, aber gottlos gesinnten Mann namens Larry David. Kurz: LD.

Die Lebensleistung der beiden Männer besteht darin, in den 1990er-Jahren die Kultserie ‹Seinfeld› mitgeschaffen zu haben. Die Betonung liegt auf «mit», da Jerry Seinfeld selbstredend ihr Hauptschöpfer war. Doch für LD reichte es, um zu Wohlstand zu gelangen und seither von Prominenten umgeben zu sein, die auch an seiner eigenen Fernsehserie teilnehmen. Dass Barack Obama, der mit LD golft, noch nicht mit von der Partie war, macht mir Hoffnung auf zukünftige Folgen. Schließlich sollte es gerade dem früheren Präsidenten leicht fallen, das zu tun, was LD von seinen Gästen verlangt, was ihm aber selbst nie gelingt: den Ball flach zu halten, sich nicht aufzuspielen, halblang zu machen, sich das eigene eitle Ego in den Allerwertesten zu stecken und insgesamt *cool* zu bleiben. Womit der burleske Titel der HBO-Serie erklärt ist: ‹Curb your Enthusiasm›.

Dass die deutschsprachige Fassung mit der öden Alliteration «Lass es, Larry!» an den Start ging, soll als Hinweis genügen, dass die amerikanische Originalversion unbedingt vorzuziehen ist. Selbst wenn es nicht viel besser klänge, wäre die Übersetzung «Reg dich ab!» geeigneter: für die Serie und speziell für uns als Zuschauer. Es soll schließlich nicht darum gehen, es zu lassen, sondern sich nicht zum Idioten zu machen, wenn einen Albernheit, Begeisterung, Sendungsbewusstsein, Wut und Entrüstung mal wieder stärker überkommen, als jede Impulskontrolle bremsen kann.

Seien wir ehrlich: *Coolness* ist eine Zutat in der englischsprachigen Kultur, die wir nie ganz verstanden und verinnerlicht haben. Auch LD ist nicht *cool*. Deshalb fühlt er sich oft fremd, selbst gegenüber seinen scheinbar engsten Freunden Jeff, Leon und Richard, die ihm in Wahrheit viel zu oberflächlich und dadurch fern sind. Je länger man ihm zusieht, desto weniger wird man das Gefühl los, dass LD, dessen Familie schon vor Generationen aus Deutschland kam, ein bisschen deutscher ist als der Rest der USA. In meinen Augen ist LD unser Mann in L. A.!

Warum es sich generell lohnt, die Serie in der englischen Originalversion zu sehen, erklärt sich durch ihren besonderen Text. Er kommt ohne Drehbuch aus und hat die Serie zu einem Pionier des mittlerweile auch bei uns populären *non-scripted drama* gemacht.

Von Anfang an glänzte ‹Curb› (wie Fans das spontane Filmtheater nennen) mit sprachlichen Feinheiten und Finessen. Nie werde ich die erste Episode aus dem Jahr 2000 vergessen, als sich Larry mit seiner damaligen Frau Cheryl (gespielt von Cheryl Hines) über die *cut off time* stritt – ein Begriff, den ich bis dahin nicht kannte. Er beschreibt den Zeitpunkt, nach dem man im streng formatierten Amerika der Mittelschichten abends nicht mehr bei anderen Leuten anrufen darf. Mit diesem Streit war das Grundmuster der Serie etabliert: Alles, was LD furchtbar spießig findet, kontert er mit eigenen Auffassungen und neuen, meist vergeblichen Regeln, die nicht minder spießig sind.

Apropos «spießig» – es ist eines jener kritischen deutschen Wörter, die sich in ihrem ganzen Bedeutungsspektrum kaum im Englischen wiedergeben lassen. Als Denglischer Patient habe ich mich damit jahrelang mindestens so schwer getan wie etwa auch mit einer treffenden Übersetzung für «geizig» – *mean, miserly* [AE *maisörli*; BE *maisöli*], *penny-pinching, tight fisted* oder *stingy*.

Man kann den Standardempfehlungen folgen und «spießig» mit *stuffy, grumpy, homely* und gar *anal* übersetzen [*äinel*]. Oder man schaut alleine die zehnte Staffel von ‹Curb› und kennt danach so viele unterschiedliche Typen des «Spießers», dass man auf einmal in der Lage ist, jede einzelne seiner Eigenschaften auf Englisch zu beschreiben. LD macht es vor:

- *the prick:* ein illoyaler Scheißkerl, der die Freundschaft zu einem Gehbehinderten sucht, nur um ihm seine Sonderparkerlaubnis abzuluchsen
- *the prig:* ein selbstgefälliger Schnösel, der beim BMW-Händler ein defektes Auto simuliert, nur um beiläufig Süßigkeiten aus Deutschland zu schnorren
- *the douchebag, schmuck and moron:* ein Volltrottel, der die Abfuhr eines BMW-Händlers nicht auf sich sitzen lässt und sich am Ende damit beweisen will, dass er den teuersten Wagen kauft
- *the ignoramus:* ein Ignorant, der auf seinen falschen Annahmen besteht. Zum Beispiel hält er in einem chinesischen Restaurant wildfremde Menschen asiatischer Herkunft für *experts* und fragt sie, was er bestellen solle. Als sie ihm erklären, dass sie auch nicht mehr wissen als er, beharrt LD auf seinem Vorurteil und erklärt, er würde sie fragen, so wie er auch niemals dünne, sondern nur dicke Menschen um einen kulinarischen Rat bitten würde.
- *the philistine [filistain]:* ein Banause, der eine rote *Make America Great Again*-Schirmmütze aufsetzt, um lästige Mitmenschen abzuwimmeln – *it's a people repellent!* Versehentlich gewinnt LD damit auch die Sympathie eines Trump-Anhängers.
- *the loner/lone wolf:* ein bindungsgestörter Eigenbrötler, der nach der Scheidung von seiner Frau mit seinem ebenfalls bindungsgestörten Freund Leon zusammenwohnt
- *the stickler and wisenheimer:* ein selbstverliebter Klugscheißer, der gegenüber seinen Mitmenschen doziert, dass niemand nach dem 3. Januar *Happy New Year* sagen sollte, und zwar deutlich und laut, kurz: cholerisch
- *the nitpicker, bean counter and faultfinder:* ein Korinthenkacker, kleinkarierter Erbsenzähler und pedantischer Besserwisser, dem bei *Mocca Joe* der Kaffee und die *scones* nicht schmecken und die Tische zu sehr wackeln, weshalb er sein eigenes Café eröffnet und einen Trend unter reichen kalifornischen Spießern lostritt: den *spite shop*. Das ist ein Geschäft, das man aus

Boshaftigkeit und Rachsucht eröffnet, nur um ein anderes in den Ruin zu treiben.

Im Kosmos des kreativen Kalifornien, wo Berufsbezeichnungen wie *rockstar, ninja, hero, guru* oder *genius* ernst genommen werden, stehen normalerweise auch einem Mann mit dem Titel *Seinfeld Co-Creator* alle Türen offen: zu Restaurants, zu Partys und überhaupt zum sozialen Leben, wie es vor Corona war und nach Corona langsam wieder wird. Dass LD trotzdem immer wieder scheitert, liegt an seinem an Autismus grenzenden Eigensinn. Er folgt keiner Moral, keinen steifen sozialen Regeln oder *empty gestures*, sondern dem unerschütterlichen Selbstbewusstsein eines vermögenden, vergnügungssüchtigen Frührentners mit einem Aufmerksamkeitsdefizit und überdurchschnittlicher Intelligenz. Mit seinem kritischen Blick nimmt er die Gesellschaft auseinander, mit seinen ätzenden Kommentaren führt er sie vor, und mit seinen Aktionen wie Reaktionen macht er sich selbst unvergesslich. Die Zuschauerinnen und Zuschauer dürfen unterdessen immer aufs Neue rätseln, ob er sich zeitgemäß achtsam oder unzeitgemäß unachtsam verhält, also politisch unkorrekt.

Larrys Themen sind die immergleichen, und doch variieren sie und verlieren nie ihre Faszination. Es geht um Sprache und Kultur, um Spitzfindigkeiten, Normen und die unvermeidlichen Missverständnisse und Normverletzungen. In einem fort drängen sie LD in die eisige Einsamkeit oder ins wärmende innere Exil. *Social distancing* als Form der Rettung!

Als Larrys Mitbewohner Leon in der neunten Staffel mit *lampin'* ein Trendwort erfindet (und einen kleinen legendären Beitrag zur Popkultur liefert), zeigt er uns, dass es durchschnittliche Menschen in den USA auch nicht immer leicht haben mit neuen Begriffen – und dass Widerstand gegen englischsprachige Neologismen nicht nur im Verein Deutsche Sprache eine Heimat hat. Doch *lampin'* hat eine große Berechtigung in LDs Welt. Es ist Ausdruck einer Sehnsucht für den Zustand, den er anstrebt: Entspanntheit, die im Unterschied zum *chilling* nicht den aufrechten Gang und die Klamotten der Spießer erfordert, sondern es erlaubt, sich in allen Lebenslagen herumzuflegeln.

Das Gegenteil davon ist ein anderes Wort, das Leon erklärt und damit Larry und letztlich uns, der *audience*, demonstrativ unterjubelt – denn das bedeutet es: *to get foisted!* Es ist das Schlimmste, was sich LD mit seiner hart erarbeiteten und genauso hart «er-lampten» Unabhängigkeit vorstellen kann: vom gewitzten *show host* Jimmy Kimmel eine schreckliche Sekretärin untergeschoben zu bekommen, die ihn mit allen Mitteln des Gesetzes fertigmachen will, weil sie seine Grundhaltung als Bedrohung empfindet. Das *endgame* dieser Auseinandersetzung ist wirklich spannend: Spießer gegen Spießerin! Ein *showdown.* Obwohl klar ist, wer gewinnt.

Am Ende der zehnten Staffel hatte sich LD nach 100 Episoden und pünktlich zum Corona *lockdown* im Jahr 2020 den Titel *King of Social Distancing* verdient. Dabei möchte ich annehmen, dass ihm die wagneresk-deutsche Bezeichnung *Meister* besser gefallen würde – nicht nur, weil er selbst ein sehr widersprüchliches Verhältnis zur deutschen Kultur und Sprache pflegt, das an eine große, aber gescheiterte Liebe erinnert. Es ist von einer Mischung aus Ablehnung und Anerkennung geprägt, seinem eigenen ambivalenten Charakter nicht unähnlich. Noch mehr aber würde es ihn wahrscheinlich freuen, wenn er wieder einmal den Argwohn seines jüdisch geprägten sozialen Umfelds erregen könnte – so wie es ihm gelang, als er mit einer orthodoxen Bekannten beim Sonnenuntergang vor Schabbat in einem Skilift hängenblieb und essbare Unterwäsche verspeiste, als er auf offener Straße eine Melodie von Richard Wagner pfiff oder – bereits in der allerersten Episode – einen ungewöhnlichen Spitznamen für seine Frau verwendete: «Hitler»!

Was Larrys jüdische Tradition angeht, die er in köstlicher Weise aufs Korn nimmt und darin mit Selbstironie glänzt, hilft sie uns auch zu verstehen, dass viele vermeintlich hochdeutsche An-

klänge in der englischen Sprache aus dem Jiddischen stammen –
they stem from Yiddish:

> *Gesundheit!* – eine Alternative zu *(God) bless you!*
> *to schlepp*
> *verklemmt, farklemt*
> *schmutz*
> *schnorrer*
> *milchig, fleishig*
> *spiel:* Das ist das Geschwafel, das so langatmig wie zielführend
> sein kann, etwa in einem Verkaufsgespräch – heute auch *pitch*
> genannt.

Es ist dieses *spiel*, mit dem es Larry immer wieder gelingt, die
hundertprozentig selbst geschaffene soziale Distanz zu überwin-
den. Das hat er am Ende zwar nicht den Rheinländern, aber auf
jeden Fall den Berlinern und Hamburgern voraus. Zum Beispiel
nachdem er sich in einem Restaurant lautstark darüber aufgeregt
hat, nicht im Bereich für die schönen, sondern in dem für die
hässlichen Gäste zu sitzen, womit er sich beinahe ein Hausverbot
einhandelt. Am Schluss sitzt er doch auf der richtigen Seite des
sonnenverwöhnten kalifornischen Lebens. Auf gar keinen Fall,
weil er gut aussieht. Aber weil er der eine ist: *the one and only
creator of ‹Curb›!*

The wurst case scenario

Foosball, energiewende, currywurst ...
Im Notfall wurschteln wir uns mit Deutsch durch

Achtung! Dieses Kapitel handelt von Momenten in unserem zweisprachigen Leben, die einen treffen können wie der Blitz: wenn wir *English* hören oder lesen und plötzlich etwas bemerken, das uns zwar vertraut ist, aber da gar nicht hingehört. Ein deutsches Wort am fremden Ort!

Ich spreche von «Blitzmomenten», seitdem ich mit meiner Tochter im Herbst 2019 durch Yorkshire gereist bin. In dem Küstenstädtchen Whitby entdeckten wir ein Café, dessen Name nicht von irgendwo kommt: *The Blitz!* Eingerichtet war es im Stil der 1940er Jahre – man sagt: *1940s themed* –, und die Betreiber hatten sich den unrühmlichen deutschen Beitrag zum Jahrzehnt auf die Fahne geschrieben. Aus britischer Sicht waren das: *air raids* – «Luftangriffe» –, der «Blitzkrieg» – *the Blitz* – und *bang bang* – viel peng peng! Da soll noch einer sagen: *Don't mention the war!*

Es versteht sich von selbst, dass ich an einem solchen Treffer in einer beschaulichen britischen Fußgängerzone nicht vorbeigehen konnte, ohne stehenzubleiben und im Netz nachzuschauen, wie sich unsere Vorfahren ins kollektive Gedächtnis des Ortes gebombt hatten. Meine Tochter und ich lernten, dass Whitby tatsächlich von deutschen Bomben getroffen wurde, allerdings im Ersten Weltkrieg – *the Great War.* Sie fielen aus kaiserlichen Zeppelinen, die lautlos über den Wolken schwebten. Man mag das *the first German blitz* nennen, mit den 1940ern hatte es aber nichts zu tun.

Doch auf solche Details kommt es hier nicht an. Außerdem will ich kein Klugscheißer sein – *a wisenheimer. As you will notice, that isn't German. Wisenheimer* soll bloß wirken wie ein deutsches Wort. *It's an ersatzword* – also nur ein kleiner Blitzmoment. So wie *blitz* selbst. Das Wort beschreibt eine bestimmte Art taktischer Kriegsführung, war aber im Deutschen nie ein kriegerisches Hauptwort. Unser «Blitz» ist *a lightning (bolt)*. Würde er zufällig irgendwo in Whitby einschlagen, wäre er *a lightning stroke* oder *strike*. So viel dazu.

Seit Langem interessieren mich die echten Blitzmomente, deutsche Wörter, die zum englischen Wortschatz zählen und dort so gut gepflegt werden, dass sie im Alltag Verwendung finden. Schließlich kann das auch einen praktischen Nutzen für uns haben: als Kniff, wie wir uns mit unserer Muttersprache weiterhelfen können, falls der Englischtransformer (wieder) stockt. (Im Kapitel «Neues aus der *Anglosphere*» erkläre ich, was ein *Transformer* ist.)

Glücklicherweise können wir zunächst festhalten, dass nur wenige geliehene *Germanisms* einen direkten Bezug zu Krieg und Gewaltherrschaft haben: *feldgrau, flammenwerfer, kriegsspiel, herrenvolk, sitzkrieg* oder eben *blitz*. Daneben tummeln sich im englischen Wortschatz die üblichen Verdächtigen – *the usual suspects*. Sie fallen allen immer zuerst ein: *angst, doppelganger, gemütlich, kindergarten, kitsch, hinterland, realpolitik* oder *rucksack*.

Doch da sind noch viel mehr! Angefangen bei «a»: Das *OED* führt seit 1933 das Wort *aberglaube*. Und bereits seit 1898: *hamster*. 1972 folgten zum Beispiel *gemeinschaft und gesellschaft, gesundheit, galgenhumor, glockenspiel*. Oder *dreck!* 1982 kam *schmutz* hinzu, 1986 *spritzig*. Außerdem gibt es *lebenslust* und *luftmensch*. Und seit 2004 sogar *Realo* und *Fundi* … *what a wirrwarr*, das wiederum seit 1926 im *OED* verzeichnet ist.

Alleine diese Beispiele zeigen, dass das germanische Wortfeld von zwei eng verwandten Herkunftssprachen bestellt wird: Hochdeutsch und Jiddisch. Was wirkt wie das erste, kommt nicht selten vom zweiten: *gelt, Mensch, fleishig, milchig, to schlepp, to schmier* (auch: *to smear* oder *to schmear*), *to schwitz* (auch: *to shvitz*) oder *to schmooze* – was nicht «schmusen» bedeutet, sondern «freundlich plaudern» oder «jemandem (zum eigenen Vorteil) Honig ums Maul schmieren».

Auch ganz gewöhnliche Wörter sind im *OED* notiert: seit 1898 *frau*, seit 1976 *herr* und seit 2020 unser *bauer*. Es ist deshalb völlig *okay*, wenn deutsche Schüler im Englischaufsatz schreiben: *The bauer has a farm.* Auch würde einer Umbenennung der englischen Fernsehserie ‹Farmer Wants a Wife› in ‹Bauer Wants a Frau› nichts mehr im Weg stehen. Der Plural ist selbstverständlich *bauers*. Und ist der Hof etwas kleiner, ist seit Juni 2020 die *farmette* eine sprachlich zugelassene Alternative. Die Académie française mag darüber heulen, ich bin voll freudiger Erwartung, denn es scheint damit nur noch eine Frage der Zeit zu sein, bis auch die «Adilette» in den englischen Wortschatz schlappt.

Bleibt noch die Frage: Wann kommen all diese *Germanisms* wirklich zum Einsatz?

Für französische Lehnwörter im Englischen ließe sich die Frage leicht beantworten: sobald wir ein *restaurant* betreten, was streng genommen bereits *Franglish* ist. Dort könnte man einen *aperitif* nehmen, einen *salad* mit *vinaigrette* bestellen und danach vielleicht *veal* oder *beef* mit *courgette, pommes frites* oder *baguette* – Kalb oder Rind mit Zucchini, Pommes oder Baguette.

Wird die deutsche Sprache in den Mund genommen, geht es häufig um die Wurst: *the blutwurst, the bratwurst, the erbswurst, the knackwurst, the leberwurst, the mettwurst, the schinkenwurst, the Weisswurst* (mit großem «w» – *with capital w*) oder *the wienerwurst.* Sie alle sind im 20. Jahrhundert in den englischen Wortschatz aufgenommen worden. So wie *the Hamburger, the knödel, the leberkas, the sauerbraten, the Pfann(e)kuchen, the nusstorte, the matjes herring.* Oder der *kaffeeklatsch,* übrigens auch eine jiddische Institution.

Das bedeutet nicht automatisch, dass diese Wörter von allen Menschen in der *Anglosphere* verstanden und goutiert werden. Mit Ausnahme des *Hamburger* betrachte ich deutsche Wörter mehr als würzige Zutat zur englischen Sprache und weniger als sättigende Hauptmahlzeit. Apropos *Mahlzeit,* den notorischen Gruß aus deutschen Kantinen. Er ist seit dem Jahr 2000 im *OED* notiert: ‹*In German, the expression is also used as an informal midday greeting between friends or colleagues.*› Außerdem lernen wir, dass es sich um die Kurzform von «Gesegnete Mahlzeit» handelt – ‹*blessed mealtime*›!

Dass es eine Faszination für solche Wörter gibt, hat mir kein Geringerer als der britische Politiker, Journalist und Clown Alexander Boris de Pfeffel Johnson demonstriert. Es war ein Blitzmoment, den er mir während unseres bisher einzigen persönlichen Treffens im Jahr 2005 bescherte. Ich hatte seine Behauptung, Deutsch zu sprechen, zum Anlass genommen, meinen besten *German small talk* hervorzukramen, um meiner Bewunderung Ausdruck zu verleihen, dass er mit dem Fahrrad ins Büro fuhr: damals die Redaktion des politischen Magazins ‹The Spectator›, dessen Chefredakteur er war. Leicht geduckt wie Winston Churchill sagte er mit starkem Akzent – *with a thick English accent:* «Ja, so sind wir Engländer.» Ja, das war ein vollständiger deutscher Satz! Unweigerlich erinnerte er mich an die Filme, die die britische Komikertruppe *Monty Python* Anfang der 1970er Jahre in deutscher Sprache gedreht hatte: «Ja, in Bavaria. Wo die Berge aus dem Boden ragen!»

Mit Blick auf Boris Johnson stellte ich mir damals dieselbe Frage wie heute: Kommt da noch mehr? Die Hauptregel im *small talk* lautet, das Geplauder aufrechtzuerhalten. Deshalb fragte ich ihn, ob er bei jedem Wetter mit dem Fahrrad zum Büro fahre. Er antwortete: «Ja, genau.» Das waren genau zwei Wörter. Danach folgte sein letztes, abschließendes: *Mahlzeit!*

Als Denglischer Patient war ich begeistert zu erleben, wie die Kenntnis unserer Sprache vorgetäuscht und nachgeahmt wird, immerhin von einem späteren Premierminister Ihrer Majestät. Dass diese Methode Tradition hat, wusste ich bereits von Pamela Hicks, der Tochter des Earl of Mountbatten, des letzten Vizekönigs von Indien, dessen aus Hessen stammende Familie bis 1917 Battenberg geheißen hatte. Immer wenn der alte Graf am Flughafen Frankfurt ankam, habe er angefangen Deutsch zu reden oder wenigstens so zu tun: mit aufgesetztem hessischen Akzent und dermaßen unverständlich, dass ihn das Flughafenpersonal freundlich fragte, ob er auch Englisch könne. Ganz ähnlich waren offenbar die Momente, in denen er den Herzog von Windsor traf, der 1936 als König Edward VIII abgedankt hatte. Um unter sich zu sein, sollen die beiden abgehobenen Herren ein nicht minder abgehobenes Deutsch gesprochen haben. Lady Pamela hat mir versichert, dass es kein gemeiner deutschsprachiger Mensch jemals verstanden hätte!

Ich gehe so weit anzunehmen, dass es in bestimmten Kreisen ein Bedürfnis gibt, sich mit der deutschen Sprache zu schmücken, um fundierte Kenntnisse, eine bestimmte familiäre Herkunft, eine gesellschaftliche Stellung oder einen überdurchschnittlichen Anspruch zu signalisieren. Dieses Deutsch dient der Distinktion!

Wie herrlich geschwollen das dann klingt, vor allem wenn Wörter aus den Abteilungen Philosophie und Psychologie auf die cnglischsprachige Welt herabpurzeln, hat der britische Schauspieler Dudley Moore in dem wunderbaren Film ‹Bedazzled› vorgeführt. Nicht nur, dass die Geschichte ein *remake* der urdeutschen Faust *story* im *Swinging London* von 1967 ist. Nachdem es der von Peter Cook gespielte Teufel dem armen Faust von Moore ermöglicht, als intellektueller Liebhaber zu brillieren, fällt diesem auf der Balz nichts Besseres ein, als sein enormes Wissen mit deutschen Worten zu garnieren: ‹*Civilisation has had the effect of inhibiting our deepest natural animal instincts. The conventions of an ordered society have made us lose what Freud calls an Urmenschgefühl and Natürlichkeit. It's a bit of a mouthful, isn't it?*> Na klar: Freud, der Teufel und ich, auch so klingt Deutsch!

Die mitunter absurde Wirkung des Deutschen hat ein Sprachspiel populär gemacht: Man bildet deutsche *compound nouns*, also zusammengesetzte Hauptwörter wie *schadenfreude, weltschmerz* oder *zugzwang.* Im Sommer 2021 textete mir mein Telefonjoeker eines Morgens: ‹*I have invented a German compound! Urlaubsendgefühl.*› Darauf musste ich das erwidern, was ich als Kind gefühlt hatte, wenn die Ferien zu Ende waren: «Heimreisehass»! Die Liste solcher Wortkonstruktionen ist, naturgemäß, unendlich lang. Zu Joes Favoriten unter den schon existierenden zusammengesetzten Wörtern, die er in seiner Muttersprache vermisst, zählen: «systemrelevant», «Anstandsrest», «Buchpreisbindung», «beziehungs(un)fähig», «Feinschmecker», «sturmfrei», «Erbsenzähler», «Dreikäsehoch», «verschlimmbessern», «Kummerspeck», «Fernweh», «Torschlusspanik», «Wettbewerbsfähigkeit».

Berühmt wurde unterdessen nicht nur unser «Ohrwurm», der ungefähr in den 1960er Jahren als *earworm* in die englischen Wörterbücher gekrochen ist. Zu den neuesten Zugängen deutscher Herkunft und Bauart zählen *atomausstieg* und *energiewende.* Und nicht zuletzt *foosball*, eine in den USA entstandene Bezeichnung für das Tischfußballspiel – das wir wiederum pseudoenglisch «Kicker» nennen. Obwohl man in England auf dem großen Rasen seit mehr als 55 Jahren einen Erzfeind in Deutschland sieht, ist *foosball* mittlerweile sogar dort gebräuchlich.

Englischer Frust hin oder her, gerade auf den britischen Inseln vernehme ich ein Bedürfnis nach sprachlicher Annäherung: an *Germany!* Einige unserer Produkte und Bräuche erfreuen sich einer Beliebtheit, die ähnlich groß ist wie im 19. Jahrhundert die Freude über den Weihnachtsbaum. Prinzgemahl Albert hatte ihn eingeführt und jedes Jahr in der Vorweihnachtszeit ein Exemplar aus seiner deutschen Heimat vor dem Buckingham Palace aufstellen lassen. Heute leuchten in englischen Geschäften und

Wohnzimmern Adventskränze, die es traditionell nicht gab. Man trinkt *glühwein*. Und pünktlich zur Weihnachtszeit hat die Redaktion des *OED* im Dezember 2020 ihren Eintrag zu *stollen* aktualisiert, der schon seit Jahrzehnten im Vereinigten Königreich verzehrt wird.

Während es rund ums Jahr in fast jeder englischen Stadt einen *German wurst stand* gibt, galt die Londoner Wurstbudenkette *Herman ze German* jahrelang als Anführer der Bewegung. Dass ihre deutschen Besitzer 2020 aufgegeben haben und nach Lörrach heimgekehrt sind, führte zu Schlagzeilen wie *Covid killed the German Currywurst*. Obwohl ich vielmehr auf den *Brexit* als Ursache tippe, bleibt uns als Trost, dass *currywurst* im September 2020 offiziell ins *OED* eingetragen wurde. Wenn das kein *wurst case* ist!

Zugleich dürfen wir uns nichts vormachen, weder in Lörrach noch in Berlin. Selbst wenn man berücksichtigen möchte, dass der *dollar* vom «Taler» abstammt und *noodle* von «Nudel». Die bodenständigen Begriffe und die abgehobenen Ausdrücke, die das Deutsche dem Englischen geschenkt hat, sind wenig, um nicht zu sagen «nichts» – *almost exactly nix!* –, gemessen an der Menge englischer Begriffe, die in unseren Sprachgebrauch eingegangen sind. Wenn ich mir alleine vor Augen führe, wie viele Cafés englische Namen tragen, würde ich nicht von einem «Blitz» sprechen, sondern vielmehr von einer gigantischen Invasion.

**Eine
Dienstwagenaffäre**

**Wie gut können Sie *job perks* verhandeln?
Die Rockstars machen vor, wie es geht**

Im Mai 2021 kam eine Pressemitteilung aus Zuffenhausen: «Porsche is electrifying its managers». Nicht nur mein Telefonjoeker zuckte zusammen, als er sie erhielt. Auch andere englischsprachige Kollegen mussten an *Taser*-Pistolen und elektrische Stühle für Führungskräfte denken – *electrocution at Porsche!* Womöglich auf handverarbeiteten Ledersitzen aus eigener Produktion?

Natürlich nicht. Man wollte wohl ein bisschen lustig sein, die Art billiger Ironie, die auf Englisch *tongue-in-cheek* genannt wird. Im deutschen Pressetext hieß es «Porsche elektrifiziert Führungskräfte», was ja auch Quatsch ist, wenn es um nicht mehr und nicht weniger geht als die Umstellung der Dienstwagenflotte auf Elektroantrieb. Soweit das Vorhaben.

Klar und unmissverständlich wäre gewesen: *Porsche electrifies its corporate fleet.* Oder *Porsche goes electric!*, selbst wenn schon viele Autohersteller genau denselben Satz fabriziert haben: *Audi goes electric, Ford goes electric, Opel goes electric* und so weiter. Solche knackigen Zeilen werden übrigens *taglines* oder *slogans* genannt. Mit «… goes …» sind sie im denglischen *marketing* inflationär, was manchmal nervt. Elka, eine professionelle deutsch-englische Übersetzerin, mit der ich mich gerne austausche, nennt es zutreffend «Aufbruchstimmungsmache». (Im Kapitel «Let's become concrete!» lesen Sie mehr darüber.)

Doch fahren ..., ich meine, kommen wir zurück zum Dienstwagen. Was ist dieser fahrende Gehaltsersatz eigentlich auf Englisch? Selbst wenn wir nicht in den spendabelsten Zeiten leben und arbeiten, wird die Frage vor (und in) Personalgesprächen und Gehaltsverhandlungen immer wieder gestellt. Ich lese, dass sich mehr als 50 Prozent aller führenden Mitarbeiterinnen und Mitarbeiter einen Firmenwagen wünschen. Wer dann allerdings im englischsprachigen *job interview* vorschnell ein «service car» verlangt, fährt total falsch! (Zwinker, zwinker, auch ich kann *tongue-in-cheek.*)

In der Mitteilung von Porsche war von ‹*company cars*› und ‹*managers who are entitled to a company car*› die Rede. Das ist aus Sicht eines Unternehmens in Ordnung. Genauso wie vom *corporate car* zu sprechen oder in ihrer Gesamtheit von der *corporate fleet* – der Firmenflotte.

Aus Sicht von Bewerberinnen und Bewerbern ist ein anderer Begriff wichtig, um das «Goodie» eines Firmenfahrzeugs zu benennen. Warum ich «Goodie» in Anführungsstriche setze? Weil es in diesem Zusammenhang Denglisch ist. Auf Englisch sind *goodies* Gratiszugaben von geringem Wert. Ähnlich einem *treat* – einem «Leckerlie» –, wobei das auch ein teures *spa weekend* sein kann, das man (und frau) sich gönnt. Sie wissen schon: *wellness* und so. Auch das ist in vielen Unternehmen längst eine Nebenleistung zum Job. Man braucht nicht einmal bei den großen Sportartikelherstellern wie Adidas, Nike oder Reebok zu arbeiten, um firmeneigene *fitness studios* nutzen zu können – *corporate gyms, health clubs and even health spas are increasingly popular.* (Und da gelegentlich behauptet wird, *fitness studio* sei kein gängiger englischer Ausdruck, möchte ich hier klarstellen: *It is!*)

Wer nun einen Dienstwagen oder andere Zusatzleistungen am Arbeitsplatz thematisieren möchte, spricht sachlich von *job ben-*

efits oder etwas flotter von *job perks* oder *staff perks*. Beinhaltet das Angebot der Firma – *the job package* oder *hire package* – geldwerte Vorteile, die sich beziffern lassen, spricht man von *allowance*. So gibt es zum Beispiel die

- *car allowance* – ein Dienstwagen oder eine entsprechende Summe als Barzahlung
- *telecommunication allowance* – Mobilfunkgeräte und ihre Nutzung
- *travel allowance* – eine Spesenregelung für Reisen, die über die üblichen Erstattungen hinausgeht
- *moving allowance* – eine Umzugspauschale
- *severance allowance* – Abfindungs- und Übergangszahlungen im Fall einer Kündigung, einer Firmenpleite oder -übernahme
- *schooling/tutoring allowance* – für die Ausbildung der Kinder
- *training allowance* – Fort- und Weiterbildungskosten
- *tuition fee allowance* (bei uns weitgehend unbekannt) – Unternehmen wie Starbucks oder PwC übernehmen Teile der Schulden, die Absolventen meist US-amerikanischer Universitäten durch die hohen Studiengebühren haben.

Auch eine *media allowance* ist möglich und wäre auf jeden Fall was für mich. Wie schön ist es, statt Geld Gratiszugänge – *free access* – zu Medien wie dem Magazin ‹The New Yorker› zu bekommen!

Daneben werden als handfeste materielle *perks* in vielen Unternehmen standardmäßig Bonus-Zahlungen – *bonus payments* – und Beteiligungen, etwa in Form von Aktien – *stock plan/equity options* –, gewährt.

Wie immer kommt es bei den Verhandlungen darauf an, worauf sich Arbeitgeber einlassen. Dasselbe gilt für immaterielle Anreize – *non-cash benefits/incentives*: Für die einen ist das lässige Kleidung – *casual dress* –, für die anderen sind es flexible Arbeitszeiten oder ein Büro daheim (Sie wissen ja: «Home Office» ist

Denglisch oder das britische Innenministerium). Einen völlig anderen Anreiz schafft das Unternehmen Dropbox: *Employees* dürfen in einem eigenen *music room* Instrumente spielen. Für wieder andere ist die Berufsbezeichnung das Wichtigste – *the job title* –, jedenfalls dann, wenn sie Wert auf «Renommee» legen. (Wie das auf Englisch übersetzt wird, lesen Sie im Kapitel «Souverän geht anders».) Und dann gibt es auch Mitarbeiterinnen und Mitarbeiter, die sich wünschen, während der Arbeitszeit ehrenamtlich tätig sein zu dürfen.

Das wichtigste Zauberwort, das seit mehr als 20 Jahren zur Mitarbeit in Unternehmen lockt, lautet: *work-life balance!* Selbst wenn die vollständige Balance immer eine Fantasie bleiben wird, bemühen sich viele Unternehmen darum, einen Ausgleich zwischen beruflichem und privatem Leben wenigstens zu erleichtern. Einige Unternehmen stellen psychologischen Rat zur Verfügung und bezahlen ihn. Goldman Sachs unterstützt *staff members*, die eine Geschlechtsumwandlung planen. Spotify hilft Frauen, Eizellen einzufrieren. American Express zahlt den Lohn während der Elternzeit weiter – *it's called ‹fully-paid leave›*. IKEA erlaubt jungen Paaren, sich im eigenen Großlager eine Grundausstattung fürs Kind und die Familie auszusuchen. Und Google zahlt den Hinterbliebenen von verstorbenen *employees* für zehn Jahre die Hälfte von deren Lohn. Nur sündhaft teure *repair weekends/retreats*, die dazu dienen sollen, Liebesbeziehungen wiederherzustellen, müssen Mitarbeiter überall selbst zahlen. Ich konnte jedenfalls kein Unternehmen finden, das dafür aufkommt.

Bleibt noch zu erwähnen, dass es *performing artists* und unter ihnen vor allem *rockstars* sind, die Verhandlungen von vertraglichen Extrawürsten traditionell mit großem Einfallsreichtum führen. Dafür haben sie sogenannte *technical riders* – im engen Sinn Listen mit technischen Anforderungen für *live*-Auftritte, im weiteren Sinn schriftlich fixierte Wunschkonzerte. So lehnt Paul McCartney als Tierschützer Limousinen mit Ledersitzen ab. Lady Gaga verlangte einmal für eine Tour in Großbritannien, dass sämtliche *assistants* den Londoner *Cockney*-Akzent sprechen. Iggy Pop verlangte einen als Zimmerpflanze getarnten Mülleimer. Und die *hard rock band* Van Halen wünschte sich haufenweise M&Ms, allerdings nicht die braunen. Die sollten heraussortiert sein! Später wurde die Absicht hinter diesem wahrhaft exzentrischen *goodie* bekannt: Es war der letzte Punkt in einem sehr langen *rider*, der viele genaue Anforderungen für die Konzerttechnik enthielt. Fehlten die braunen M&Ms nicht, hatte die *band* Grund zur Annahme, dass der Konzertveranstalter den *rider* nicht gründlich genug gelesen hatte.

Das Beispiel zeigt, dass es nicht nur auf gute Vereinbarungen ankommt, sondern auch darauf, dass sie erfüllt werden. Bleibt zu hoffen, dass Porsches Mitarbeiter wirklich bald total elektrisch gehen und vor allem fahren!

Segway to heaven

**Beherrschen Sie den «Sprung ins kalte Wasser»
und andere Übergänge im Leben?**

Wer in deutscher Sprache an einem Bewerbungsgespräch teilnimmt, darf sich nicht wundern, wenn auf einmal umgeschaltet
wird: in den Englischbetrieb! In vielen Unternehmen ist das
längst gängige Praxis – *it is already common practice during job
interviews.* Die Kandidatinnen und Kandidaten sollen beweisen,
dass sie durch den eiskalten Sprachwechsel nicht ins Schwitzen
geraten. Schließlich kann auch der berufliche Alltag jederzeit diesen «Sprung ins kalte Wasser» mit sich bringen: Momente, in denen wir plötzlich gezwungen sind, unsere Lieblingsfremdsprache
zu sprechen, und in denen man ohne ausreichende Sprachkenntnisse leicht auf Nase fällt – *moments when you run the risk of falling
flat on your face.*

Es versteht sich von selbst, welche Reaktionen Bewerbern nicht
weiterhelfen:

- gespielte Lässigkeit in High-School-Manier a la *Yeah!, Cool!*
  oder *F*** that German shit!*
- total *nice* gemeinte, aber letztendlich verunglückte Sätze wie:
  «Hello together!» Oder: «It's super challenging to argue with
  you.» (Merke: *to argue* bedeutet «streiten».)
- falsch verstandene Floskeln wie «Ok, let's talk English out of the

box!» Wer hier womöglich «aus dem Stegreif» meint, sollte *Ok, let's improvise!* sagen.

Die Wendung *out of the box* erfordert etwas mehr Erklärung: In vielen Ländern, allen voran in den USA, hat sich *out-of-the-box thinking* durchgesetzt, um «über den Tellerrand zu schauen» oder «unorthodox zu denken». Gemeint ist also eine Suche nach originellen Ideen abseits der ausgetrampelten Pfade. Trotzdem ist (und bleibt) es eine Verwechslung mit *outside the box.* Schließlich will man nichts «von der Stange» *(ready-made),* sondern gerade außerhalb der Standardkiste suchen und finden: *Let us think outside the box!* Wer diesen Unterschied kennt, hat mehr Erfolg mit Englisch, solange man nicht gleich die halbe Welt korrigiert, vor allem nicht die Gastgeber im Vorstellungsgespräch!

Überhaupt verlaufen Bewerbungsgespräche ziemlich idiotisch, wenn es mit dem Englisch der Interviewenden selbst nicht so weit her ist. Das kann damit beginnen, dass Ihr Gegenüber den nassforschen Plan wörtlich übersetzt: «Let's jump into the cold water!» Da mag auf der Visitenkarte des Herrn oder der Dame *Head of Human Resources* stehen – *when it comes to their English, they don't match up to the job!*

Was den «Sprung ins kalte Wasser» betrifft (eine nützliche Redewendung, die nur deutschsprachige Menschen verstehen), lautet die beste englische Übersetzung: *to jump* oder *to dive in at the deep end.* Man kann selbstverständlich auch geworfen werden: *to be thrown in at the deep end.* Im Englischen prüft uns die tiefste Stelle im Becken oder im See, nicht die Temperatur des Wassers. Wichtig ist außerdem, die Redewendung nicht zu verwechseln mit: *to go off at the deep end.* Es beschreibt den Fall, dass jemand «verrückt», «wahnsinnig» oder «wütend» wird und «sich vergisst».

Zurück im Bewerbungsgespräch ließe sich übrigens auch auffordern: *Let's jump in at the deep end and speak English!* Noch natürlicher und umgangssprachlicher klingt: *Let's try speaking English, let's jump right in* – lass es uns einfach versuchen! Damit wäre für einen Sprachwechsel gesorgt, den wirklich alle verstehen. Zugleich sind wir bei einem Thema angelangt, das uns über jedes *job interview* hinaus ein Leben lang beschäftigt: Übergänge. Von einer Situation zur anderen – *a passing or passage from one condition, state of mind, action, subject or place to another.* Mal nahtlos – *seamless*–, mal kontinuierlich – *steady*. Und mal als harter Schnitt, eben wie der Sprung ins kalte Wasser – *abrupt*.

Es sind die Momente im Leben, die immer etwas Mut erfordern – beruflich und privat: eine neue Aufgabe, der Umzug in eine andere Stadt, eine neue Beziehung. Oft sind es auch längere Phasen, in denen wir uns ändern, in denen wir etwas verändern oder in denen sich die Welt um uns herum verändert. Übergänge bilden die Voraussetzung für Wachstum und Fortschritt – *they are inevitable for growth and progress.* Dabei entstehen nicht selten neue Dinge – *new things take shape –*, oder Sie schlagen selbst ein völlig neues Kapitel auf – *perhaps you start a new chapter or you turn over a new leaf.*

Sie sehen bereits: Es ist nicht immer leicht, darüber auf Englisch zu sprechen, weil es zahlreiche Ausdrücke gibt. Damit Sie weder den Überblick verlieren noch den Übergang vermasseln, hier eine hoffentlich hilfreiche Zusammenfassung von sieben sprachlichen Brücken:

1. **blending** – der fließende Übergang, den Aquarellfarben oder Mixgeräte herstellen können. Zum Beispiel von einem iPad zu Siliziumpulver – *silicon powder.* Das ist ein Übergang, den niemand rückgängig machen kann und der einen sehenswerten Klassiker des Übergangs von Fernsehwerbung zum Online-Marketing darstellt. Wenn Sie nicht wissen, wovon ich spreche, können Sie es sich bei YouTube ansehen. Suchen Sie einfach nach ‹*Will It Blend?–iPad*›.

2. **change** – der Inbegriff für jeden Übergang, und zugleich etwas paradox. Denn wir kennen *change* im Kleinen, konkret und

schnell, als Umtausch, Austausch oder Wechsel (*change money, clothes, languages etc.*). Und wir kennen *change* im Großen, wenn sich der Übergang unheimlich Zeit lässt und kaum greifbar ist, als Umbruch, Wendung und Wandel. Diesen Übergang muss man manchmal durchstehen, ohne die Entwicklung wirklich beeinflussen zu können: Man denke an *climate change*, an das oft zeitaufwändige *change management* oder an andere fundamentale Veränderungen, die man akzeptieren muss: *Their ill newborn brings colossal changes to their life.* Dasselbe gilt für neue Jobs oder Partnerschaften: *Getting employed/married fundamentally changes a bachelor's life.* Die Aufforderung *You will have to change!* macht die ganze Bandbreite deutlich, weil sie vom Individuum kleine und rasche sowie große und langsame Schritte verlangt: eine neue Brille, neue Klamotten vielleicht und obendrauf eine neue Haltung. *You might have to change your mind, your tune and your tack* – eventuell müssen Sie Ihre Meinung ändern, das Ruder herumreißen und noch einmal von vorne anfangen. Und wenn sich die Gefühle ändern? *Then you have a change of heart.* Wie lange das dauert, wissen nur Sie.

3. crossover – Diesen Übergang kennen wir aus den Künsten. Und aus der Küche! Er ist die Kreuzung verschiedener Techniken und Richtungen: zum Beispiel in der Architektur und im Design, in der Musik, im Kino oder Theater, in der Malerei, der Fotografie oder auf der Speisekarte. Meist dient *crossover* als Einordnung und Beschreibung des Typus oder Genres: *a crossover between classical music and pop; a postmodern crossover; a crossover of Asian and European cuisine.*

4. segue – Die Besonderheit dieses Übergangs liegt schon in der Aussprache: [*säguwhäi*]. Er klingt also wie das sonderbare Zweirad *Segway*, das seinem britischen Investor Jimi Heselden im Jahr 2010 den Übergang ins Jenseits bescherte. Am Rande eines Abhangs fuhr er rückwärts, um einem Hund Platz zu machen, der

Gassi geführt wurde. *To cut it short: the two-wheeled vehicle [wihäkl] sent him to kingdom come!* In vielen Berufen ist zum Glück kein *Segway* erforderlich, sondern eben *segue*. Es ist ein gängiger Ausdruck für den Übergang von Szenen, Sequenzen und Sinnzusammenhängen. Wer Romane schreibt und Filme dreht, arbeitet mit *segues* genauso wie Menschen im Journalismus oder in der Werbung. Mein Telefonjoeker spricht von «der erforderlichen Kreativität, die Übergänge reibungslos macht» – ‹*the creative aspect of a smooth transition*›. Für das Publikum erregt ein Übergang nämlich nur dann Aufmerksamkeit, wenn er schlecht ist – *it usually attracts attention only if done badly!*

5. shift – ein effizienter, oft plötzlicher Übergang, der nicht so groß angelegt sein muss wie *change* oder *transition* und den wir als technisches Umschalten, als Verlagerung und Verschiebung kennen. Zum Beispiel im Auto in den nächsten Gang – *shifting gears/gear shift*. Auch der Sprachwechsel im *job interview* könnte so bezeichnet werden: *shifting languages/a language shift*. *Shifting clothes, partners, jobs* würde hingegen bedeuten, sie zu verschieben und loszuwerden, zum Beispiel durch Verkauf oder noch unschönere Maßnahmen.

6. transgression – In der deutschsprachigen Geografie ist es eine «Transgression», wenn das Meer an Küsten nach Land greift und dort unseren Lebensraum in Besitz nimmt. Wer an der Westküste von Sylt wohnt, weiß, wie ernst und brutal dieser Prozess sein kann. Auch in der englischen Sprache sind *transgressions* schwerwiegende Angelegenheiten. Sie beschreiben die meist unerlaubte Überschreitung von Regeln und Grenzen, in bestimmten Situationen auch menschliche Verfehlungen, Verbrechen und sogar die Sünde. Damit zählt das Wort zum aktiven Wortschatz nicht nur der Jurisprudenz und Theologie, sondern auch der politischen Moralapostel. Seine Bedeutung findet in der Wendung *to cross the red line* einen treffenden Ausdruck. (Im Kapitel «Bekennt endlich

Farbe – *know your true colours!*» können Sie noch viel mehr farbige Redensarten lernen.)

7. transition – ein Begriff, der Übergänge und Veränderungen als Prozesse beschreibt: politisch, gesellschaftlich wie auch privat und individuell. *With the new president, politics in the US is undergoing a transition. Hit by climate change our lives are now in sharp transition. Seeking a new job is very often a difficult period of transition.* Für reibungslose Übergänge sorgen auch viele Wortverbindungen: *transition areas, periods, stages, zones and so on.*

Für alle anderen Fälle brauchen Sie sich nur die alte englische Redensart zu merken: *We'll cross that bridge when we come to it –* kommt Zeit, kommt Rat!

«Our English is very
confusing, or?»

**Die kleinsten Wörter sind eh die gemeinsten,
auch auf Englisch**

«Ach ja!», «Ach nee!», «Ach wirklich?» Wer in den 16 Jahren von
Angela Merkels Kanzlerschaft die Gelegenheit und die Geduld
hatte, einmal genau hinzuhören, konnte feststellen, dass die
große Politikerin eine kleine Vorliebe hat, wenn sie spricht: für
die Füllwörter, die im Deutschen zahlreich sind – *she has a pro-
clivity for German fillers of which there are many.* «Tja» zum Beispiel.
Oder «halt», «wohl», «eben», «mal», «aber», «echt», «ach»,
«oh», «so» und eine Menge mehr. Diese Wörtchen können alles
bedeuten, von gar nichts bis ganz viel.

Angela Merkels gesprochene Sprache ist beispielhaft für einen
bestimmten, uns allen vertrauten Stil, Sätze zu formulieren und
zu füllen, eben mit jenen Kurzwörtern, die sich in vielen Fällen
weder eindeutig erklären noch wortwörtlich in andere Sprachen
übersetzen lassen. In der Sprachwissenschaft werden sie als «Partikeln» bezeichnet, und das ist wirklich bezeichnend, weil es
klingt, als ginge es um unbedeutende Nebenprodukte unserer
Sprache.

Ausgerechnet diese Partikelchen sind es, die das Deutsche richtig schwierig machen und Menschen aus anderen Ländern den
letzten Sprachnerv rauben können, wenn sie sich doch nur bemühen, etwas zu verstehen. Ich denke etwa an …

- ein flüchtig dahingesagtes «halt»: «So ist er halt, der Peter.»
- ein aufbauendes «doch»: «Angela ist doch die Beste.»
- oder ein mutloses «doch»: «Peter zu fragen, hat doch keinen Zweck.»
- ein betonendes «vielleicht»: «Er ist vielleicht ein Spinner.»
- ein bestimmtes «eben»: «Wir müssen es eben ohne ihn machen.»
- ein trotziges «eh»: «Er macht eh, was er will.»
- ein naseweises «ja»: «Wir wissen ja, dass er macht, was er will.»
- eine teuflische Kombination: «Wir wissen ja eh, dass er doch bloß macht, was er will.»

Mein Telefonjoeker Joe, der als Deutschlandkorrespondent für die ‹Financial Times› häufig Gespräche in deutscher Sprache führt, hat vor solchen Sätzen regelrecht Angst. Er vergleicht sie mit einem unberechenbaren Deutschtest, in den er überall und jederzeit hineinstolpern kann und dem er dann nicht gewachsen ist. «Ständig erlebe ich, dass Menschen in Deutschland diese seltsamen Wörter benutzen. Ich nehme an, dass sie damit ihre Ziele, Launen oder Hintergedanken betonen oder abmildern wollen. Wahrscheinlich ist ihnen nicht klar, dass sie damit auch meinen Arbeitsalltag verminen.»

Mit spürbarer Verzweiflung wird Joe noch ausführlicher: «Ich verstehe, wenn etwas keinen Zweck hat. Aber was bedeutet es, wenn ‹es doch keinen Zweck hat›? Spricht auf einmal etwas dagegen? Ich verstehe auch, wenn etwas ignoriert werden soll, aber warum ‹soll es eben ignoriert werden›? Liegt es in der Vergangenheit? Ich verstehe, dass jemand ein Spinner ist, aber wenn er ‹vielleicht ein Spinner ist›, wird es dann wieder infrage gestellt? Und ich verstehe, dass Menschen Probleme haben. Aber wenn sie ‹eh Probleme haben›, denke ich, dass mich ihre Eheprobleme nicht interessieren.» Eheprobleme?

Für die Vermählung von «eh» und «Probleme» danke ich Joe von ganzem Herzen. Nicht nur weil sie lustig ist, sondern weil sie gleich drei Probleme auf einmal veranschaulicht:

1. Partikeln werden oft nur gesprochen, nicht geschrieben. Das erschwert es, sie akustisch zu verstehen.
2. Partikeln drücken oft Gefühle aus und dienen dazu, Aussagen ins Positive oder Negative zu drehen. Die Betonung und der Gesichtsausdruck beim Sprechen sind wichtig.
3. Die allermeisten Füllwörter könnte man ~~eh halt auch einfach echt~~ weglassen!

Insgesamt ist es bemerkenswert, wie stark uns die deutschen Wortpartikel in Fleisch und Blut übergangen sind – *it is remarkable to what great extent they are second nature to us.* Das gesprochene Wort kommt nicht ohne sie aus. Besonders oft sagen wir «mal»: «Mensch, sag mal …!» Oder: «Sag mal was, Mensch!»

Auch im Englischen gibt es vergleichbare Partikeln. Zum Beispiel *hey (Hey, tell me!).* Oder *man (Say something, man!).* Oder *yeah.* Oder die Floskel *you/ya know.* Oder *fucking* – wenn es mal nicht als Attribut, Verb, Gerund oder Partizip im Einsatz ist.

Eine herausragende Bedeutung misst der britische Linguist David Crystal dem Partikelchen *oh* bei. Es wird in der gesprochenen Sprache vielfach verwendet und kann sogar einen eigenständigen Miniatursatz bilden: *Oh!* – zum Beispiel als Ausdruck von Verwunderung. Generell diene *oh* dazu, die ausgetauschten Informationen zu ordnen, zu gewichten und letztendlich zu verwalten: ‹*Oh is, in short, a marker of information management.*› Darüber hinaus sei es ein Ausdruck für Anteilnahme. Hier fünf Beispiele für die unterschiedlichen Signale, die im Englischen und im Deutschen von *oh* ausgehen können:

1. «Oh, hör mal …!» – *Oh listen …!* (Man erinnert sich an eine ältere Information und bringt sie ein.)
2. «Oh, wirklich?» – *Oh, yes?* (Man nimmt eine neue Information auf und hinterfragt sie.)
3. «Oh, ich habe mich vertan.» – *Oh, I am wrong.* (Man räumt einen neuen Informationsstand ein.)

4. «Oh ja!» – *Oh, yes!* (Starke Zustimmung zu einer gemeinsamen Information)
5. «Oh, du meinst hier?» – *Oh, you mean here?* (Klärung des gegenseitigen Informationsstands)

Unterdessen kann es in deutschsprachigen Dialogen zu erheblich mehr Zwischentönen kommen: «hä», «hui», «hey», «huch», «hoppla», «dings», «bums», «boing», «schwupps», «zack», «ätschi(bätsch)» oder «uiuiui». Mögen uns diese Partikel in dieser nackten Auflistung absurd und auch fremd erscheinen, sind sie doch Teil unserer sprachlichen Realität. Wenn wir uns selbst aufmerksam zuhören, erkennen wir viele dieser Laute (und noch mehr) wieder. Sie bilden ein sprachliches Hupkonzert, eine Kakophonie wundersamer Geräusche, die weniger an eine Hochsprache erinnert als an den Versuch, durch Lautmalerei zu Aussagen zu gelangen:

«Schwupps, da war das Bild weg.»
«Uiuiui, das wird schwierig.»
«Hä, was soll das jetzt?»
«Wir müssen uns jetzt beeilen, zackzack!»
«Ich so, hey, kommst du morgen mit?»
«Er so, huch, morgen? Das ist echt blöd.»
«Hoppla, denke ich. Das hatten wir doch vereinbart.»

Bei aller Kritik und Verwunderung hat Joe auch Respekt und sogar ein bisschen Bewunderung übrig dafür, was unsere Partikeln leisten können. Etwa als Antwort auf eine Frage wie: «Wirst du nicht dabei sein?» – *are you not going to take part?* Um richtig verstanden zu werden, muss er sich in seiner englischen Muttersprache für eine von vier möglichen Varianten entscheiden:

1. *Yes, I am going to take part.*
2. *Yes, I am not going to take part.*

3. *No, I am going to take part.*
4. *No, I am not going to take part.*

Auf Deutsch reicht ein einziges Wort: «Doch!» Im Englischen sucht es, neben *yes* und *no*, noch seinesgleichen.

Wie wirkungsvoll und geradezu elegant ein gut platziertes «doch» auch in Aufforderungen als sogenannte Modalpartikel sein kann, demonstrierten übrigens die Beatles, als sie 1964 ihr Lied ‹I want to hold your hand› mit einem eigenen deutschen Text aufnahmen. In der ersten Strophe sangen sie:

«Oh komm doch, komm zu mir, du nimmst mir den Verstand.
Oh komm doch, komm zu mir, komm gib mir deine Haaand!»

Nicht dass diese deutsche Fassung viel besser war als die englische Originalversion (mit *yeah,* der *rock'n'roll*-Partikel schlechthin: ‹*Oh yeah, I'll tell you somethin', I think you'll understand* …›). Aber sie hat doch ausgezeichnet funktioniert. Für eine englische Übersetzung des deutschen Texts hätte man «doch» entweder vollständig streichen müssen *(Oh come, come to me)* oder mit einem dämlich-devoten, also bettelnden *please* ersetzen müssen *(Oh please, come to me).*

Was diese Beispiele natürlich auch andeuten, sind die Schwierigkeiten, in die wir selbst geraten, wenn wir als Denglische Patienten mit unseren zahlreichen Partikeln im Sprachgepäck in die Welt ziehen. So lästig und irreführend sie nämlich für Joe und die vielen anderen Menschen sind, die Deutsch lernen, so sehr können sie uns selbst in die Irre führen, wenn wir uns bemühen, sie zu übersetzen. Drei typische Partikelfallen tun sich auf:

Falle 1: Die Partikeln schleichen sich gänzlich ohne Übersetzung ins Gespräch. Das habe ich in englischen Kneipen schon genauso gehört wie auf bedeutungsschweren Konferenzen in den USA. Auf einmal rutschen deutschsprachigen *participants* seltsam vertraute Wörter heraus, etwa: «Aber you said that ...» Oder: «That's really intriguing, oder?» Nicht weiter schlimm, aber trotzdem *very confusing!*

Falle 2: Wir beginnen englische Sätze grundlos mit *No.* Dabei soll gar nichts verneint werden: «No, I think we take part!» Oder: «No, I think you look good.» Oder: «No, I will think about it.» Ich kann gar nicht genau erklären, woher es kommt, weil es mir im Deutschen nicht auffällt. Vielleicht ist es ein spezieller denglischer Defekt.

Falle 3: Denglische Patienten bemühen sich, auch andere deutsche Partikeln 1:1 zu übersetzen, um sie dann ins englische Gespräch einzubetten. Etwa so:

«Listen once!» – für: «Hör mal zu!»
«I go home already.» – für: «Ich gehe schon mal nach Hause.»
«You understand my English, or?» –für: «Du verstehst mein Englisch, oder?»

Keine Frage: Das alles ist total unverständlich und zum Lachen! Genau genommen sind wortwörtliche deutsch-englische Übersetzungen nur mit dem schon genannten «oh» und mit einer einzigen anderen Partikel möglich: «so»!

«Peter ist so dumm.» – *Peter is so (very) dumb* [*damm*].
«Stell dich nicht so doof!» – *Don't be so stupid.*
«Es war so schön!» – *It was so beautiful.*
«Oh du bist so schön.» – *Oh you are so pretty* (zweite Strophe in dem Beatles-Lied «Komm gib mir deine Hand»).

Alle anderen deutschen Partikeln müssen auf eine ganz eigene Weise übersetzt werden – wenn überhaupt! Sobald wir also in den Englischbetrieb schalten, sollten wir darauf achten, dass der Partikelfilter richtig eingestellt ist. Um Ihnen in Zukunft konfuse Zwischentöne zu ersparen, beende ich dieses Kapitel mit einer praktischen Liste konkreter Beispiele. Dazu inspiriert haben mich nicht nur die englischen Auftritte von Angela Merkel, Jürgen Klopp oder Heidi Klum, sondern – *in particular* – meine eigenen Patzer.

«Mensch!» – *Jesus! Jeez! Gosh!*
«Manno!» – *Man! Boy!*
«Tja!» – *Oh well.*
«Au weia!» – *Oh boy!*
«Ach ja!» – *Oh yes! Oh yeah!*
«Ach ja?» – *Oh really?*
«So ein Mist/Scheiß!» – *Such a crap!*
«So ist er halt!» – *That's just how he is.*
«Es hat doch keinen Zweck.» – *It doesn't work anyway. It is useless. There's no point (in doing …).*
«Angela ist doch die Beste.» – *She is simply the best!*
«Dann müssen wir ihn eben ignorieren.» – *Then we just have to ignore him. We have to ignore him, it can't be helped.*
«Peter ist vielleicht ein Spinner.» – *He is quite a weirdo.*
«Peter ist ja wohl verrückt.» – *I guess he is crazy. He must be crazy.*
«Peter hat eh Probleme.» – *He has got problems anyway.*
«Peter sieht ja gerne fern.» – *As we all know he likes to watch TV.*
«Soll er doch!» – *Just let him (do it).*
«Er macht ja (eh), was er will.» – *He does what he wants anyway.*
«Er ist aber (trotzdem) nett.» – *He is, however, nice. Nevertheless, he is nice. He is nice though.*
«Peter ist wirklich nett.» – *He is really nice.*
«Es wird wohl regnen.» – *It looks like rain. It's probably going to rain.*
«Ich verstehe rein gar nichts.» – *I don't understand a word. I understand absolutely nothing.*

«Angela will doch gar nicht in Rente gehen.» – *She doesn't want to retire.*

«Hör mal zu!» – *Listen!*

«Ich geh' schon mal nach Hause.» – *I go home now.*

«Du verstehst mein Englisch, oder?» – *You understand my Englisch, don't you?*

«Unser Englisch ist verwirrend, was?» – *Our English is confusing, right?*

«Tschüss erstmal!» – *Bye for now!*

Fuck off for beginners

**Eine verflucht lange, aber verdammt
nützliche Gebrauchsanweisung**

Manchmal muss sie einfach raus: die Wut, die das Leben beschert, wenn es nicht rund läuft im beschissenen Job, im höllischen Straßenverkehr oder in der unseligen Beziehung. Der aufgebrachte Mensch hat sich in Bruchteilen von Sekunden diese Fragen zu beantworten: Fahre ich jetzt aus der Haut? Und wenn ja, wie?

Wer sprachlich entgleist, klammert sich meistens an die Muttersprache – *when people go off the deep end they stick to their mother tongue.* Das Fluchen in fremden Sprachen wird dadurch erschwert, dass emotionale Ausbrüche auch den richtigen Ton erfordern. Wer ihn nicht trifft, wirkt nicht wütend, sondern aufgeblasen und gibt sich leicht der Lächerlichkeit preis.

Dass die Voraussetzungen im Englischen komplizierter sind, liegt daran, dass englischsprachige Menschen einerseits viel fluchen, aber zugleich einen bemerkenswerten und auf seine Art einmaligen Respekt vor Kraftausdrücken haben.

Mein Telefonjoeker erzählte mir einmal von gescheiterten Jungunternehmerinnen und Jungunternehmern in Berlin, die sich zu sogenannten *fuckup nights* treffen. Als er darüber für die BBC berichtete, durfte das Wort *fuckup* nicht fallen. Er konnte es also weder ins Manuskript schreiben noch aussprechen. Joes Fernsehbeitrag handelte am Ende, ganz im Ernst, von einer namenlosen Veranstaltung – *with a name that cannot be mentioned!*

Die Selbstzensur geht so weit, dass bestimmte Kraftausdrücke weder im Vereinigten Königreich noch in den USA öffentlich ausgesprochen werden dürfen. Als wäre es ein Gesetz direkt aus der Bibel, handelt es sich um sieben unheilige Wörter, die zum Beispiel von der BBC mit einem schrillen Ton – *bleep!* – überspielt werden müssen.

Es war der US-amerikanische *comedian* George Carlin, der sie 1973 zum ersten Mal als *seven filthy words* kundtat. Seine Nummer zog enorme Kritik und eine Auseinandersetzung bis hin zum Obersten Gerichtshof der USA – dem Supreme Court – nach sich. 1978 erklärten die Richter die sieben Wörter zu einer bis heute gültigen schwarzen Liste:

1. *shit*
2. *piss*
3. *fuck*
4. *cunt*
5. *cocksucker* («Schwanzlutscher»)
6. *motherfucker*
7. *tits* (nur am Rande sei bemerkt, dass *tit* auch eine Vogelart ist: die Meise)

Was passiert, wenn eines dieser unheiligen Wörter durch den Äther geht, konnten die Zuschauer der BBC erst im Mai 2021 erleben. Dominic Cummings, ein ehemaliger Berater von Boris Johnson, berichtete *live* vor einem Ausschuss des Unterhauses von den chaotischen Verhältnissen während der Coronakrise im Frühjahr 2020. Dabei zitierte er eine dritte Person: ‹*We are absolutely fucked!*› Und er sagte mehrmals *shit*. Daraufhin war eine weibliche Stimme der BBC zu hören, die sagte: ‹*I just want to apologise … if any of the language Dominic Cummings has used has offended you.*›

Dass sich auch australische Privatsender an die heiligen Konventionen halten, hat wiederum der deutsche Fußballspieler Kai Havertz (ebenfalls im Mai 2021) herausgefordert. Havertz, der das Siegtor für den Chelsea F. C. gegen Manchester City im Finale der Champions League geschossen hatte, erklärte dem Sender *Optus Sport* auf eine Frage hin: ‹To be honest I don't give a fuck about that, we won the fucking Champions League.› Daraufhin drehte sich der Reporter um, schaute in die Kamera und sagte: ‹We apologise for the fruity language, but you understand why: the emotions are flying high.›

Durch die Einschränkungen in der *Anglosphere* erscheint manchen Gästen die nackte Realität im deutschen Fernsehen wie ein verdammtes Paradies. Der US-amerikanische Rapper Eminem brachte es 2009 in Stefan Raabs Sendung «TV total» auf den Punkt: ‹I love Germany because you can cuss. You can say any fucking thing you want!› Der Rest seines Auftritts war daraufhin in der Wortwahl von dieser Begeisterung geprägt.

Was nun die böse Liste betrifft, hat sie auch ihr Gutes: Schließlich macht sie es einem leicht zu lernen, welche englischen Begriffe wirklich anstößig und wirkungsvoll sind, also definitiv nicht das, was *sfw* abgekürzt wird: *safe for work*. Das gilt ganz besonders für *cunt*, die übelste Beschimpfung aller Zeiten. Sie richtet sich an Frauen und Männer, obwohl sie genau genommen – wie *twat* oder *snatch* – das weibliche Geschlecht beschreibt. Wer sich nicht im Büro befindet und sich überhaupt nicht beherrschen kann, hat mit *cunt* und *twat* gewissermaßen zwei nukleare Sprengsätze zur Hand.

Die männlichen Geschlechtsteile werden als weniger beleidigend aufgefasst und auch meistens nur Männern vorgehalten. Am härtesten ist wohl der britische *scrote* – eine Abkürzung des lateinischen *scrotum* («Hodensack»). Schmeißt man dem Gegenüber *scrote* an den Kopf (oder sagt man es über eine dritte Person), ähneln Wirkung und Wucht unserem «Arschloch». Mit einem ähnlichen Beleidigungsgrad gibt es dafür in den USA, neben vielen anderen Begriffen, *dick*: «Schwanz». Für *Brits* ist *dick* hingegen nur ein Depp oder ein Vollpfosten, also jemand mit eingeschränkten geistigen oder sozialen Fähigkeiten. Dafür wiederum haben die US-Amerikaner *jerks* und *douchebags*, wörtlich übersetzt: «Wichser» und «Vaginalduschen».

Apropos Wichser: *Wanker* ist ein Klassiker, und ich kann mir nicht erklären, wie er die oben aufgeführte Liste verfehlen konnte. Zumindest in Großbritannien ist er eine verlässliche üble Nachrede. Wer dabei an Boris Johnson denken muss, liegt nicht ganz falsch, schließlich war es der heutige britische Premierminister, der vor ein paar Jahren in einem «Literaturwettbewerb» des Magazins ‹The Spectator› (dessen Chefredakteur er selbst einmal war) ein Preisgeld von 1000 Pfund einheimste, weil er dem Ministerpräsidenten der Türkei den Titel ‹wankerer from Ankara› angedichtet hatte. Es ist nicht bekannt, was Recep Tayyip Erdoğan darauf geantwortet hat. Auf Augenhöhe mit britischen Standards wären etwa *prick* und *bugger* gewesen – «Penis» oder «Arschf …» *bleeeeep!*

Was die bisherige Übersicht auch verdeutlicht, ist ein anderes wichtiges Thema: die Unterschiede zwischen britischem und US-amerikanischem Englisch. Betrachten wir für einen ganz kurzen Moment das Arschloch: In den USA ist es *asshole* [*ähßhoul*], in Britannien *arsehole* [*ahrshoul*]. Selbst für das «Fluchen» sind auf beiden Seiten des Atlantiks verschiedene Begriffe gängig: Im Westen ist es *cursing*, im Osten *swearing*. Beides ist Ausdruck für die Angst der Menschen, im Namen Gottes einen falschen Schwur – *swear* – abzulegen und schließlich verdammt und verflucht – *cursed* – im Fegefeuer oder gleich im Reich des Teufels zu landen, also in der Hölle – *the hell*. Fluchen wird deshalb auch ganz allgemein als gottlose und obszöne Sprache betrachtet – *that's profanity!*

Gotteslästerung ist heute nur noch eine untergeordnete Motivation zu fluchen, selbst wenn «Jesus» in allerlei verfluchten Varianten zu hören ist: *Jesus! Jeez! Geez!* Der kanadische Psychologe und Autor Steven Pinker, der als Professor in Harvard unterrichtet, hat fünf andere Funktionen und Gründe genannt:

1. *abusive* – um andere Menschen zu verletzen
2. *cathartic* – um sich von Schmerzen zu befreien
3. *dysphemistic* – um die Welt schlecht zu reden
4. *emphatic* – um einen Umstand zu betonen
5. *idiomatic* – um die Sprache auszuschmücken

Die meisten Kraftausdrücke sind nicht nur in allen Kategorien einsetzbar, sondern haben auch je nach Einsatzgebiet unterschiedliche Wirkungen, zum Beispiel das Wörtchen *hell:* Während man es heute im Vereinigten Königreich als einen eher milden Fluch durchgehen lässt – *cold as hell, bloody hell, what the hell* –, muss man in der Gegenwart insbesondere US-amerikanischer Familien höllisch aufpassen. Klar kann man absichtlich den üblen Rapper raushängen lassen, der mit *fucking hell* um sich wirft. Andererseits will man nicht rausgeworfen werden, schon gar nicht, wenn man gerade kein Rapper auf Tour ist, sondern bloß ein stinknormaler Gast aus Deutschland. Wer unbedingt die «verdammte Scheiße» beschwören will, kann sie kurzerhand für «heilig» erklären und entweder zu *holy shit* greifen. Oder noch besser zu *holy crap.*

Crap sollten Sie sich auf jeden Fall merken! Das ist eine Art leichter Mist, also alltags-, büro- und sogar in den meisten Fällen familientauglich.

Generell gilt in Sachen «Scheiße», dass wir sie nicht immer und überall direkt übersetzen dürfen. Gerade im Amerikanischen klingt *shit* viel drastischer als bei uns. Obwohl unsere gemeinsamen germanischen Ahnen ihre Exkremente noch in derselben Sprache durch den hinteren Ausgang des Körpers «separierten» – was grob gesagt der Bedeutungsursprung von «scheißen» ist –, hat sich das Verhältnis zu dieser menschlichen Körperfunktion im Laufe von etwa 1500 Jahren etwas auseinanderbewegt. Während wir im deutschsprachigen Alltag lieber mit Fäkalien um uns werfen, wird im Englischen eher die Kopulation bemüht. Der vorschnelle Übersetzungstipp für Denglische Patienten lautet daher: «Scheiße» = *fuck.*

Das soll nicht bedeuten, dass im Englischen niemals Scheiße in den Mund genommen wird, manchmal sogar in die Nase, was ich hier nicht auslassen kann: *He is a brown-noser* bedeutet «Er ist ein Arschkriecher und Speichellecker». *Brown-nosing* ist die «Arschkriecherei».

Ein anderes beschissenes Wort ist «verkackt», das im Laufe des 20. Jahrhunderts durch das Jiddische als *farkakte* in den englischen Wortschatz kam und 2019 offiziell vom *OED* aufgenommen wurde. In Filmen von Billy Wilder oder Woody Allen können Sie es gelegentlich hören. Und nicht nur in New York dürften Sie damit verstanden werden: *The weather is farkakt and so is my day ...*

Was nun den Unterschied zwischen *shit* und *fuck* betrifft, ähnelt er den verschiedenen Auffassungen von «Irritation» und *irritation*. In der deutschen Sprache «irritiert» zu sein ist irgendwas zwischen Verwunderung und Verwirrung, *being irritated* wiegt deutlich schwerer und liegt zwischen Verärgerung und Verstimmung. Wie irritiert wären wir, wenn englischsprachige Gäste alles das, was für uns «beschissen» oder «Scheiße» ist, als «verfickt» und «Fickerei» bezeichnen würden.

Bevor wir uns *fuck* widmen, möchte ich kurz erklären, wie man *shit* treffsicher platziert. Der finnische *comedian* Ismo Leikola hat einmal gefragt: *How can it be that if something is bad, it is shit? And if something is really good it is The Shit?* (Sie können ihn bei YouTube sehen.) Auch im Deutschen kennen wir unterschiedliche Wortbedeutungen: «Der letzte Scheiß» ist etwas Schlechtes. «Der neueste Scheiß» ist es nicht unbedingt. Und ein «heißer Scheiß» ist ein modischer Anglizismus, aber lange kein Fluch mehr.

Es ist in der Tat verblüffend, wie viele beschissene Varianten es gibt. Wer *I have shit to do* sagt, hat alles Mögliche zu tun, außer wirklich zu scheißen – dafür sagt man *I take a shit.* Und wer sich viel gefallen lässt, von dem heißt es: *He takes shit* – oder umgekehrt: Wenn jemand sich nichts gefallen lässt, sagt man: *She doesn't take shit.* Zugleich erkennen wir: Das unbestimmte englische Artikelchen *a* ist entscheidend!

Der bestimmte Artikel *the* wirkt darüber hinaus Wunder! Denn *the shit* ist großartig, einmalig, toll: *His speech was the shit!* Ist das nicht der Fall: *Her speech was boring as shit.* Scheißegal – *we didn't give a shit!*

Falls Sie an diesem Punkt das Gefühl beschleicht, dass Ihnen die englischen Flüche und Schimpftiraden nicht leicht über die Lippen kommen, hat es bestimmt damit zu tun, dass sie Ihnen nie in Fleisch und Blut übergegangen sind. Daher orientieren wir uns ein mehrsprachiges Leben lang an Filmen, Serien, Videoschnipseln und Liedern in der Originalsprache. Diese Methode ist generell sehr zu empfehlen. Andererseits muss davor auch gewarnt werden, weil die englischsprachigen Kanäle von einem unheiligen Wort dominiert werden und nicht selten regelrecht vollgerammelt sind: *fuck!*

Sie können problemlos mitrammeln, wenn Sie nur verstehen, dass es eine gewisse Kunst ist zu «fucken», also mit *fuck* umzugehen. Denn egal ob als Hauptwort, Attribut, Verb oder einfach nur als Füllwort: Es dient in den meisten Fällen nicht zu einer Aussage über Sex.

Ein herrliches Beispiel, um genau das zu verdeutlichen, lieferte einst der Soziologe Richard Hoggart in seinem Vorwort zum Roman ‹Lady Chatterley's Lover› von D. H. Lawrence. Er zitierte einen Mann, der nach einem handfesten Streit mit dem Liebhaber seiner Frau selbstbewusst vor Gericht erklärte: ‹*I come home after three fucking years in fucking Africa, and what do I fucking-well find? My wife in bed, engaging in illicit cohabitation with a male!*› Ausgerechnet dort, wo *fucking* wörtlich gemeint gewesen wäre, griff der Mann zu einer keuschen Umschreibung.

Selbst der für seine wortgewandten Entgleisungen berühmte Prinz Philip mochte es manchmal kurz und schmerzlos. Als er 2015 ungeduldig mit einem Fotografen wurde, forderte er ihn in aller Öffentlichkeit auf: ‹*Just take the fucking picture!*› (Auch das können Sie bei YouTube sehen.)

Fuck ist der profane Überfluch der englischsprachigen Welt, den auch der gesamte Rest der Welt kennt und der überall zu hören ist:

Shut the fuck up!
Get the fuck out!
Fuck knows!
What the fuck! WTF!
I give a fuck!
Fuck it all!

Falls Ihr Sprachzentrum noch aufnahmefähig ist, dann speichern Sie unbedingt auch die Verwandten von *fuck* ab und ein paar verdammt gute Umschreibungen gleich dazu. Sie helfen uns, nicht zu vergessen, wie wort- und abwechslungsreich das verfluchte Englisch ist:

- *fucking* – «verdammt»: *damn, damned, effing*; AE: *goddamn, freaking, frigging, fricking*; BE: *bloody, bleeding, flipping, smegging, sodding*
- *to fuck something up* – «Scheiße bauen», «etwas verkacken»: *to cock up, to screw up, to blunder, to bungle, to mess up*
- *to be fucked* – «völlig fertig, am Arsch sein»: *to be shattered, to be ruined, to be dead in the water, to be boned*; BE: *to be buggered, to be knackered*
- *to fuck around* – «herumgammeln»: *to loiter, to hang about, to hang around*
- *to fuck with someone/to fuck someone over* – «jemanden verarschen»: *to hoax, to diss, to take the piss (out of) someone, to take someone for a ride*

Ganz in diesem Sinne: Verpisst euch! *Fuck off! Bugger off! Piss off! Sod off! Go fuck yourself!*

Baby, are you hangry?

Ein Lob auf den englischen Trend zum Schachtelwort!

Alle mögen den *brunch*. Erstens weil dafür immer eine Menge Leckereien aufgetischt werden. Und zweitens wegen der Uhrzeit: zwischen *breakfast* und *lunch* – deshalb ja *brunch*. Die große Zeitspanne, sagen wir, zwischen zehn und drei (und in Berlin bis zehn am Abend), ist bei denjenigen beliebt, die lange schlafen oder spät hungrig werden. Oder beides.

Ist es dem einen oder der anderen dann doch zu spät, kann das so klingen:

«Schatz, bist du sauer?»
«Ja, ich habe Hunger!»

Klarer Fall: Schatz ist *hangry*. Also *hungry + angry*. Übrigens ist *hangry* einer meiner Lieblingsanglizismen der vergangenen Jahre. Ein Wort, zwei Bedeutungen, die sich über- und ineinanderschieben und dabei eine neue organische Verbindung eingehen, ohne die das Leben nicht mehr vorzustellen ist. Wie zwei Fahrer, die getrennt ins Rennen gehen, aber gemeinsam durchs Ziel kommen. Die Methode ist so bewährt wie genial: Man nehme zwei Wörter, haue sie auseinander und verschweiße sie an der Stelle, die am besten hält. Hauptsache, es klingt gut und geht flüssig von den Lippen.

- *advertorial* – Wir nannten es früher «Schleichwerbung». Es ist der Mix aus *advertising* (Werbung) und *editorial* (von Redakteuren verantworteter Text).
- *dash* – *digital cash*. Nicht zu verwechseln mit einem «Schuss» – *a dash of milk in my tea* – und dem Verb *to dash (out)* – «(her-aus-)rennen», «schleudern», «schlagen».
- *nonversation* – ein Gespräch ohne Sinn
- *globish* – das in aller Welt verbreitete Englisch
- *staycation* – Ferien zuhause
- *glamping* – «glamouröses Zelten» – *glamorous camping*

Die Wirkung dieser originellen wie praktischen Kunstwörter, Kurzwörter und Wortkomplizen wird deutlich, wenn man in Deutschland «ein Gratisangebot mit zusätzlichen Kaufoptionen» erhält, während das Ganze in der englischsprachigen Welt nur noch *freemium* heißt. Laut *OED* ist diese Wortkonstruktion aus *free* und *premium* in den 1990er Jahren aufgekommen. Das Prinzip kannte ich schon als Kind von der Fleischtheke, wo mir eine Scheibe Extrawurst gereicht wurde, wenn meine Eltern Aufschnitt kauften. Vergleichbar damit ist, wenn heute *software* oder Medieninhalte in einem bestimmten Umfang kein Geld kosten, Museen nicht für jede Ausstellung das Kassenhäuschen aufstellen oder Restaurants mit einem *free refill* locken, so wie früher mit *free lunch*. Stark gesalzen, machte diese Gratisspeisung dermaßen durstig, dass umso mehr Bier verkauft wurde. Es bildete den Aufpreis – *the premium*.

Ein anderes Beispiel sind Eltern, die sich um ihre Kinder kümmern – *parenting* – und dabei Bilder und Neuigkeiten im Netz verbreiten, also teilen – *sharing*. Dafür ein treffendes deutsches Wort zu bauen wäre nicht leicht. «Erzeilen»? «Erbreiten»? Oder «verziehen»? Das englische Kunstwort *sharenting* bringt es ohne Zweifel sympathischer auf den Punkt – und liegt auf einmal im Trend. Denn es ist die digitale Welt, durch die aus der (Achtung, wieder eins) *Anglosphere* immer mehr Schachtelwörter in unseren

Sprachalltag katapultiert werden. Jeder kennt *bit = binary + digit*, *email = electronic + mail* oder *pixel = picture + element*. Und das *Internet* ist die Verbindung aus *international + network*.

Seit seiner Erfindung sind viele neue Bezeichnungen hinzugekommen, auch Markennamen, die nach dem besagten Prinzip gebildet wurden:

netiquette = internet + etiquette. Es ist eine Art doppelte
Verkürzung, da *Internet* ja bereits aus zwei Wörtern zusammengezogen ist.
Netflix = Net + flix, die Abkürzung von *flicks* – «Filme»
textpectation = text + expectation, das Warten auf eine Textnachricht
Pinterest = pin + interest, «Befestige deine Interessen an einer
digitalen Pinnwand!»
podcast = pod + broadcast
sexting = sex + texting, das Texten sexueller Botschaften, wahlweise mit oder ohne Auberginen-*emoji*

Apropos *emoji*: Steht das *e* für *emotion oder electronic*? Es gibt unterschiedliche Interpretationen. Fest steht, dass *moji* aus dem Chinesischen stammt und «Zeichen» bedeutet.

Und apropos Sex: Der *eargasm* macht deutlich, was manche im Ohr zu fühlen glauben. Es ist der Höhepunkt, wenn es juckt und ein Wattestäbchen zur Anwendung kommt. Wer in diesem Moment vom deutschen «Ohrgasmus» schwärmt, muss ihn schon buchstabieren, um keine Verwirrung zu stiften.

Doch das soll nicht bedeuten, dass sich in der deutschen Sprache nicht auch gut schachteln ließe. Können wir doch, oder? Ja und nein … «jein»! Zwischen «verschlimmbessern» und «Schlepptop» haben wir einige hübsche Exemplare hervorgebracht, nicht zuletzt das Wort «Denglisch». Oder «Sinalco», einen Klassiker als Verbindung aus dem lateinischen *sine* («ohne») und dem in fast allen Sprachräumen verbreiteten *alcohol*. «Mainhattan» steht für die Innenstadt von Frankfurt am Main, obwohl ich sie eher «Minihattan» nennen würde. Ins Feld führen können wir auch die «Politesse» als Ehe von «Polizei» und «Hostess». Die «Datei» als Verschmelzung von «Daten» und «Kartei». Oder das klassische «Mofa» («Motorrad» + «Fahrrad»), das für meinen Geschmack jedem *e-bike* davonfährt. Und wer den Urlaub schon daheim macht, kann sich auch auf einem heimischen Wort ausruhen: «Balkonien», statt die schon erwähnten neumodischen *staycations* anzutreten.

Generell gilt: Während wir im Deutschen mehr zur Abk. neigen oder Bandwurmwörter à la «Rechtschreibreform» oder «Telekommunikationsüberwachungsgesetz» zusammenschrauben, lebt die englische Sprache von ihren kurzen und kreativen Konstruktionen. Da Englisch nun einmal unsere Lieblingsfremdsprache ist, fällt uns der Import aber schon seit Langem leicht. So wurden bei uns bereits vor Jahrzehnten die ungemütlichen Begriffe *smog* und *stagflation* populär. Oder der *workaholic*. Weil sie mehr sagen als nur *smoke* oder *fog, stagnation* oder *inflation, work* oder ... «Sucht»!

Hinzu kam im Jahr 2020 der *covidiot* – als Kreuzung einer ansteckenden Krankheit und idiotischer Zeitgenossen. Da er in vielen Sprachen funktioniert, hat er den *Brexit* als unangenehmstes Schachtelwort der Gegenwart abgelöst. Viele Menschen können beide Kunstwörter sowieso nicht mehr hören, ich eingeschlossen. Als Verbindung aus *Britain + exit* war der *Brexit* nie mehr als ein Abklatsch vom *Grexit (Greece + exit)*, und der hat bekanntlich nie stattgefunden. Wie viel Spaß die Briten trotzdem hatten, konnte man nicht nur an den vielen Begriffen ablesen, die sie sich zu dem Thema zusammengebaut haben: *Bregretter, Bremainer, Bremoaner, Brevoker, Brexino and so forth.* Längst ist das Ding mit dem *-exit* auch auf Personen übertragen worden. So wurde die Flucht von Meghan Markle *aka Duchess of York* aus England zum *Megxit* erklärt.

Wo die Wortverschachtelung ihren Anfang nahm, ist nicht klar.

Brunch wurde zum ersten Mal 1895 verwendet. Und allgemein wurde das Sprachphänomen 1871 von Humpty Dumpty in Lewis Carrolls Roman «Alice hinter den Spiegeln» beschrieben. Er vergleicht Schachtelbegriffe mit Koffern: zwei Bedeutungen in ein Wort gepackt. Das französische Wort *portmanteau,* das er dafür fand und das eigentlich einen Koffer für einen Mantel beschreibt, hat sich bis heute im Englischen in der Bedeutung «Schachtel-» oder eben «Kofferwort» gehalten.

Was nun die Verschmelzungen deutscher Begriffe mit englischen betrifft, bin ich geteilter Meinung. Einige sind haarsträubend gut! Zum Beispiel der «Haar*shit*», eine missratene Frisur. Oder die Leipziger Konzertreihe unter freiem Himmel: «Klassik *air*leben». Auch die Partnervermittlung *Parship* gefällt mir mit ihrem Kunstwort aus, ja was? «Paar», *partner* und *ship.* Außerdem erkenne ich darin «pari» für «ausgewogen» und *on/above/under a par* für «derselbe/über/unter Wert». Offenbar will man Gleichgesinnte verkuppeln.

Andererseits kann ich viele Wortspiele nicht leiden, allen voran die mit *fair.* Zum Beispiel «Fairmietung», eine total «nairfige» Wortkonstruktion im deutschen Sprach- und vor allem Wohnraum. Weil *fairness* suggeriert wird, wo oft nur Abzocke drin ist. Auch der Versuch der CSU hat mich nicht überzeugt, auf YouTube mit «CSYou» zu punkten. Es war ein ziemlich gewollter Koffer, den die Partei für die Jugend gepackt hatte. Ich glaube, dass er nie an seinem Ziel angekommen ist.

Während die Welt fleißig weiterschachtelt, stelle ich mir gelegentlich die Frage, ob – sprachlich – alles immer mehr zusammenwächst. Ich will hier jetzt nicht noch weiter ausholen. Lieber möchte ich aufhören mit *mansplaining* und zu guter Letzt betonen, dass es dafür längst ein treffendes deutsches Kofferwort gibt: «herrklären»!

The land of broilers
and dispatchers

«English made in GDR»: Wie es entstand,
bekämpft wurde und was davon geblieben ist

«Wie gut sind Ihre Englischkenntnisse?», fragt Walter Schweppenstette in der ersten Episode der deutsch-deutschen Agentenserie «Deutschland83». Der Mann ist General der Staatssicherheit, des Geheimdienstes der Deutschen Demokratischen Republik. Die Frage gilt einem jungen Grenzsoldaten, der antwortet: «Wie mein Russisch. Englisch war Teil meiner Ausbildung zum Funker.»

Die Antwort macht Geschichte. Der Soldat alias «Kolibri» wird in der Fiktion von «Deutschland83» das tun, was der Stasi-Agent Rainer Rupp unter dem Decknamen «Topas» in der Realität von 1983 im Brüsseler Hauptquartier der NATO tat: Telefonate abhören, Gespräche protokollieren, Geheimpapiere auswerten, und das alles auf Englisch. Es war die Verkehrssprache des Handels, der Vereinten Nationen, der Friedensbewegung und sogar einiger Staaten des Warschauer Pakts. Selbstverständlich kommunizierten auch die USA mit ihren westlichen Verbündeten auf Englisch, wenn auch nicht immer zur Freude aller Verbündeten.

Das Unbehagen war mit der «Amerikanisierung» aufgekommen, dem wachsenden kulturellen Einfluss der USA. Wie auf einer «Hollywood-Schaukel» – *a porch swing or a canopy swing in post-war Germany* – pendelte man zwischen Amerikabegeisterung und Amerikaskepsis. Wie nah beides beieinander lag, erlebte auch ich während meiner Kindheit und Jugend im Westen. Einerseits waren wir stolz auf alles, was uns aus den USA mitgebracht wurde: *Apple Macintosh computer, Nike sneakers, Cherry Coke.* Andererseits behaupteten die Großeltern, Elvis Presley sei am exzessiven Konsum von *Coca-Cola* und *fast food* gestorben. Darin steckte die Kritik am toxischen *American way of life.* Und die Studentenschaft skandierte pseudoenglisch «Ami, go home!» – statt *Yankee, go home!*

Die englische Sprache war zwar niemals die Ursache, aber stets der deutlichste Ausdruck für die *Americanization* – mit «z», weil das britische «s» eben nicht amerikanisch war. Die Briten legen bis heute großen Wert auf diesen Unterschied. Paul McCartney hat einmal zum Besten gegeben, wie sich die Haltung zur Amerikanisierung in seinem Elternhaus in Liverpool äußerte. Als er dort 1963 gemeinsam mit John Lennon das Lied ‹*She loves you (yeah, yeah, yeah)*› präsentierte, sagte Vater James McCartney sinngemäß: ‹*It's very nice, but son: There's enough of these Americanisms around – couldn't you sing «She loves you, yes, yes, yes»?*›

Die Anekdote führt ohne Umwege in die DDR der frühen 1960er-Jahre, wo die Beatles und andere «anglo-amerikanische» Musiker auf große Resonanz stießen und zu mächtigen Idolen der *teenager* und der «Twens» wurden, wie man sie damals überall in Deutschland nannte. («Twen» ist ein weiterer deutscher Fantasiebegriff. Im Englischen sind es *people in their twenties* oder *twenty-somethings.*)

Unterdessen wurde auf höchster politischer Ebene über den Einfluss dieser neuen *soft power* diskutiert. Im Dezember 1965 erklärte Walter Ulbricht, der Vorsitzende des DDR-Staatsrats: «Ist es denn wirklich so, dass wir jeden Dreck, der vom Westen kommt, nu kopieren müssen? Ich denke, Genossen, mit der Monotonie des Je-Je-Je, und wie das alles heißt, ja, sollte man doch Schluss machen.» Lieder mit englischen Texten wurden daraufhin verboten, vergeblich, wie wir nicht erst heute wissen.

So sehr James McCartney in Liverpool, Walter Ulbricht in Ost-berlin oder meine Großeltern in Aachen das *yeah, yeah, yeah* ablehnten, so sehr wollte es die junge Generation im Westen und im Osten hören. Es wurde zum Schlachtruf für individuelle und politische Freiheit, ein Anspruch, der eng mit der englischen Sprache verbunden blieb. Man wünschte sich mehr *jazz*, mehr *pop* und generell mehr *pep* im Leben. Und langsam wuchs jene Sehn-sucht, die auch eine junge DDR-Bürgerin verspürte: Sie nahm sich damals vor, «als Rentnerin mit 60 in die USA zu reisen», nicht ahnend, dass sie mit 57 Jahren als erste deutsche Bundes-kanzlerin die Freiheitsmedaille des Präsidenten der USA bekom-men sollte.

20 Jahre nach Walter Ulbrichts Aufschrei notierte der ostdeut-sche Schriftsteller Erwin Strittmatter in seinem Roman «Grüner Juni»: «Wir sind, obwohl russisch verbündet, in der Sprache, in den Moden und Tänzen amerikanisiert, und wer das abstreitet, ist ein Blindling.» Es war das Jahrzehnt, in dem die Fernsehserie «Deutschland83» spielt. Seitdem ich sie gesehen habe, frage ich mich, ob die englische Sprache möglicherweise einen Anteil am Untergang der DDR hatte?

Die Bücher und Aufsätze der ostdeutschen Sprachwissen-schaftler Helmut Langner und Martin Lehnert lassen keinen Zweifel daran, dass man im real existierenden Sprachalltag der DDR viel Gefallen an unserer Lieblingsfremdsprache fand und nicht ohne sie auskam. Als wäre man im Westen, war in den 1980er Jahren vom *manager* und vom *job* die Rede, vom *baby* und dem *babysitter*, von *toaster* und *skateboard*, *ice hockey* und *power play*. Man hatte *sex* genauso wie *stress*. Man pflegte ein *hobby* wie *jogging* oder *bowling*, liebte *science fiction*, benutzte *aftershave* oder *make-up*, trug *T-shirts* und änderte ab und zu das *styling*. Jeden Sommer wurden *shorts* und *bikinis* rausgeholt, und man ging «surfen», «campen» oder, wie im Westen, «trampen» – was auf Englisch *hitchhiking* heißt.

Auch von *know-how* und *engineering* war die Rede, was verdeutlicht, dass die englischsprachigen Importe zunehmend ökonomischer Natur waren: aus Handel, Transport und vor allem Technologie. Schiffe operierten, wie in aller Welt, *roll-on-roll-off* oder *load-on-load-off*. Manche DDR-Betriebe trugen amerikanisierte Namen wie *VEB Construction Consult*. Und in den Flugzeugen der Interflug beschäftigte man bewusst männliche und weibliche *stewards* statt – wie die Lufthansa im Westen – bloß «Fluggastbetreuerinnen und Fluggastbetreuer». Martin Lehnert betonte 1990 in seinem Buch «Anglo-Amerikanisches im Sprachgebrauch der DDR», dass eine internationale Vereinheitlichung der Sprache als Erleichterung und Bereicherung begriffen wurde.

So erlebten englische Wörter und Wendungen ausgerechnet mit Hilfe von DDR-Betrieben, die selten in den Himmel wuchsen, einen *boom* – ein Wort, das ebenfalls in vieler Munde war. Hatte der ostdeutsche «Duden» im Jahr 1956 noch 347 Anglizismen verzeichnet, waren es in der Ausgabe von 1986 mehr als 5000. Zugleich verschwanden deutsche Schreibweisen wie «Kola» für *Cola*, «Kautsch» für *couch* oder «Kockpit» für *cockpit*. Nur die «Niethose» blieb bis zum Ende der DDR im Angebot, und selbst wenn sie «Shanty» hieß, war sie ein letztes Gewand für den noch existierenden Widerstand im Sinne von Walter Ulbricht.

Die Serie «Deutschland83» zeigt, mit welcher Verzweiflung sich der Machtapparat der DDR gegen die Verbreitung und Entfaltung der englischen Sprache stemmte, während er sie selbst brauchte. Es war ein intellektueller Kampf. Schließlich war die DDR nie mit feindlichen Truppen konfrontiert und auch relativ wenig mit fremden Spionen in den eigenen Reihen. Die wirkungsvollste Waffe des Westens war die Sprache, nicht zuletzt die englische Sprache. Im Rückblick wissen wir, dass der Kalte Krieg zu großen Stücken auf der Bedeutungsebene geführt wurde. Berühmt sind die Worte von US-Präsident Ronald Reagan, der die Sowjetunion und ihre Satellitenstaaten 1983 als ‹evil empire› brandmarkte. Seine Rede bildet die Urprovokation des verfilmten Dramas von «Deutschland83». Die Voraussetzung, um den Kampf aufnehmen zu können, waren gewisse Englischkenntnisse. Und eine permanente sprachliche Alarmbereitschaft.

Als sich die Stasi-Führung in «Deutschland83» auf illegalem Weg einen *IBM computer* aus den USA beschafft, um eine gestohlene *floppy disc* der NATO zu entziffern, herrscht Ratlosigkeit, weil das System nur auf englischsprachige Befehle reagiert. Ein Mitarbeiter kann seine Begeisterung nicht verbergen:

«Das ist echt *cool.*»
«Sagen Sie nicht *cool!*», befiehlt ihm General Schweppenstette.
«*Okay.*»
«Sagen Sie auch nicht *okay!*»

Vielbedeutend erscheint danach auf dem Bildschirm des Rechners die Warnung: *Syntax error.*

An diesen Fehler wird man erinnert, wenn sich General Schweppenstette im Lauf der Geschichte bemüht, seiner eigenen, eingangs gestellten Frage gerecht zu werden: «Wie gut sind Ihre Englischkenntnisse?» Zum Beispiel eines Nachts, als er einem Agenten der CIA begegnet: «It's middle-night» sagt er für: «Es ist Mitternacht.» Ob Angela Merkel zu dieser Zeit schon wusste, dass man *It's midnight* sagt? Ihre Mutter Herlinde Kasner wird es gewusst haben: Sie war Englischlehrerin.

Den meisten Menschen in der DDR boten sich nicht viele Gelegenheiten, mit anderen Englisch zu sprechen. Daran änderte auch das Staatsfernsehen nichts, das ab 1966 eine eigene, in London gedrehte Schulserie ‹English for you› ausstrahlte. (Einige Originalfolgen kann man auf YouTube sehen.) Nur wenige Bürgerinnen und Bürger sprachen Englisch flüssig, und mit Sicherheit waren sie privilegiert.

Der Zugang zur englischen Sprache war dennoch groß und nahm von Jahr zu Jahr zu – nicht indem man sie sprach, sondern indem man sich mit ihrer Hilfe immer neue Vorstellungen von einem anderen, besseren Leben machte. Die Menschen mochten

«Partys» und *cocktails* oder gleich beides: «Cocktailpartys». Sie gingen in *discos*, hörten weiterhin *jazz* und *rock'n'roll*, «checkten» den *sound* und erfanden die «Renter-Disko», um auch den Tanztee der älteren Generation «jazziger», «poppiger» und «peppiger» zu machen. Englisch war ein Ereignis! Und wie eine *Club Cola* war es auch eine Form der Motivation.

Dass sich junge Eltern wenigstens eine passive Verbindung zum Englisch sprechenden Teil der Welt wünschten, verdeutlichen die Vornamen, die sie ihren Kindern immer häufiger gaben: *Elvis, Cindy, Tom, Ronny, Mandy, Kevin*. Oder Maik als Eindeutschung von *Mike*.

Es entstand ein denglisches Kauderwelsch, das wir auch im Westen kannten: Man trank «Bowle» und aß «Mixpickles» – statt *mixed pickles*; *punchbowl* ist das Gefäß, *punch* das Getränk. Man mochte «Jazzfeeling» und «Jeanslook», was unübersetzbar ist – ‹*which both defy translation*›, wie mein Telefonjoeker erklärt.

Einige Begriffe waren auch hundertprozentig *made in the German Democratic Republic*: die «Intershops», die «Multicars», der Musikstil «Hardpop». Und wie im deutschen Westen saß in den Rundfunkanstalten der «Cutter», eine Bezeichnung, die bei der BBC in 100 Jahren noch niemand gehört hat.

Was im Rückblick verblüfft, ist ein Umstand und Umweg, auf den Martin Lehnert hinweist. Einige englische Begriffe kamen durch die russische Sprache in den Wortschatz der DDR, zum Beispiel:

- *meeting* – das im Osten offenbar deutlich früher benutzt wurde als in der Bundesrepublik
- *toast* – für einen diplomatischen Empfang
- *festival* – sogar für linientreue politische Veranstaltungen

Auch der *dispatcher* wurde über das Russische importiert. Er koordiniert den technischen Ablauf etwa in öffentlichen Verkehrsbetrieben, seit 1990 auch in vielen westlichen Städten.

Unter all diesen Beispielen darf sich der *broiler* brüsten, das berühmteste aus den USA importierte Wort der DDR gewesen zu sein. Jeder kannte ihn und kennt ihn noch heute. Er war die osteuropäische Gegenzüchtung zum goldbraunen «Brathähnchen» im Westen. Wie der *dispatcher* ist der *broiler* ein Beispiel für englische Alltagsbegriffe, die im Osten geläufiger waren als im Westen.

Eine höchst offizielle Karriere hat unterdessen der *rowdy* gemacht. Mit dem Paragraf 215 fand das «Rowdytum» 1968 Eingang ins Strafgesetzbuch der DDR. Noch im Januar 1989 diente er dem Kreisgericht Potsdam, um einen Mann zu 16 Monaten Freiheitsstrafe zu verurteilen, weil er zwei Sätze plakatiert hatte: «Wir wollen ausreisen. Man lässt uns nicht.»

Dass die Führung der DDR für die Feinde ihrer Republik einen englischen Begriff übrig hatte, ist in der Rückschau ein großes Kompliment an eine Gegenkultur, deren Antrieb im *yeah, yeah, yeah* lag und für die die Freiheit stets einen englischen Klang hatte.

Nie werde ich vergessen, was die Menschen in Leipzig am 9. Oktober 1989 lautstark riefen: «Wir sind keine Rowdys!» Es war ein beeindruckender Abgesang. Halb deutsch, halb englisch. Das letzte Kapitel *English* «made in GDR», wie es auf den Exportprodukten der DDR meistens mit fehlendem *the* hieß.

Danach begann unsere gemeinsame deutsch-englischsprachige Gegenwart.

Make your English great again!

Donald Trump war eine sprachliche Katastrophe, von der wir lernen können

Erinnern Sie sich noch an George W. Bush, und vor allem: an sein Englisch? Als er von 2001 bis 2009 Präsident der USA war, demonstrierte er der Welt, dass auch der mächtigste Mann mit unserer Lieblingsfremdsprache ziemlich fremdeln kann.

‹Dybwa› [dabja], wie ihn Freunde und Feinde nannten, regierte mit geschätzt 100 Wörtern und unzähligen *Bushisms*! Unvergessen sind seine Schrumpfwörter: Aus *democracy* machte er «moxy» und aus *freedom* «freem». Legendär waren auch seine Wortschöpfungen: «They misunderestimated me» – ein Ausdruck, den es gar nicht gibt. Oder seine Satzleichen: «Will the highways on the Internet become more few?» Bushs Schnitzer wurden in Büchern verewigt und ließen die allgemeine Annahme zu, dass die Sprache eines Präsidenten irreführender, einfältiger und abschreckender nicht werden könne.

Diese Annahme war falsch!

Denn 16 Jahre nach ‹Dybwa› übernahm Donald J. Trump das Ruder – *and he was indeed much ruder than any president before him!* Was sich Trump in nur einer Amtszeit leistete, besaß ein völlig anderes Kaliber als alles, was je zuvor aus dem Weißen Haus gefeuert worden war. Ganz gleich, ob man ein öffentliches Amt bekleidet oder nicht, ob man Englisch spricht, Denglisch oder

Klingonisch, von Trumps sprachlichen Anmaßungen konnten wir nur eins lernen: wie man es auf keinen Fall macht!

Nicht nur dass er sich seine beste Zeile schlicht geklaut hatte: ‹Make America great again!› Ronald Reagan hatte diese sprichwörtlich reaktionäre Forderung 1980 im Wahlkampf aufgestellt, und selbst er war nicht der Erste gewesen.

Auch Trumps Verfremdungen und Massaker von Wörtern und Wendungen spielen nur eine untergeordnete Rolle, selbst wenn sie als *Trumpisms* in die Sprachgeschichte eingingen. Zum Beispiel «bigly». So wollte er alles machen, obwohl es ein Adverb von *big* gar nicht gibt. Er wollte offenbar *big league* sagen, was «erste Sahne» und «im großen Stil» bedeutet. Ähnlich konfus war das Fantasiewort, das Trump eines Nachts im Mai 2017 per Twitter verbreitete: «despite the constant negative press covfefe». Andere Male tippte er zu viele Buchstaben, wie das überflüssige «p» in der Unterstellung, Barack Obama hätte sein Telefon abgehört: «he tapped my phone». Oder er ließ Buchstaben aus, wie auf seinem offiziellen *inauguration poster* – der Wanddeko zur Amtseinführung: «No dream is too big, no challenge is to great … for me.»

Doch das alles sind nur winzige Patzer. Sie können jeder Politikerin und jedem Politiker unterlaufen, und sie sollten am Ende verzeihlich sein.

Unverzeihlich sind hingegen die Entgleisungen, die sich Donald Trump jenseits der Grammatik und des Wortschatzes geleistet hat. Sie machten selbst die kleinsten Tippfehler bedeutsam, wenn durch sie die unglaublichsten Einstellungen, Vorurteile und Verurteilungen deutlich wurden, so wie durch die bereits erwähnten: «Bigly» und *big league* waren Ausdruck von Trumps Größenwahn. «Covfefe» sollte *coverage* bedeuten und war Ausdruck seiner hartnäckigen Verachtung der Presse. «Obama tapped my phone» war nur einer von vielen falschen Vorwürfen gegen seinen Vorgänger, den 44. Präsidenten der USA. Höhepunkt war die Behauptung, Barack Obama sei nicht in den USA zur Welt gekommen, so dass seine Wahl zum Präsidenten unrechtmäßig gewesen sei. Und «nothing is too big, to great ... for me» war Ausdruck von Trumps Selbstüberschätzung und seinem Narzissmus.

Hinzu kam ein total gestörtes Verhältnis zur Wahrheit. Es war aus deutscher Sicht schon viele Jahre vor Trumps Präsidentschaft erkennbar: in der Art, wie er über die Wurzeln seiner Familie sprach – *what he told about his German ancestry*. Obwohl sein Großvater Friedrich aus dem pfälzischen Städtchen Kallstadt stammte, behauptete Trump, seine Vorfahren seien aus Schweden. Später erklärte er, sein in New York geborener Vater Fred sei in Deutschland auf die Welt gekommen. Beides waren, was ihm als Präsident in Hunderten, nein, Tausenden anderen Fällen vorgehalten wurde: dreiste Lügen – *outright lies!*

Das Ausmaß der Trump'schen Fabeln lässt im Rückblick selbst die sagenhaften Geschichten von Präsident Bill Clinton wie Bagatellen erscheinen, jenes 42. Präsidenten, der über seinen Cannabiskonsum gesagt hatte: ‹I didn't inhale›. Und der sich bemüht hatte, sein Verhältnis zur Praktikantin Monica Lewinsky herunterzuspielen: ‹I didn't have sex with that woman›. Weil Lewinsky den Präsidenten im Oval Office oral befriedigt haben soll, galt sein Büro seitdem süffisant als ‹Oral Office›. Doch selbst diese peinliche Pointe konnte Donald Trump am Ende mit seinen Anzüglichkeiten noch überbieten.

Schon der Spitzname, mit dem er 2016 antrat, ließ tief blicken. Er war nicht harmlos wie «Dybwa», «DoDo» oder etwa «Donald Duck». Er war drastisch plastisch und äußerst unvorbildlich: «der Grapscher vom Dienst» – *the groper-in-chief!* Verliehen worden war ihm dieser *nickname* von der Redaktion der ‹New York Times›, zum einen in Anspielung auf die Rolle des Präsidenten als «Oberbefehlshaber» – *the commander-in-chief* – und zum anderen wegen einer Geschichte, die ausgerechnet auf dem Mist eines Cousins von George W. Bush gewachsen war. Der Fernsehmoderator Billy Bush hatte elf Jahre zuvor mit Donald Trump über junge Frauen schwadroniert und der Welt demonstriert, was ein *hot mic* ist: ein eingeschaltetes Mikrofon, das niemand bemerkt. Die Aufnahmen, die im Wahlkampf 2016 publik wurden, waren dermaßen anschaulich und unter der Gürtellinie – *the conversation was so graphic and lewd* –, dass ich sie nicht wiederholen möchte.

Statt sich bei den Frauen zu entschuldigen, tat Donald Trump seine Worte als Geschwätz von Männern ab, die zum Beispiel in einer Umkleidekabine unter sich sind – ‹*it was just locker room talk!*› Und Melania Trump entblödete sich nicht, ihren Gatten zu verteidigen, er sei angestachelt worden – *she wasn't afraid to defend her husband: ‹Billy Bush egged him on!*› Donald Trump zog daraufhin ins Weiße Haus ein, und Billy Bush wurde als *anchorman* des NBC-Frühstücksfernsehens gefeuert. Sein Cousin George hätte vielleicht gesagt: «Billy misunderestimated Mr Trump.»

In der ‹*New York Times*› war in der Angelegenheit zu lesen, Donald Trump sei *scurrilous*. Das bedeutet nicht etwa «skurril» und «schrullig» – *quirky, eccentric, wry* –, sondern «pöbelhaft», «unflätig», «ordinär» und sogar «niederträchtig». Treffend wären auch Beschreibungen wie *raunchy* und *wolfy* gewesen: «dreckig» und «lüstern». Trumps Einstellung gegenüber Frauen ist oft auf Altgriechisch zusammengefasst worden: *He is misogynic* [AE maïˈsodschinik; BE miˈsodschinik]. Oder: *He's a misogynist* [AE meˈsadschnist; BE miˈsodschinist] – ein Frauenverachter.

Wie kein Vorgänger fiel der 45. Präsident der USA nicht nur mit sexistischen, sondern auch mit rassistischen Kommentaren aus der Reihe. Er sprach über ‹*bad hombres*›, die über die mexikanische Grenze ins Land kämen. Er behauptete, Faulheit sei eine Charaktereigenschaft dunkelhäutiger Menschen: ‹*laziness is a trait in blacks*›. Und er erklärte Covid-19 immer und immer wieder zum ‹*Chinese virus*›.

Sogar gegen *soldiers* und *veterans* der US-Truppen holte Trump aus, indem er die Gefallenen als *losers* und *suckers* bezeichnete, als «Verlierer» und «(Schwanz-)Lutscher». Und während er jedes Mal der Auffassung gewesen sein mag, dass es Menschen gab, die das alles hören wollten, kratzten sich nicht wenige seiner Wähler am Kopf und fragten: Warum sagt er das – *why for god's sake?*

John McWhorter, ein Sprachwissenschaftler der Columbia University in New York, hat den Stil und vor allem die Stillosigkeit von Donald Trumps Sprache mit einer Zeit verglichen, als noch nicht geschrieben wurde. Einerseits sei Trump sprachlich sehr unausgereift und unfertig für das Amt gewesen, andererseits habe er sich bemüht, progressiv zu sein und die Sonntagsreden hinter sich zu lassen, um Klartext zu sprechen. Das habe ihn unter allen Präsidenten der USA zu «einem Original» – *an original* – gemacht: «schmucklos» – *unadorned* –, «informell» – *casual* – und «seltsam pubertär» – *oddly adolescent.*

«Trump hat zwar die ganze Zeit zu den Menschen gesprochen, aber nie genug gewusst», erklärt McWhorter. Deshalb habe er sehr oft Floskeln wie *believe me* eingesetzt: ein Flehen, um ernstgenommen zu werden. Andere Allgemeinplätze – sogenannte *tags* – wie ‹*the people don't know that*› oder ‹*nobody knows that*› offenbarten außerdem seine begrenzte Auffassungsgabe und seine Überwältigung von den Fakten. Und was ein Mensch verbreitet, aber nicht versteht, ist, egal ob falsch oder richtig, noch jämmerlicher als die Lüge: Es ist *bullshit.*

Deutlicher gesagt: Donald Trump ist nicht nur ein Angeber, sondern hat es nicht einmal gemerkt – *he is a boaster, a braggart, a show-off without meaning to!* Man kann auch sagen: *He was boasting, bragging and showing off (the whole time).* Er hingegen sagte während des ersten Fernsehduells mit Hillary Clinton: ‹*I say, not in a braggadocious way, I've made billions and billions of dollars dealing with people all over the world.*›

Das Wort *braggadocious* mochte Trump angemessen hochgestochen und großkotzig erscheinen. Doch die meisten Menschen hatten es noch nie gehört. Die Redaktion des amerikanischen Wörterbuchs ‹*Merriam-Webster*› nahm sich heraus, Trump zu belehren, und erklärte auf ihrer Website: *He was trying for braggadocio: empty boasting and arrogant pretension* – leere Angeberei und arrogante Behauptungen, kurz: Anmaßung und Großmäuligkeit. Doch lag man damit auch nicht ganz richtig. Das *OED* führt *braggadocious* als ein Wort, das im 19. Jahrhundert populär war – als Donald Trumps Vorfahren noch in Schweden, ach nein, in der Pfalz lebten.

Falls Sie bis hierher noch nicht genug gelernt haben, sollten wir rasch zum Ende und zum traurigen Höhepunkt kommen: der Belagerung – *the siege* – des Kapitols, des Parlamentssitzes in Washington D.C., am 6. Januar 2021. Damals konnte die Welt *live* miterleben, dass ein Staatsstreich im Englischen ein französisches Wort ist – *coup d'etat* oder kurz: *coup*. Zum Glück waren die wahren Ereignisse meilenweit davon entfernt. Die randalierenden Personen bekamen nur drei Buchstaben ab: *mob!* (Das darf nicht mit *mop* verwechselt werden: einem Wischlappen oder der Art von Frisur, die Boris Johnson trägt.)

Der *mob* kommt nie allein und ist selten freundlich: Übersetzt ist er eine gesichtslose Menge von Menschen. Eine Bande. Die Meute. Und im amerikanischen Englisch auch «die Mafia». Die Handlungen des *mob* liegen naturgemäß im *mobbing*: einer Be- oder Umlagerung, in zivilen Zeiten vielleicht vom Hotel eines *stars*, in stürmischen oder gar bürgerkriegsähnlichen Zeiten ein unkontrollierbarer Massenauflauf, der sich gegen Institutionen und Personen richtet, die den Staat vertreten.

Mobbing hat also nichts damit zu tun, was wir in unserer denglischen Alltagssprache «Mobbing» nennen: einer Belästigung im Büro oder in den sozialen Medien. In der englischsprachigen Welt spricht man hier von *harassing, harassment* oder *bullying*, zum Beispiel: *workplace harassment* oder *online bullying*.

Während uns Trumps randalierende Anhänger die wahre Bedeutung von *mobbing* demonstrierten, ist er selbst gewissermaßen in einer Doppelfunktion in die Geschichte eingegangen:

- als *superbully*, indem er sich mit unzähligen Falschbehauptungen und schikanösen Kommentaren hervorgetan hat – *he made*

his mark with countless false claims and with infamous bullying.
Twitter hat sein Konto deshalb vorerst für zwei Jahre gesperrt –
Twitter has suspended his account for at least two years.

- als *supermobber:* Was seine wahre Rolle hinter den Ausschrei-
tungen angeht, übertraf sie den alten Vorwurf der Anstiftung,
den seine Frau gegen Billy Bush erhoben hatte. Die Begrün-
dung für das zweite Amtsenthebungsverfahren gegen Trump
erinnerte deshalb an einen dystopischen Film: *Incitement of
Insurrection* – Anstiftung zum Aufstand!

Dem Magazin ‹The New Yorker› reichte das alles für einen neuen
Titel: *inciter-in-Chief.*

In seiner Abschiedsrede, die klang wie Alles-auf-Anfang, weil
er sie wie eine Wahlkampfrede hielt, wagte Donald Trump eine
Prophezeiung über die Zahl der Covid-Infizierten: *We will see the
numbers skyrocket downwards.* Für mich ist *skyrocketing downwards* – «abwärts in die Höhe schnellen» – zum geflügelten Wort
seiner Präsidentschaft geworden.

Auch wenn es Grund zum Zweifel gibt, hoffe ich, dass Donald
Trump abgemeldet ist. Dafür hat er übrigens selbst einen Begriff
gefunden, als er im Jahr 2008 in einer Radiosendung von Howard
Stern über Frauen jenseits der 35 herzog: *It's checkout time!*

Neues aus der
Anglosphere

Über den Sinn (und Unsinn) von Anglizismen
Mit einem Glossar von 20 Begriffen,
die Sie kennen sollten: von *ageism* bis *Zoomer*

Als im März 2020 der erste *lockdown* verhängt wurde, waren Diskussionen vorprogrammiert: nicht nur über die ungewohnte Maßnahme und ihre Folgen, sondern auch über das unbeliebte Wort selbst. «Warum denn schon wieder ein englischer und kein deutscher Ausdruck?», lautete eine Frage, die mir gestellt wurde. Sicherlich: Wir hätten auch von einer «Teil-» oder «Totalschließung» sprechen können. Doch warum sollte man vorziehen, was noch bürokratischer, noch beengender und letztendlich noch unsympathischer klingt?

Das Beispiel verdeutlicht die besondere Stellung, die englische Lehnwörter in unserer Alltagssprache einnehmen. Sie sind auf eine ungewöhnliche Art gewöhnlich. Jeder, wirklich jeder!, benutzt sie. Das schafft eine enorme Selbstverständlichkeit und Präsenz. Zugleich ist Englisch weiterhin für die meisten eine fremde Sprache. Das wiederum wirkt sich negativ auf Verständnis und Akzeptanz aus.

Anglizismen sind deshalb auch umstritten, was nicht automatisch bedeutet, dass gestritten wird. Schließlich setzt ein Streit (mindestens) zwei Streitende voraus. So wie die gendergerechte Sprache die Bevölkerung in (mindestens) zwei Lager spaltet: eines, das sie fordert, und eines, das sie ablehnt. Im Fall der Anglizismen ist das fundamental anders: Diejenigen, gegen die sich die Kritik richtet, sind sich des Problems oft nicht bewusst, und sie begegnen ihm gleichgültig, als hätten sie auf der Stirn stehen: *Keep calm and carry on!* Ich kenne keinen einzigen Menschen, der für Anglizismen streitet.

Nicht zu überhören sind hingegen diejenigen, die sich der «Sprachpflege» verschrieben haben, um ihre deutsche Muttersprache gegen «Sprachpanscherei» zu verteidigen. Sie sind beunruhigt, dass Deutsch immer englischer wird, an Bedeutung verliert und sich letztendlich verdrängen lässt. Damit könnten sie in der Zukunft richtig liegen. In der Gegenwart lassen sie sich hingegen von zwei Vorstellungen in die Irre leiten:

1. dem Glauben: an ein richtiges, reines Deutsch und ein falsches, unreines Deutsch. Es ist die starre, historisch haltlose Sicht auf zwei exklusive, sich ausschließende Ziele: Himmel oder Hölle, Rettung oder Untergang. In dieser binären Vorstellung erlauben die Gläubigen weder eine Verbindung noch einen Kompromiss. (Dabei sündigen sie selbst jeden Tag.) Sprachliche Entwicklungen und Veränderungen werden nicht als natürlich betrachtet, sondern sind im besten oder einzig möglichen Fall Ausnahmen.

2. dem Anspruch: dass man Sprache besitzen kann und durch Geburt, kulturelle Zugehörigkeit sowie ein Bekenntnis zum eben erläuterten (Irr-)Glauben ihr Anteilseigner wird. Daraus werden Vorrechte abgeleitet, wie die Möglichkeit, den lexikalischen Rahmen und die grammatikalischen Regeln mitzuentscheiden und festzulegen sowie Fehlentwicklungen durch ein Veto aufzuhalten. Zu diesem Zweck gibt es etwa auf der Internetseite des Vereins Deutsche Sprache die Funktion «Einen neuen Anglizismus melden». Ein «Anglizismenindex» fungiert als schwarze Liste. Konkret wird darin zum Beispiel gefordert, statt *airbag* ein nicht minder aufgeblasenes Wort zu verwenden: «Prallkissen»! Es folgt die Belehrung, «Luftbeutel» sei «ein irreführender Name, weil beim Aufprall in den Beutel keine Luft, sondern ein Explosionsgas einschießt».

Die sprachpflegerische Kritik übersieht, dass Ungereimtheiten in der Wortschöpfung und -bedeutung verbreitet sind. Wir brauchen uns nur umzuschauen: Handelt eine «Drogerie» nur mit Drogen? Verschicken wir «cc»-Nachrichten noch auf Kohlepapier, weil sie für *carbon copy* stehen? Das Problem existiert seit Langem, etwa in den Naturwissenschaften, wo sich der um 1912 aus dem lateinischen Wort *vita* («Leben») und dem biochemischen Stoff «Amin» geprägte Begriff «Vitamin» als unzutreffend entpuppte. Mangelnde Übereinstimmungen und Widersprüchlichkeit zwischen dem, was Sprachwissenschaftler «Signifikant» (Worthülle) und «Signifikat» (Wortbedeutung) nennen, sind ein Hauptproblem der Philosophie und der Literaturwissenschaft, die sich fast ausschließlich mit Wortbildern beschäftigt. Wieviel Glück oder Unglück stecken im «Glück»? Wieviel falsch in «richtig», wieviel schlecht in «gut», wieviel Luft in «heißer Luft»? Wie viel Massaker im «Ehegattensplitting»? Die fehlende Luft im *airbag* ist ein Scheinargument.

Alle, die die Diskussion über den Sinn und Unsinn von englischen Wörtern und Wendungen wirklich führen möchten, seien an den Dichter Philipp von Zesen erinnert. Er hatte schon vor 350 Jahren seine deutschsprachige Schnauze voll von fremdsprachigen Einflüssen, wenn auch damals kaum von den britischen Inseln. In seinem Bemühen um «Verdeutschungen» schlug er vor, aus dem «Fenster» (mit dem lateinischen Ursprung *fenestra*) den «Tageleuchter» zu machen. Der Vorschlag *floppte*. Viele andere setzten sich durch, doch selbst die schönsten Wort(er)findungen, die wir ihm verdanken, konnten die fremden Wörter nicht mehr vertreiben. Deshalb haben wir heute oft beides: eine eingedeutschte und eine meist lateinisch-romanische Version. Zum Beispiel «die Entfernung» und «die Distanz». «Das Verhältnis» und «das Engagement». «Die Leidenschaft» und «die Passion». «Der Entwurf» und «das Projekt». «Der Augenblick» und «der Moment». Die Beispiele führen vor Augen, was es bedeutet, an der deutschen Sprache festzuhalten und sich gut um sie zu kümmern, damit sie sich entwickeln kann. Deshalb ist es vorbildlich, wenn wir auch heutzutage versuchen, für Anglizismen deutschsprachige Alternativbegriffe zu finden. Bloß verbieten lassen sich die einen so wenig, wie sich die anderen vorschreiben lassen. Wörter müssen für sich selbst sprechen!

Generell gilt für Lehnwörter, was schon zu Zeiten von Zesens galt: dass sie unseren Wortschatz nicht schrumpfen lassen, sondern erweitern. Entweder weil sie sich wie das «Baby» neben den «Säugling» gesellen. Oder weil sie als völlig neue Wörter hinzukommen. Wie die *cakes*, die im 19. Jahrhundert als «haltbares Trockengebäck» von England nach Deutschland kamen. Die Redaktion des «Duden» backte daraus im Jahr 1911 «den Keks». Er ist am Rande bemerkt bereits die Mehrzahl, so dass man fragen darf, was also «Kekse» sind. Eine Supermehrzahl?

Für mich symbolisieren «Kekse» das Eigenleben, das Anglizismen im deutschen Sprachalltag entwickeln, und die Dankbarkeit, mit der sie angenommen und eingedeutscht werden. Das führt so weit, dass wir immer wieder scheinbar englische Signifikanten oder Signifikate (oder beides auf einmal) erfinden: «Best Ager», «Ego Shooter», «Home Trainer» und sogar «Sport»! (Die unterschiedlichen Bedeutungen von *sport* und «Sport» habe ich im ersten Kapitel erklärt.)

Ungefähr 150 Jahre ist es her, dass wir begannen, regelmäßig und bald immer mehr Begriffe aus dem englischen Sprachraum zu importieren. Obwohl sich dieser Prozess beschleunigt und intensiviert hat, ist der Anteil dieser Begriffe am deutschen Wortschatz weiterhin einstellig. Vage Schätzungen von Linguisten liegen zwischen 2 und maximal 10 Prozent, je nach Textform und Thema. In Zahlen ausgedrückt sind von ungefähr 400 000 deutschen Grundwörtern im Moment rund 7500 englischer Herkunft.

Sind es zu viele?

Ich erlaube mir eine Gegenfrage: Kennen Sie den Anteil westgermanischer und hochdeutscher Wörter am englischen Wortschatz? Im ersten Fall sind es gut 25 Prozent, im zweiten knapp 1 Prozent. Unter den 100 meistgebrauchten englischen Wörtern ist nur ein einziges lateinischen Ursprungs: *number*. Die restlichen 99 sind uns vertraut, zum Beispiel: *you, come, to, me, and, want, the, water, that, I, have* ... Mit diesem schnörkellosen Grundwortschatz lässt sich beinahe jeder alltägliche Vorgang auf genau die Weise beschreiben, die in der *Anglosphere* nicht nur von jedem Schüler, sondern auch von den Redaktionen der BBC oder der ‹New York Times› verlangt wird: *Keep it short and simple!* Während ich diese Seiten schreibe, fällt mir ein Beispielsatz ein: *Will German go under?* Nicht: *Will German disappear* oder *disintegrate?* Trotzdem hat niemand jemals gefragt: *Is our language too German(ic)?*

Einen Grund dafür bilden die tiefen germanischen Wurzeln der englischen Sprache. Sie liegen mit uralten Wörtern wie *mother, father, house, hound* und *garden* im Verborgenen und werden von den meisten Sprecherinnen und Sprechern gar nicht wahrgenommen. Das ist bei uns beinahe gegenteilig: Englische Begriffe führen keine verborgene Existenz, sondern bilden die glitzernde Oberfläche der deutschen Gegenwartssprache, gerade weil sie sich vom Grundbedürfnis nach «Mutter», «Vater», «Haus», «Hund» oder «Garten» abheben. Der Einsatz einzelner englischer Wörter oder ganzer Wendungen scheint ein kollektives Bedürfnis nach einer alternativen Sprache zu bedienen, die es ermöglicht, etwas vermeintlich Anderes und Neues zum Ausdruck zu bringen, gewissermaßen mit anderem *feeling* und neuem *purpose*. Dabei wollen Sender und Empfänger, Sprecher und Hörer ebenfalls neu und anders in Erscheinung treten: zum Beispiel jünger, internationaler, progressiver, schneller, innovativer, westlicher, wohlhabender oder erfolgreicher.

Der *lockdown* ist eines von unzähligen Beispielen für Anglizismen, denen wir den Vorrang geben. Unterdessen existiert selbstverständlich kein Gesetz, das vorschreibt, was die bessere Wortwahl ist: *Computer* oder «Rechner»? *Baby* oder «Säugling»? *Mindset* oder «Geisteshaltung»? *Common sense* oder «gesunder Menschenverstand»? *Grumpy old man* oder «alter Schrat»? *Deadline* oder «Frist»? *Location* oder «Ort»? *Feedback* oder «Manöverkritik»? *Story* oder «Geschichte»? *U-turn* oder «Kehrtwende»? *Fan* oder «Anhänger» und «Anhängerin»?

Wie in jeder anderen Sprache, inklusive der englischen, haben fremde Lehnbegriffe auch im Deutschen eine innere und eine äußere Funktion:

1. Präzision: Sie bildet die innere Funktion von Lehnwörtern. Während die meisten fremden Wörter für hochentwickelte Einzelsprachen wie das Deutsche verzichtbar sind, können bestimmte Begriffe zur Genauigkeit beitragen und sogar unverzichtbar sein. Spontan fallen mir diese Beispiele ein: Ein *comedian* ist nichts anderes als ein «Komiker» und ein *stand-up comedian* kaum etwas anderes als ein «Bühnenkomiker». *Comedians* wären deshalb im deutschen Wortschatz nicht erforderlich. *Comedy* ist hingegen etwas anderes als eine «Komödie». Es gibt kein deutsches Wort, das mit derselben Bedeutung auf die audiovisuellen Formate zugeschnitten ist, die sich durch das Fernsehen entwickelt haben und im Netz Standard sind. Dies rechtfertigt den Gebrauch von *comedy.* Das Wort schließt eine Lücke in unserem Wortschatz und macht auch *comedians* zu einer sinnvollen Ergänzung, schließlich sind sie es, die *comedy* machen. Andere Anglizismen, für die wir keine adäquaten, kurzen Übersetzungen haben, sondern die wir ausführlich umschreiben müssten, sind zum Beispiel *countdown, email, foul, reset* oder *spam.* Vor Kurzem kam *dooring* hinzu. Das ‹Collins Dictionary› erklärt: ‹*Dooring is a traffic collision in which a cyclist rides into a car door*› – eine «Autotürkollision» vielleicht.

2. Distinktion: In ihr liegt die äußere Funktion von Lehnwörtern. Wer der eigenen Muttersprache fremde Wörter beimischt, unterscheidet sich von denjenigen, die es nicht tun. Dies kann mit und ohne Absicht erfolgen. Die Motive dahinter sind zum Beispiel:

- die Darstellung einer bestimmten «Persona», also einer öffentlichen Aufgabe und Rolle (z. B. *sales agent, influencer, CEO, rapper* etc.)
- der Wunsch nach Zugehörigkeit/Teilhabe zu/an einer anderen (sprach-)kulturellen Gruppe
- der Wunsch nach Tarnung der eigenen (sprach-)kulturellen Herkunft/Zugehörigkeit

Mit ihrer inneren und äußeren Funktion stellen Anglizismen das her, was in der Kommunikationswissenschaft als «Fähigkeit zum Anschluss» beschrieben wird: an technologische, gesellschaftliche, ökonomische und kulturelle Entwicklungen und Debatten und, ja, häufig auch an Moden und *hypes*.

Auf diese Weise dominiert Englisch das Im- und Exportgeschäft der Sprachen und erzielt seit der zweiten Hälfte des 20. Jahrhunderts einen großen Bilanzüberschuss. Den geistigen *followers* von Zesens bleibt der Trost, dass auch solide deutsche Lieferungen in die Welt zu verzeichnen sind. Große Prominenz hat zum Beispiel unsere Vorsilbe «über-» erlangt. Sie wurzelt im indogermanischen *uperi*, das schon *super* und *hyper* hervorgebracht hat. Als «über» (mit der Schreibweise *uher*) 2015 offiziell vom *OED* aufgenommen wurde, kam das Wort bei uns ungefähr zeitgleich als Re-Import aus dem Englischen vorgefahren: *Uber* war mittlerweile zur Überkonkurrenz der Taxibranche geworden.

Jedes Jahr machen neue Anglizismen die Runde. Mal sind die Wörter in den USA oder im Vereinigten Königreich schon bekannt und gebräuchlich. Mal sind sie auch dort neu und werden als Ausdruck der sprachlichen Entwicklung und des Wandels begriffen.

Viele Themen der Gegenwart ringen um Anschluss. Auf den nächsten Seiten erhalten Sie von mir ein *update* mit 20 Begriffen aus unterschiedlichen Bereichen. Sie zu verstehen, halte ich für wichtig. Ob und wie viele dieser Anglizismen Sie auch benutzen wollen, müssen Sie selbst entscheiden. Nur so viel von mir: Ich betrachte 14 der 20 Einträge als Bereicherung meines aktiven Wortschatzes.

1. ageism [*äidschism*] – Verachtung und Diskriminierung älterer Menschen
Früher galten Menschen alleine durch ihre Lebenserfahrung als klüger, überlegen und im besten Sinn erwachsen. Man schob ihnen den Chefsessel unter und vertraute ihnen die Führung an. Im altehrwürdigen «Senator», der von *senex* abstammt, das auf Lateinisch «alt» bedeutet, lebt die Tradition fort. Ebenso im Ältestenrat des Bundestages oder im Mindestalter von 40 Jahren für das Bundespräsidialamt. Noch sichtbarer macht der betagte, 1942 geborene US-Präsident Joe Biden den Wunsch nach verantwortungsvoller Seniorität. Doch was verkörpert Jacinda Ardern, die mit 37 Jahren Premierministerin von Neuseeland wurde? Oder Sebastian Kurz, der es mit 31 ins österreichische Kanzleramt schaffte? Einerseits führen sie vor, dass auch relativ junge Menschen Verantwortung übernehmen können. Andererseits lassen sie erkennen, dass die Skepsis gegenüber älteren Generationen mehrheitsfähig geworden ist – als seien jüngere Menschen dem Tempo und den Aufgaben der Gegenwart besser gewachsen. Je mehr sich solche Vorbehalte erhärten und Vorurteile nähren, desto leichter wird das Alter zu einem pauschalen Makel stigmatisiert. Im Unterschied zu jungen Menschen, die natürlich älter werden, gibt es keinen Jungbrunnen für die Alten. Werden sie ausgeschlossen und benachteiligt, erleben sie das, was wir «Altersdiskriminierung» nennen. Der Anglizismus *ageism* ist hilfreich, weil er die Geisteshaltung ausdrückt, die der Diskriminierung den Weg bereitet.

2. Anglosphere [anglousfia] – englischer Sprach- und Kulturraum
Sie haben es bestimmt schon gemerkt: Ich bin dankbar für diesen Neueintrag im OED aus dem Juni 2020. Nicht nur weil er leicht von den Lippen geht, sondern weil er mir auch hilft, nicht immerfort von der «englischsprachigen Welt» zu schreiben. Als *Anglosphere* wird ein Sprach- und Kulturraum begriffen, der über den Erdball verstreut ist: *English-speaking countries considered collectively; especially the United Kingdom, the United States, Canada, Australia, and New Zealand (and sometimes other countries), regarded as a group with a shared historical and cultural heritage.* Das Erbe geht auf die Zeit vor der Gründung von «Engla land» zurück, dem Land der Angeln, eines germanischen Volks, das auf Englisch *the Angles* heißt und das sich selbst *Engle* oder *Angelcynn* nannte. Wie auch die Sachsen – *the Saxons* –, die Jüten – *the Jutes* – und die Friesen – *the Friesians* – stammte es aus einem Gebiet zwischen den heutigen Niederlanden, Norddeutschland und Dänemark. Vor rund 1500 Jahren begann es die britischen Inseln zu erobern. Die Namen englischer Regionen erinnern noch heute an diese frühe Geschichte: zum Beispiel East Anglia. Oder Wessex, Sussex und Essex, die nichts mit *sex* zu tun haben, wie *Denglish patients* glauben mögen, sondern mit den *South Saxons, Eastern Saxons* und *West Saxons*. Der Legende nach bildeten sieben angelsächsische Königreiche die erste *Anglosphere,* bevor 927 das Königreich England gegründet wurde. Ob Wahrheit oder Fiktion, viel davon ist ins Drehbuch der Serie ‹Game of Thrones› eingeflossen. Ich hätte darauf gewettet, dass es auch das Wort *Anglosphere* schon seit Ewigkeiten gibt. Doch die älteste Quelle, die das OED nennt, stammt aus dem Jahr 1995!

3. bucket list – Wunschliste für unvergessliche Erlebnisse
Das Wort, das mindestens so trendig ist wie *influencers,* wurde von ihnen populär gemacht: als Inbegriff von Dingen, die man im Leben gemacht und gesehen haben sollte. Das kann alles Mögliche sein, aber wird von den meisten wohl als Aufforderung ver-

standen zu reisen. Was das mit einem Eimer – *bucket* – zu tun hat, war mir ein Rätsel, bis ich verstand, dass sich die Liste nur indirekt auf das schöne Leben bezieht. Vielmehr ist es der Tod, der im Eimer steckt, gemäß der saloppen Redewendung *to kick the bucket*, die übersetzt bedeutet «zu verrecken» oder «ins Gras zu beißen». Bevor das passiert, kann der Eimer als Füllhorn voller Ziele – *destinations* – dienen, die man im Diesseits nicht verpassen sollte, um jenseits davon zu berichten. Oder wie die US-amerikanische Schriftstellerin Susan Sontag einmal bemerkte: ‹I haven't been everywhere, but it's on my list.› Auch ich habe Wunschlisten, zum Beispiel mit Menschen, die ich gerne kennenlernen und sprechen würde. Einen Wunsch habe ich mir erfüllt, bevor es zu spät war. Drei Jahre vor ihrem Tod besuchte ich mit meinen Kindern die Kinderbuchautorin Judith Kerr in London. Wir sprachen über ihre Flucht aus unserer Heimatstadt Berlin: durch die Schweiz und durch Frankreich, über den Ärmelkanal bis nach England. Das war, wenn man so will, die *bucket list* eines zehnjährigen Mädchens, das nicht in Nazi-Deutschland verrecken wollte und als erwachsene Frau ein *influencer* für die Freiheit wurde. Judith Kerrs Reiseerlebnisse, Geschichten und Zeichnungen sind für mich unvergesslich – *unforgettable!*

4. doxing, doxxing – Krieg mit Dokumenten

Wenn ich schreibe, dass die mit diesem Wort bezeichnete Sache «Gift» ist, dann muss ich direkt dazusagen, dass ich das nicht als Anglizismus meine. *Doxing* ist schließlich kein Geschenk – *a gift*. Vielmehr ist es eine Art Giftanschlag im digitalen Zeitalter. Ein toxisches Verhalten, das den Anspruch auf Anonymität und den Schutz der Privatsphäre missachtet. Das Ziel ist es, anderen Menschen zu schaden, indem ihre persönlichen Daten gesucht und/oder in Umlauf gebracht werden. Das Wörterbuch ‹Merriam-Webster› erklärt: ‹to publicly identify or publish private information about (someone) especially as a form of punishment or revenge› – als eine Art Strafe oder Rache. Dabei kann es sich um privates *cyber-*

bullying oder auch eine Form von politisch motiviertem *hacktivism* handeln, zum Beispiel wenn Fotos, Adressen und Telefonnummern, Steuererklärungen, ärztliche Diagnosen oder andere Vertraulichkeiten von Politikerinnen und Politikern oder von Prominenten veröffentlicht werden. Während viele Fälle gar nicht erst an die große Glocke gehängt werden – *many cases aren't shouted from the rooftops* –, gelangen auch immer wieder Beispiele an die Öffentlichkeit – *they leak into the public sphere [sfia]*. Etwa Fälle, in denen Abtreibungsgegner in den USA Ärztinnen und Ärzte an den Pranger stellen und indirekt oder sogar direkt deren Tötung fordern, wozu es zwischen 1993 und 2016 mindestens acht Mal kam. In Deutschland konnten wir 2018 ein Leak persönlicher Daten von zahlreichen Mitgliedern des Bundestags erleben. Und in der Türkei wurden die Privatadressen der meisten Wählerinnen im Land publik, nachdem WikiLeaks rund 300 000 E-Mails des türkischen Präsidenten Recep Tayyip Erdoğan ins Netz gestellt hatte.

Kein Wörterbuch geht unterdessen auf den scheinbaren Wortbestandteil *toxic* ein. Obwohl er sich aufdrängt, hat *doxing* eine andere Herkunft: Es leitet sich von *docs* ab, dem Plural von *document*, der zu *dox* verkürzt wird. Während die Wortbildung an *flicks* – Filme – erinnert, die zu *flix* verkürzt werden können (und Netflix zu dem gemacht haben, was es ist), muss ich auch an *doctoring* denken. Das war schon im analogen Zeitalter die Fälschung und Verfremdung von Daten und Dokumenten. Die ist hier zwar nicht gemeint, stellt aber die nächste Stufe dar: die Verbreitung absichtlicher Fälschungen, die echt erscheinen. Dafür gibt es andere giftige Praktiken – *fakes* und *deep fakes*.

5. *endgame* – entscheidende Schlussphase

Das *endgame* dauert länger und ist mehr als bloß ein einziges «Endspiel» oder der «letzte Zug». Das demonstrieren die filmreifen Momente oder die tatsächlichen Filme, die *Endgame* genannt werden: etwa die letzte Episode der *Marvel*-Serie ‹Avengers›. Oder das Finale im Kalten Krieg zwischen den USA und der

Sowjetunion. Sicherlich hätte man den historischen Fall auch als «Schlussphase» oder als «Endkampf» beschreiben können. Doch im Vergleich zum *endgame* klingt das eine unterkühlt und das andere überhitzt. Was den Anglizismus ausmacht, ist sein spielerischer Mix aus Dramatik und Strategie, Berechnung und Zufall sowie Eleganz und Chaos. In einer binären Logik, die nur Siege und Niederlagen kennt – *in or out, us or them, dead or alive, capitalism or communism, Pepsi or Coke, Chelsea or Liverpool* –, erscheint das *endgame* unausweichlich, vor allem dann, wenn die Zeit und der Platz nicht ausreichen zu verhandeln, Frieden zu schließen oder ein Kartell zu bilden. Das Wörterbuch ‹Merriam-Webster› erinnert unterdessen daran, dass *endgame* nicht nur im übertragenen Sinne zu verstehen ist – ‹*the final stage of some action or process*› –, sondern dass seine wörtliche Bedeutung aus der Sprache eines uralten Kriegsspiels kommt: ‹*the stage of a chess game after major reduction of forces*›. Und was lehren uns die größten Partien der Schachgeschichte? Dass trotz der Sehnsucht nach eindeutigen Siegern alles im «Patt» – *stalemate* – oder im «Unentschieden» enden kann: dem «Remis» – *a tie or a draw*. Wahre *endgames* sind immer offen!

6. *gambit* – Eröffnungstaktik

Was wäre der *lockdown* ohne Netflix gewesen, und was wäre Netflix ohne den *lockdown*? Der Wert des bereits 1997 gegründeten *Streaming*-Unternehmens, das inzwischen rund 210 Millionen Menschen in aller Welt mit Filmen – *flicks* – versorgt, ist seit dem Beginn der Coronakrise stark gestiegen. Dazu beigetragen hat die Verfilmung des Buchs ‹The Queen's Gambit› von Walter Trevis. Die deutsche Ausgabe bekam den gewöhnungsbedürftigen Titel «Das Damengambit». Es ist die Entwicklungsgeschichte – *a coming-of-age story* – eines US-amerikanischen Waisenmädchens, das in den 1960er-Jahren ihr Talent für Schach entdeckt und den sowjetischen Weltmeister besiegt: mit einem Eröffnungszug, der die Dame vorschickt und einen Bauern opfert. Seitdem höre und lese ich immer wieder «Gambit»: «Schon gesehen? Was mit Gamble ...» Im Unterschied zum *endgame* ist *gambit* aber ursprünglich kein englisches Wort. Aus dem italienischen «Bein» – *gamba* – wurde in den romanischen Sprachen ein dem Beinstellen ähnliches riskantes Manöver: *il gambetto* – ein vorteilhafter erster Schritt. Heute versteht man unter *(opening) gambit* auch im übertragenen Sinn den gelungenen Einstieg, zum Beispiel in eine Verhandlung oder ein Gespräch. Die Aussichten, als Gewinner hervorzugehen, sind übrigens dann besonders groß, wenn es gelingt, die andere Partei unter «Zugzwang» zu setzen. Dieser Schachbegriff wiederum ist ein *Germanism* im Englischen, den das OED so erklärt: *‹zugzwang: a position in which a player is obliged to move but cannot do so without disadvantage; the disagreeable obligation to make such a move›.*

7. ghosting – gespenstische Beziehungen

Besonders geistreich ist es nicht, wenn Menschen plötzlich den Kontakt zu anderen Menschen abbrechen und scheinbar grundlos wie spurlos verschwinden. Geisterhaft ist es aber allemal! Es darf also nicht überraschen, dass für dieses Verhalten das englische Verb *to ghost* reaktiviert wurde, das mit dieser Bedeutung schon in der Mottenkiste des Wortschatzes verschwunden war. Wer hätte sich während der aufgeklärten 1970er Jahre schon gerne in ein Gespenst verwandelt, mal abgesehen vom deutschen Schauspieler Hans Clarin, der als «Schloßgespenst Hui Buh» sein Unwesen trieb? Mittlerweile ist *ghosting* zum sozialen Phänomen insbesondere der Liebe im digitalen Zeitalter geworden. In Zeiten, in denen eine Beziehung per App und mit einem Klick begonnen werden kann, ist auch ein Bedürfnis entstanden, sich ebenso hurtig herausschleichen zu können, um sich zu verflüchtigen und jeden weiteren Kontakt zu vermeiden. Wird man dann im selbstgewählten Geistermodus von den verlassenen Personen und den romantischen Momenten der Vergangenheit heimgeholt, gleichen sie den unheimlichen Erscheinungen in einem verwunschenen englischen Herrenhaus. Das nenne ich auch den «Seelenspuk» in der digitalen Zeit – *the haunting of the Tinder soul.*

8. groupthink – (be)herrschende Auffassung
Es ist beruhigend und immer auch bestätigend, wenn andere Menschen die eigene Meinung teilen. Erstens schafft es ein Zusammengehörigkeitsgefühl, zweitens erspart es einem, sich zu hinterfragen. In Behörden und Konzernen ist auch von der «Kraft des Faktischen» die Rede: etwas anderes als das, was «alle» denken und machen, erscheint nicht denk- und machbar! Und da alle hören, was sie hören wollen, werden Probleme leichter überhört, Schwächen leichter übersehen und Fehler leichter verstärkt. Der Umgang der Sowjets mit der Explosion des Reaktors in Tschernobyl war ein Beispiel. Die Ursachen für den «Diesel-Skandal» und zweifelsohne auch für den Betrug hinter dem Unternehmen «Wirecard» sind ein anderes. Und die Besessenheit der *incels*, einer Gruppe frauenfeindlicher, «unfreiwillig zölibatärer» Männer, ist ein besonders tragisches. Die Ausblendung und Einschüchterung von Kritik erschweren jede Kurskorrektur. Dabei speist sich die Identität der Gruppe aus der verengten und verzerrten Sicht auf die Realität und der Abgrenzung von anderen. Das erste nennt man *bias*, das zweite *othering*. Im Deutschen kennen wir den «Konformismus» – *conformity* – und den «Gruppenzwang» – *peer pressure* –, zwei Formen schädlicher Angepasstheit, die eine im Denken, die andere im Handeln. Nur beide zusammen decken die Bedeutung von *groupthink*. Für meinen Wortschatz ist dieser Anglizismus deshalb eine Bereicherung.

9. (life) hack – ein Kniff (der das Leben erleichtert)
Es ist nicht so, dass wir kein verlockendes deutsches Wort dafür hätten: Denn was ist es zum Beispiel, eine Bierflasche mit einem Feuerzeug zu öffnen? Ein «Kniff» natürlich, kein sonderlich raffinierter, aber ein ziemlich lässiger! Der «Duden» informiert über die Wortherkunft: «nach der betrügerischen Kennzeichnung

einer Spielkarte durch Einkneifen am Rand». Zugleich können wir den knackigen englischen *hack* nicht ignorieren, der sich langsam für die Weltbevölkerung als Kniff für das durchsetzt, was jeder sucht: einfache, Zeit und Geld sparende Lösungen für lästige Probleme im Leben. Suchen Sie einfach mal bei YouTube, und Sie können sich vor *hacks* nicht mehr retten! Vor allem in den USA, wo Selbstoptimierung das erste Lebensprinzip ist, sind *hacks* seit Langem Teil der Umgangssprache. Längst informiert darüber auch das *OED:* ‹*an inelegant yet effective solution to a computing problem; a workaround, a short cut, a modification*› – die effektive, wenn auch nicht perfekte Lösung eines Computerproblems; eine Notlösung, eine Abkürzung, ein Umbau. Damit mahnt uns *hack* auch, den analogen Alltag weiter zu optimieren. Je mehr damit das gesamte Leben angegangen wird, desto lieber ist von *life hack* die Rede. Ein Beispiel, das weltweit Nachahmer findet, liegt in deutschen Doppelbetten: zwei Decken statt einer, wie zumeist in Großbritannien. Ich kenne Paare, die behaupten, darin schlummere ein Kniff für eine lebenslange Beziehung.

10. *hangry, hangriness* – hungerswütend, Hungerswut
Immer wieder heißt es, Sprache präge das Denken und schaffe Realität. Dass es auch andersherum geht, dass nämlich Denken und Realität die Sprache formen, führen sogenannte Kofferwörter vor (von denen schon in dem Kapitel ‹*Baby, are you hangry?*› die Rede war). Sie beschreiben, was Sache ist und wofür der Wortschatz bis zu ihrer Prägung nichts hergegeben hat. Ein besonders schönes Beispiel im Deutschen ist der «Besserwessi». Auch für den übellaunig darbenden Gemütszustand gab es keinen Ausdruck, bevor *hungry* und *angry* zerlegt und neu zusammengeleimt wurden: zu *hangry*. Dieser Zustand kann in privaten Beziehungen zu Spannungen führen, wenn (aus meiner völlig subjektiven Sicht) Mütter, Töchter, Partnerinnen oder Schwiegermütter auf Nahrung warten müssen. Was die Not abmildern kann, ist Kompromissbereitschaft – *the willingness to compromise.* Diese bringen

flexitarians mit, also «flexible Vegetarier», die sich auch mal mit einem Stück Fleisch abspeisen lassen. Sie wurden 2014 ins *OED* aufgenommen, vier Jahre vor *hangry!*

11. *humblebragging* – gespielte Bescheidenheit

Wir haben den «Hochstapler» und wir haben den «Tiefstapler», aber einen deutschen «Hochtiefstapler» kenne ich noch nicht. Deshalb ist dieser Eintrag fällig. Es geht um eine bestimmte Masche, sich gegenüber den Mitmenschen zu verstellen, wenn man verstanden hat, dass plumpe Angeberei und «Flexen» (wie es in der denglischen Jugendsprache heißt) genauso wenig weiterhelfen im Leben wie totale Zurückhaltung und die sogenannte falsche Bescheidenheit. Ich muss bei *humblebragging* an die englischen *inverted snobs* mit ihrer *inverted snobbery* denken. Das sind zum Beispiel die Kleinen, die auf die Großen herabschauen, um sie dafür zu bemitleiden, dass sie sich überall den Kopf stoßen. Oder die Armen, die die Reichen für die enorme Last ihres Gelds bedauern. Es ist eine oft gespielte und übertriebene Herablassung derjenigen, die sich für benachteiligt halten. Umgekehrt ist die Sache viel schwieriger! Denn wie sollen die Großen über ihre Größe und die Reichen über ihren Reichtum sprechen, ohne furchtbar hochzustapeln? Die Antwort liegt im *humblebragging*, eine Verbindung der Wörter *humble* – «bescheiden», «demütig», «ärmlich» – und *to brag* – «angeben», «prahlen». Die Redaktion von ‹Merriam-Webster› beschreibt die Methode so: ‹*to make a seemingly modest, self-critical, or casual statement or reference that is meant to draw attention to one's admirable or impressive qualities or achievements*›. Die Reichen könnten also sagen, was Reiche ja tatsächlich gelegentlich sagen: «Mein Reichtum ist eine Last. Ich wäre lieber ärmer.» Im Alltag kann diese Haltung auf unterschiedlich subtile Art Ausdruck finden:

- «Wir hätten nie gedacht, dass Millionen Menschen unsere Produkte kaufen.»

- «Habt ihr den weiten Weg aus Japan wirklich nur für mich gemacht?»
- «Ein Rezensent meines Buches bedauert, dass ich nicht mehr über Boston schreibe. Ich glaube, das war Barack Obama.»

Wie unangenehm *humblebragging* sein kann, verdeutlicht das ‹Urban Dictionary› mit einem kleinen Dialog über ein Schlauchboot und eine Jacht:

> *Your inflatable inner-tube is way cooler than my 80-foot yacht.*
> *You get to be so much closer to the water and to nature. I envy you,*
> *I really do.*
> *Thanks, that means a lot. Another advantage of having an*
> *innertube is that I don't have to humblebrag all the time about*
> *having a yacht.*

12. lookism – Verachtung von Aussehen

«Wie scheiße siehst du denn aus?» Wer diese Frage als Zugang zum Gegenüber wählt, kann zwei Wege im Sinn haben: entweder durchs Hintertürchen der Ironie, das einlädt zum freundschaftlich-frechen Geplänkel, dem übermütigen englischen *banter*. Manchen Menschen macht es nun einmal Freude, sich gegenseitig mit Sticheleien à la «Ich sehe wenigstens nicht so scheiße aus wie du» zu überhäufen. Der zweite Weg führt durch die große Halle der Herablassung – und setzt die Geisteshaltung des *lookism* voraus, die das OED so beschreibt: ‹prejudice or discrimination on the grounds of appearance›. Jeder kennt sie, so oder so, aus der Schulzeit, und wahrscheinlich ist es sogar ein bisschen normal, wenn junge Menschen glauben, das Wesen, den Charakter und vor allem den Wert anderer am äußeren Erscheinungsbild ablesen zu können. Problematisch und krank ist es allerdings, wenn sie als Erwachsene immer noch davon ausgehen, während sie vermutlich eine Lebenszeit auf die Pflege ihres eigenen *image* verschwenden. David Crystal erklärt in ‹The Cambridge Encyclo-

pedia of the English Language, dass es die 1980er Jahre waren, in denen eine Reihe sogenannter *-isms* entstand, um menschliche Verhaltensweisen – *behaviour/behavior patterns* – begrifflich zu fassen, die auf hartnäckigen und handfesten Vorurteilen – *stereotypes* – basieren. Dazu zählen zum Beispiel *heightism, weightism* oder der bereits erläuterte *ageism*. Bis auf «Sexismus» – für *sexism* – kenne ich keine sinnvolle deutsche Übersetzung.

13. *lurking* – virtuelle Lauerstellung
«Auf der Mauer, auf der Lauer sitzt 'ne kleine Wanze ...» Was wir als Kinder sangen, macht ein Teil der Großen heute wirklich: Sie lauern, gewissermaßen auf der digitalen Mauer. Jedenfalls diejenigen, die sich mit «sozialen Medien» – *social media* – nicht anfreunden wollen und dort auch keine *friends* suchen. Lieber vermeiden sie, aktiv in Erscheinung zu treten und eine «Registrierung» – *sign up* – und jedesmal eine «Anmeldung» – *log-in* – in Kauf zu nehmen. Wollen sie trotzdem auf dem Laufenden sein, bleibt ihnen nur, sich in eine Art virtuelle Lauerstellung zu begeben. Das ist *lurking!* Entweder mit Decknamen oder ganz und gar ohne eigenes «Konto» oder «Alias». Dann sind sie quasi anonyme Besucher von Instagram, Facebook, TikTok, Twitter ... oder auch von erotischen und pornografischen Angeboten. Generell ist übrigens in der Netzsprache kaum noch von *accounts* die Rede. Man spricht vom «Griff»:

What's your Instagram/Twitter/Facebook handle?
I don't have one.

14. *meme* [*mihm*] – ansteckender Witz (oder anderer geistiger Inhalt), meistens im Netz
Als Richard Dawkins das Wörtchen *meme* erfand, dauerte es noch ungefähr 20 Jahre, bis das *Internet* zur mächtigen *Mainstream*-Maschine wurde. Es war im Jahr 1976 und im Buch ‹The Selfish Gene› – was soviel bedeutet wie «das Gen, das uns ichbezogen

macht». Lange vor Instagram, TikTok und der *iGen* (siehe *Zoomer*) erklärte der britische Soziologe, was schon seit der Renaissance im Zentrum der Aufmerksamkeit steht: das verdammte Ich. Das war umso interessanter, weil Dawkins Gott ablehnt wie der Teufel das Weihwasser und der Mensch für ihn die einzige schöpferische und sinnstiftende Kraft in dieser Welt ist – *humans are the only source of creation and of sense-making*. Sicherlich ist zutreffend, dass wir alles interpretieren und verstehen wollen, was wir sehen und hören. Weil wir davon nicht genug kriegen können, bringen wir immer mehr in Umlauf: Gedanken und Zitate, Zeichnungen und Modelle, Bilder und Filme, echte und gespielte Szenen, kurz: kulturelle Splitter, die sich durch Wiederholung und Nachahmung verbreiten und ins kollektive Gedächtnis einprägen. Dawkins sprach von «Einheiten kultureller Übertragung und Imitation» – ‹*units of cultural transmission or of imitation*›. Für die Nachahmung griff er zurück auf das altgriechische Wort *mimesis*, das manch einer mit einem Buch verbinden wird, das auch Albert Einstein begeistert haben soll: «Mimesis. Dargestellte Wirklichkeit in der abendländischen Literatur» von Erich Auerbach. Soweit der erste Wortbestandteil von *meme*. Und der zweite? Obwohl das Erzählen von Geschichten oder Witzen nichts mit biologischen «Genen» zu tun hat, eignete sich Richard Dawkins diese *genes* an wie ein Paar *Jeans*, jedenfalls aussprachemäßig. Offenbar wollte er seiner eigenen Vorstellung gerecht werden, dass eine Wortneuschöpfung gut klingen muss, um einprägsam zu sein. Aus *mimesis* ı *gene* formte er also *meme* und erklärte (ohne Witz!), dass es sich auf *cream* reimen müsse! Mittlerweile wissen wir schon alleine durch das Tempo und die Effizienz, mit der geistige Inhalte im Netz kursieren, dass *memes* viel mehr mit Viren gemein haben. Deshalb nennen wir sie auch «viral» – *viral* [*wairöl*]! Doch selbst wenn hier der Eintrag eines Anglizismus «mirus» viel angebrachter wäre – wahrscheinlich hätte der es nach Dawkins' eigenen Regeln nie so weit gebracht! Übrigens gab es im vordigitalen Zeitalter andere Anglizismen ähnlicher Bedeutung: «Insider» – *inside jokes* – oder *running gags* sind selbstverständlich auch *memes!*

15. nudging [*nadsching*] – gewaltfreies Drängeln
So platt und einfach wie in dem *sketch* der britischen Comedy-Truppe *Monty Python* ist die Sache nicht: ‹Nudge, nudge, wink, wink› lautet die *punchline*, die ein aufdringlicher Fremder einem zurückhaltenden Zeitgenossen in einem *pub* ins Ohr trommelt. Was denn von den Gerüchten zu halten sei, dass die Ehefrau des Befragten ein Flittchen sei – ‹she's a goer, say no more›. Wie man höre, sei auch der Befragte selbst nicht von schlechten Eltern – ‹you've made it, you have slept with a Lady›. Als der Herr mit Hut das bejaht, in der Hoffnung, die peinliche öffentliche Inquisition zu beenden, ist er längst in der Falle: ‹And, how is it?› Es spielt keine Rolle, dass wir die Antwort auf die letzte unverschämte Frage nie erfahren. Wir haben gelernt, dass *Nudge nudge* nicht bloß ein Spiel mit Anzüglichkeiten ist, sondern auch eine Kunst, andere in eine Richtung zu drängeln, die sie selbständig nicht eingeschlagen hätten. Diese Kunst beherrschen nicht nur *tricksters, fraudsters* oder *gangsters*, sondern auch Kinos oder Fluggesellschaften, wenn sie mit sozialer Ächtung drohen, sollten die Gäste nicht sofort ihre Telefone auf stumm schalten. Oder wenn sie in Form eines Eis-*dealers* oder *push trolley's* gewissermaßen routinemäßig einen *marshmallow test* für Erwachsene hinterherschieben. Auch hoch zivilisierte Momente wie Spendenaufrufe in geschlossenen Räumen, öffentliche Abstimmungen oder die Ansage von Eltern an ihre Kinder: «Du willst doch, dass dir Oma im nächsten Jahr wieder etwas schenkt, also schreib ihr einen Brief!», sind das, was *nudging* oder *nudge management* genannt wird. Man stupst andere Menschen an, beeinflusst und nötigt sie, ohne ihnen Verbote oder Gebote aufzuerlegen oder (auf eigene Kosten) mit einer Belohnung zu locken. Dass sich auch die hohe Politik und Beamtenschaft mit diesen Fragen beschäftigen, veranschaulicht das ‹Behavioural Insights Team›, das die britische Regierung

bereits 2010 gründete und das intern *Nudge Unit* genannt wird. Bleibt hier noch der *disclaimer,* denn unumstritten ist die Methode nicht. Sie kann gute und ehrliche Gründe haben: «Tragen Sie Masken/Kondome/Helme, um unerwünschte Folgen zu vermeiden!» Oder nicht: «Tretet aus der EU aus, um wieder *happy* zu sein!» Sie wissen, was ich meine. Ich will es mal so sagen: *Brexit meant nudging an entire country to leave with false promises/under false (AE) pretenses; (BE) pretences.*

16. *overtourism* – massenartiger Wohlstandstourismus
Diesen Anglizismus habe ich zum ersten Mal im Sommer 2021 gehört. Es war im deutschsprachigen Radio, und ich war nicht sofort überzeugt, sondern fragte mich: Ist das überhaupt Englisch – oder vielleicht ein denglischer Schnitzer? Tatsächlich ist *overtourism* angelehnt an das englische *overcrowding,* eine Überfüllung oder Überbelegung von Hotelbetten und Stränden genauso wie von Krankenhäusern oder Gefängniszellen. Das Chaos ist die Folge entweder von schlechter Planung oder von restlos erschöpften Kapazitäten. Genau dazu kommt es laut UNWTO, der Abteilung für Tourismus der Vereinten Nationen, immer häufiger an touristischen *hotspots* im US-amerikanischen Sinn (sehr populär), die sich langsam zu *hotspots* im britischen Sinn (unsicher bis gefährlich) entwickeln. Hat der «Massentourismus» in der zweiten Hälfte des 20. Jahrhunderts gigantische Ströme von Reisenden entstehen lassen und sie an Orte gebracht, die eigens für sie errichtet wurden (und die auf Deutsch abfällig «Bettenburgen» genannt werden), beschreibt *overtourism* die Überlastung von Orten, die nicht für den Massentourismus ausgelegt sind und hauptsächlich von Einheimischen bewohnt werden. Dadurch, so die UNWTO, litten die Substanz der Orte, die Lebensqualität der Bevölkerung und letztendlich auch die *tourists,* die sich nicht willkommen fühlen. Ursache dafür ist ausgerechnet der massiv angestiegene Individualtourismus, auch an kleinste und abgelegenste Flecken. Möglich gemacht haben es Billigflüge in alle Welt, ver-

fügbare Privatunterkünfte in aller Welt und nicht zuletzt die gestiegenen Vermögen junger Menschen. *Overtourism* ist also mehr als «Massentourismus». Er ist ein gar nicht organisierter, planloser und unplanbarer Wohlstandstourismus, der angesichts der Schäden, die er hinterlässt, auch Gedanken an einen «Wohlstandterrorismus» provoziert. Auf jeden Fall ist er eine Plage, für die wir wenigstens nicht auch noch ein deutsches Wort zu finden brauchen.

17. *raincheck* – verschoben ist nicht aufgehoben

Mein in New York lebender Bruder Stephan war es, von dem ich diesen sonderbaren Scheck zum ersten Mal erhalten habe, obwohl es gar nicht regnete. Er konnte (oder wollte) mich nicht treffen, sondern unsere Verabredung verschieben: «Raincheck!», sagte er auf Denglisch (weil wir miteinander Deutsch sprechen). Dass das vor mehr als zehn Jahren war, ist ein Hinweis, dass der Begriff wirklich nicht neu ist! Die erste Nennung in den Wörterbüchern reicht ins Jahr 1884 zurück. Damals bezog er sich noch wörtlich auf den Regen und zugleich ausschließlich auf *baseball:* Fiel ein Spiel nämlich ins Wasser, waren *rainchecks* die Garantie, an der Wiederholung des Spiels teilnehmen zu dürfen. Oder wie man bei ‹Merriam-Webster› erfährt: ‹a *ticket stub*› – ein Abriss – ‹*good for a later performance when the scheduled one is rained out*›. Seitdem hat sich der Scheck – zumeist in der US-amerikanischen Schreibweise *check,* nicht als britischer *cheque* – verselbständigt und versinnbildlicht: entweder für ein Produkt, das gegenwärtig nicht verfügbar ist – *shops and services give out rainchecks if their products aren't available.* Oder für Verabredungen. Dann sagt derjenige, der absagt: *I'll take a raincheck!* Ob es sich um eine bequeme Ausrede handelt, möchte ich hier nicht verallgemeinern. Über meinen Bruder kann ich sagen: *He rainchecked me, and we met later that week.*

18. *Transformer* – kreative Menschmaschine

Künstliche Intelligenz, kurz KI, ist in aller Munde und in allen Medien. Der absolut gleichbedeutende Anglizismus *artificial intelligence,* kurz: *AI,* ist hier keinen Eintrag wert. Umso mehr aber sind es die Einsatzmöglichkeiten der KI, die oft als grenzenlos dargestellt werden, was offenkundig eine Wunschvorstellung ist – *that's wishful thinking.* Ich kenne Leute, die der Entwicklung mit großer, ich möchte auch sagen, naiver Freude entgegensehen, weil sie hoffen, dass ihnen die KI neue Ideen, bessere Lösungen und mehr Einkommen beschert. Andere sind unterdessen sorgenvoll, weil sie eine Konkurrenz befürchten, die ihre Existenz bedroht. Dazu gehört nicht alleine das Personal in Fabriken oder von Paketlieferdiensten. Ich meine vielmehr auch Menschen, die ihren Lebensunterhalt mit geistiger Arbeit verdienen – *people who earn their living with intellectual work:* Sie programmieren Software, übersetzen Sprachen, dichten Fiktionen, komponieren Musik, oder sie schreiben Sachbücher wie ich. Was ihnen allen beschert worden ist, wird *machine learning* genannt. Es sind Algorithmen, die sich selbständig weiterentwickeln und eigenständig Unheimliches leisten. Sie schaffen Programme, Übersetzungen, Drehbücher und Gedichte, Kompositionen oder Sachtexte aller Art. Nachdem ich eine derartige Maschine ausprobieren konnte, bin ich beeindruckt von ihrem enormen Wissensspeicher sowie der Fähigkeit, ihr Wissen einzusetzen und mit einer gewissen Begabung zusammenhängend zu formulieren, egal ob auf Englisch, Deutsch oder in anderen Sprachen. Ihr Name: *Generative Pre-trained Transformer,* kurz: GPT-3. Es würde zu weit führen, wenn ich Ihnen hier die Technologie erklärte, die ich selbst kaum verstehe. In einfachen Worten haben wir es mit einem Supercomputer zu tun, den ich zwar nicht im menschlichen Sinn intelligent nennen würde, der aber imstande ist, auf Kommando Wahrscheinlichkeitsrechnungen anzustellen, wie Menschen eine Aufgabe lösen oder auf eine Frage reagieren würden. Mithilfe einer Datenmenge, die kein Mensch speichern könnte, ist das System trainiert, geistreich, intelligent und letztendlich durchdacht zu wirken und sich mit jedem neuen Kommando zu verbessern. Selbst wenn dieser *Transformer* keine neuen Erkenntnisse zu Tage fördert, kann er das Wissen der Menschheit auf unendliche Weise neu kombinieren. Es ist damit nur eine Frage der Zeit, bis er zur geschäftsmäßigen Produktion von kreativen Inhalten beiträgt und unsere geistige Arbeit infrage stellt. *Transformer* ist deshalb der Anglizismus, den ich mir besonders merken muss!

19. woke, wokeness [*uwhouk, uwhouknäss*] – wachsam, politisch korrekte Wachsamkeit

Kein Begriff auf diesen Seiten ist für mich ähnlich problematisch. Das liegt an der inneren Spannung aus absoluter Berechtigung und totaler Anmaßung, die er mit sich bringt. Abgeleitet vom Verb *to wake* und seiner Vergangenheitsform *woke*, erwachte schon in den 1960er Jahren der Slogan *Stay woke!* für die Forderung, wachsam gegenüber rassistischer Diskriminierung und Unterdrückung zu sein und sie nicht (weiter) zu übersehen. Galt er ursprünglich exklusiv den Anliegen der US-Bürgerrechtsbewegung, erweiterte sich mit der Zeit der Bezugsrahmen auf prinzipiell alle, die sich als Minderheit und Opfer betrachten. Je mehr Menschen sich angesprochen und betroffen fühlten, desto mehr wandelte sich das Gebot der Wachsamkeit in ein Verbot von sozialer Schläfrigkeit und Unachtsamkeit. Zunehmend wurden Regeln für sozial und politisch korrektes Verhalten und eine entsprechende Sprache formuliert, postuliert und diktiert. Wer sich daran nicht hält, wird durch *shaming* öffentlich angeprangert oder von der *cancel culture* gar boykottiert, geächtet und aus bestimmten Kreisen oder *social networks* verbannt, ungeachtet dessen, dass auch das freie Wort und die Presse- und Meinungsfreiheit stets progressive Anliegen waren! Ohne Zweifel ist es eine große Errungenschaft, dass viele Vertreter demokratisch gewählter Regierungen inzwischen eine nie dagewesene Vielfalt repräsentieren. Doch ob jene aktivistische Gesinnung, die *wokeness* ge-

nannt wird, regieren sollte, wenn sie ihren Auftrag in einer Form
von Zensur und Umerziehung versteht – mit dieser Frage müssen
wir uns wohl in Zukunft beschäftigen.

20. Zoomer [*suhma*] – Menschen, die ungefähr zwischen 1995 und
2010 auf die Welt kamen
Jede Generation hat ihre besonderen Erfahrungen, Einstellungen
und Eigenschaften: drei E's, die englischsprachige *social scientists*
und *market researchers* gerne auf einen Nenner bringen, um nicht
zu sagen: gnadenlos vereinfachen! Galt die krisen- und kriegsge-
plagte Generation meiner Großeltern als still und passiv – *the Silent Generation* –, hatten meine Eltern als *Baby Boomers* den Ruf
weg, laut und fordernd zu sein. Ich darf mich zur ersten Kohorte
zählen, die ein einziger Buchstabe beschreibt: *Generation X*. Die
Bezeichnung soll von dem Kulturhistoriker Paul Fussell stammen, der in seinem Buch ‹*Class*› eine «Kategorie X» von jungen
Menschen beschrieben hatte, die vom sozialen Karussell älterer
Generationen abspringen und auf neuen Wegen ihr Glück suchen. Konnte das «X» also als lebensprägende Unbekannte verstanden werden, wurden folgenden Generationen nur noch kryp-
tische Platzhalter ohne tiefere Bedeutung zugeschrieben: *GenY*
und *GenZ*. Durchgesetzt haben sich unterdessen die Bezeichnungen *Millennials* und *Zoomers*. Beide gelten als vielseitig, problem-
bewusst und nicht selten als verletzlich, weshalb junge *Millennials*
auch den Spitznamen *Snowflake (Generation)* tragen. Beiden Generationen wird außerdem ein toleranter und humaner Umgang
mit ethnischer, religiöser und sexueller Vielfalt attestiert. Darüber
hinaus sind sie die ersten *digital natives* der Menschheit, *Zoomers*
sogar meist ohne Beziehung zu analogen Technologien und Medien. Wegen ihrer oft ausschließlichen Nutzung mobiler Geräte
werden sie auch *iGen* genannt. So selbsterklärend der Begriff *Mil-
lennial* ist, so erklärungsbedürftig erscheint *Zoomer*, das sich nicht
etwa von dem Videokonferenzdienst Zoom ableitet. Die Bezeichnung ist als Wortspiel, als sprachliche Kreuzung aus *(Baby) Boomer*

und *GenZ* entstanden: *Zoomers,* auch *Generation Greta* genannt, protestieren unüberhörbar gegen die Schäden in Natur und Gesellschaft, die sie geerbt haben. Dabei entpuppen sie sich als selbstbewusste Aktivisten in eigener Sache, die mit dem Bewusstsein leben, eine Generation von Verlierern zu sein und zugleich reich an Erkenntnis, oft auch an materiellem Erbe. Bleibt die Frage, wer ihnen nachfolgt. So viel ist klar: Die nächste, vollständig im 21. Jahrhundert geborene Generation steht für einen Neuanfang: *Generation Alpha!*

Rudolf Eyestones Erben

Verschwurbeltes Englisch hat beim «Spiegel» Tradition

Erinnern Sie sich noch an den fetten Skandal, den der deutsche Reporter Claas Relotius mit seiner Art von Journalismus verursacht hat? Jahrelang war er für die Recherche außergewöhnlicher Fakten gelobt worden. Doch im Dezember 2018 musste sein Hauptabnehmer, die Redaktion des Magazins «Der Spiegel», plötzlich feststellen, dass er vieles frei erfunden hatte.

Während sich der Staub langsam legte, den der *fake* Journalismus von Relotius auch mit Fantasiegeschichten aus der Wüste in Nordamerika aufgewirbelt hatte, erinnerte ich mich daran, dass ein bestimmter Erfindergeist in der Redaktion des «Hamburger Nachrichtenmagazins» eine lange Tradition hat. Er hat sogar vor unserer Lieblingsfremdsprache Englisch nicht Halt gemacht! Oder glauben Sie im Ernst, dass Helmut Kohl jemals zu Margaret Thatcher oder irgendeinem amerikanischen Präsidenten «You can say you to me» gesagt hat? Oder Bundespräsident Heinrich Lübke zur Queen: «Equal goes it loose»?

Selbst wenn es für sich genommen legendäre Satzleichen sind, konnten sie als Zitate niemals belegt werden. Im Fall von Lübke ist sogar überliefert, dass Ernst Goyke, ein Korrespondent des «Spiegel» in Bonn, dem Bundespräsidenten die verrücktesten Worte in den Mund gelegt hat. Gut möglich, dass auch der Begrüßungssatz «Liebe Damen und Herren, liebe N****» dazu zählte, der Lübke seit einem Besuch in Liberia 1962 nachhing und der bis heute mit seinem Namen verbunden wird. Das zweite Staatsoberhaupt der Bonner Republik galt allgemein als etwas begriffsstutzig – *he was considered to be slow on the uptake.* Deshalb war er in Journalistenkreisen irgendwann zum Abschuss freigegeben – *journalists went to town on him.*

Laut der Zeitschrift «konkret» sollen mehrere (der damals ausschließlich männlichen) Redakteure des «Spiegel» sogar Leserbriefe mit angeblichen Aussagen Lübkes fingiert haben. Das versicherte Hermann Gremliza, der ab 1966 als Journalist für das Magazin arbeitete und von 1974 bis zu seinem Tod 2019 Herausgeber von «konkret» war. Der Humbug «Equal goes it loose», den man im 21. Jahrhundert als *fake* bezeichnen würde, stammt aus einer «Spiegel»-Titelgeschichte über Lübke im März 1968. Die Aufklärung dieser, man darf sagen, Titellügengeschichte erfolgte 16 Jahre später in einem Nebensatz: Die Redaktion Goykes tat die eigene Erfindung schlicht als eine «Bonner Fama» ab.

Aus heutiger Sicht verblüfft es mich zunächst, so unverhohlen zu erfahren, dass es rund 50 Jahre vor Claas Relotius schon eine Neigung zur journalistischen Dichtung gab. Bemerkenswert sind zugleich der frühe Hang und die spürbare Faszination für absichtlich falsches Englisch.

Ich kenne diese Freude, seitdem ich als Denglischer Patient Kolumnen und Bücher über unseren Umgang mit der englischen Sprache schreibe (und das auch drei Jahre lang in einer Kolumne *Fluent English* für spiegel.de). Genau genommen warte ich insgeheim darauf, dass das politische Spitzenpersonal danebenhaut und Sätze vom Stapel lässt, die zu peinlich sind, um wahr zu sein. Vielleicht ein «Nothing for ungood» zur Queen. Ein «I wish you what» zu Joe Biden. Oder «You can me mal» zu Wladimir Putin. Bisher hat mich nur EU-Kommissar Günther Oettinger reichlich versorgt, zum Beispiel mit seinem Satz «I say it free from the liver».

Solche Satzkonstruktionen stehen in einer Tradition, die wir in Deutschland wahlweise «Lübke-Englisch» oder seit Otto Waalkes auch «English für Runaways» nennen. Eine weitere Bezeichnung (die mir am besten gefällt) ist «Filserenglisch». Diesem Genre hat die «Süddeutsche Zeitung» über viele Jahre eine Kolumne in Form von Briefen gewidmet, an der sich das Spitzenpersonal der Republik tatsächlich beteiligte. Lothar Späth, Ministerpräsident von Baden-Württemberg, nannte sich 1989 «Lothar Late». Und Richard von Weizsäcker glänzte im selben Jahr als amtierender sechster Bundespräsident mit der Sentenz: «I know what I am worth since Queen Elizabeth has presented me to her royal horses. But what too much is is too much ...» Unterschrieben hat er den Quatsch mit «Higheightingsfull your Federal Richard».

Lübke- oder Filserenglisch ist eine Fantasiesprache, die wie Englisch klingt, aber im Kern Deutsch ist. Walter Scheel, ebenfalls ein Nachfolger Lübkes im Bundespräsidialamt, soll 1968 während einer *party* zu einer Sängerin gesagt haben: «Ich werde Ihnen jetzt in Lübke-Englisch zuprosten: ‹Upon the women›!» Aufgeschrieben hat es wieder, Überraschung!, der «Spiegel».

Albernheiten dieser Art kann man selbstredend auch in die umgekehrte Richtung fabrizieren. Wir alle kennen das, wenn Mitmenschen seltsame Sätze von sich geben wie:

«Hilf Dir selbst!»
«Am Ende des Tages bin ich fein.»
«Brauchst Du eine Hand?»
«Fühl dich frei, dir einen Keks zu nehmen.»
«Fair genug!»

Das klingt wie Deutsch, ist aber im Kern Englisch. Die Ursache dafür ist kein humoristischer Reflex, sondern eine verbreitete Krankheit, die ich «Anglizitis» nenne und im zweiten Band meiner «Devil»-Buchreihe ausführlich erklärt habe. Sprachwissenschaftler haben für das Leiden einen anderen Ausdruck: Sie sprechen vom «Abrieb» oder der «Attrition» der Sprachkompetenz. Sie führe dazu, dass wir auch in unserer Muttersprache anfangen,

Begriffe und Redewendungen zu erfinden, weil wir zu faul seien, englische Ausdrücke, die uns irgendwie praktisch und passend erscheinen, ins Deutsche zu übertragen.

Auch die «Spiegel»-Redaktion leidet an Anglizitis. Das ist schon alleine deshalb bemerkenswert, weil das Magazin in seiner Geschichte mit vorbildlicher Resistenz gegen die Krankheit aufgefallen ist. Es war Anfang der 1970er Jahre, als Redakteure den sperrigen, kaum verständlichen, aber trotzdem allgemein verbreiteten Anglizismus «Nonproliferationsvertrag» – *non-proliferation treaty* – in den verständlichen und viel schöneren «Atomwaffensperrvertrag» übertrugen. Nicht viel erinnert an diese kreative Leistung und wortaufklärerische Tradition, wenn die Redaktion heute zum Beispiel von «klandestinen» – *clandestine* – statt «geheimen» Angriffen oder Aktionen berichtet, die *coastline* nicht mehr mit «Küste» übersetzt, sondern wortwörtlich mit «Küstenlinie», oder wenn *thunderstorm* kein «Gewitter» mehr ist, sondern ein «Donnersturm». Und weil es gerade schon stürmt: Ein perfektes Beispiel für die Anglizitis lieferte die große Aufklärungsgeschichte um Claas Relotius in der Weihnachtsausgabe 2019 des «Spiegel». Das Drama im eigenen Haus wurde mehrfach als «perfekter Sturm» bezeichnet – ein ungemütlicher Ausdruck, der nicht nur durch die Redaktion in Hamburg, sondern auch schon durch viele andere Medien gezogen ist.

Gemeint ist mit der englischen Wendung *perfect storm* eine «Verkettung unglücklicher Umstände». Wer sie unbedingt mit einem drastischen Anglizismus bezeichnen möchte, könnte auch *clusterfuck* sagen. Zugegeben: Das wäre vulgär und für ein seriöses Nachrichtenmagazin wahrscheinlich zu salopp. Andererseits stammt der Ausdruck aus der Militärsprache und wird im *OED* so erklärt: ‹*A bungled or botched undertaking*› – ein verpfuschtes oder stümperhaftes Unterfangen; ‹*(also) a situation, state of affairs, or gathering (esp. a military operation) that is disorganized or chaotic*›. Wenn ich das lese, hätte ich den Begriff unbedingt in der Sache Relotius empfohlen. Solange niemand auf die Idee kommt oder

der Versuchung erliegt, daraus «Clusterfick», «Gruppenfick» oder gar «Rudelbumsen» zu machen. Spätestens dann würde auffallen, wie fortgeschritten die Anglizitis ist und dass das alles mindestens so begriffsstutzig klingt wie Heinrich Lübkes Patzer und der ganze Quatsch, der ihm einst von Rudolf Eyestone & Co., der Kameradschaft des Magazingründers Rudolf Augstein, in den Mund gelegt worden ist.

**To shoot or
not to shoot**

**Wann stellen unsere Medien
ihre Massenschießereien ein?**

In der ‹*Financial Times*› entdeckte ich vor einiger Zeit ein Foto, das mich als Denglischen Patienten wieder einmal auf die Probe stellte. Es zeigte einen Polizisten hinter einer Absperrung, und darunter stand: ‹*A policeman stands at the scene of a Midtown shooting in New York City.*› In meinem Kopf wiederholte ich «Shooting» und ließ meine Gedanken fliegen.

Da ich mich gerade in einem Flugzeug – *on a plane* – in die USA befand, spielte ich vor meinem inneren Auge noch einmal den Film ab, den ich im Februar 2016 in Manhattan selbst erlebt hatte: Eines frühen Morgens war ich aus meinem Hotel auf der Madison Avenue gestolpert, ohne zu bemerken, dass sich vor meiner Nase die Schiebetüren eines schwarzen *van* öffneten. Heraus kam ein Mann gesprungen, mit dem ich kurz und heftig zusammenstieß. Es war Benedict Cumberbatch in seinem *Avenger*-Kostüm – *he was in his full Dr Stephen Strange gear!* Wäre es ein Fußballspiel gewesen, hätte einer von uns für den Rempler mindestens die gelbe Karte bekommen. Mit wehendem Umhang war *Dr Strange* schon entwichen, als mir auffiel, dass die Straße abgesperrt war und auf der nächsten Kreuzung Kameras und allerlei technisches Zeug aufgebaut waren, Kameraleute, verkleidete Menschen, *policemen* und *policewomen* herumstanden und Schaulustige durch

Absperrungen ferngehalten wurden – *onlookers were cordoned off*. Ich stand noch immer vor dem Hotel. Gut möglich, dass ich mich in jenem Trancezustand befand, nach dem *fans* süchtig sind, wenn sie ihren *stars* durch die halbe Welt hinterherreisen. Auch möglich, dass mein Mund offen stand, als mir ein Mann so lange auf die Schulter klopfte, bis ich kapierte, dass ich im Weg war und gehen sollte …

Und wieder hatte ich an das Falsche gedacht! Denn selbstverständlich sind mit dem englischen Substantiv *shooting* niemals Dreharbeiten gemeint, sondern immer «Schießereien», meistens in der Öffentlichkeit. Wie höllisch gefährlich sie in den USA sind, weiß ich auch von meinem Bruder, der in Brooklyn lebt. Gegenüber seiner Wohnung wurde 2018 ein Mann versehentlich von einer Kugel getroffen: *a ricochet [rikouschei] shot* – ein Querschläger! Freunde in Kalifornien erzählen mir, dass sie trotz ihres sonnigen Lebens Angst haben, auch eines Tages getroffen zu werden. Ich nenne es das Gegenteil von einem Standortvorteil, ganz gleich, wie gut die Arbeitsbedingungen bei Google & Co. sind!

Niemand kann sagen, wie sich dieses massive Problem der amerikanischen Gesellschaft beseitigen lässt. Zu verbreitet ist der Waffenbesitz, zu stark der Einfluss der Leute, die als «die Waffenlobby» bezeichnet werden, zu dreist die Methoden, mit denen die Mordgeräte zwischen Lifestyle und einer Lebensnotwendigkeit angepriesen werden. Auch in Europa ist die Masche längst angekommen, wenn ich nur an eine Boutique der italienischen Waffenfabrik Beretta in London denke. Das Produktversprechen ähnelt einer Einladung zum englischen *picknick*, das Motto ist sinngemäß «Schicker schießen». Auch ich bin schon zu fröhlichen *shootings* eingeladen worden: Hinrichtungswochenenden, bloß dass nicht Menschen abgeschlachtet werden, sondern haufenweise Federvieh. Am Ende werden die toten Tiere weggeschmissen, weil niemand so viele Rebhühner – *partridges* –, Wildenten – *mallards* – oder Fasane – *pheasants* – essen kann. Es ist das Vergnügen einer Oberschicht, ein Spagat aus Gewaltverherrlichung und Hedonismus, der sich nur mit Scheinheiligkeit und Ignoranz ertragen lässt: Ballern kann ja so unheimlichen Spaß machen! Wer sich dumm stellt, dem tut's vielleicht nie weh.

Das führt mich zurück zu den deutschsprachigen Medienmenschen, die auch etwas verblödet wirken, wenn sie «Shootings» planen und generalstabsmäßig durchführen. Es ist ein typischer Scheinanglizismus, dessen Schrecklichkeit für meinen Geschmack nur noch von einem beliebten Terminus technicus des deutschen Steuerrechts überboten wird: dem «Ehegattensplitting»! Solange deutschsprachige Medien- und Eheleute unter sich bleiben, sind solche Begriffe harmlos. Umso mehr kann sich ein sprachlicher Amoklauf entfesseln, wenn sie in die große weite Welt ziehen. Im Fall der «Shootings» reagieren Amerikaner oft verstört, Briten lässig und wie immer: ironisch. Zum Beispiel Daniel, ein Produzent von Werbefilmen aus London, der sagt: «Ich hab mich daran gewöhnt, dass uns deutsche Auftraggeber in Gewaltakte verwickeln wollen. Am Ende bin ich heilfroh, wenn es keine Toten gibt» – ‹I have got used to our German clients committing and inciting acts of violence. There's always a reason to cheer if it ends without casualities!›

Scheinenglisch sind übrigens auch die «Shootingstars», die deutschsprachige Medien mit einer gewissen Regelmäßigkeit abschießen. Übersetzt sind es «Sternschnuppen», und gemeint sind «Senkrechtstarter», also Menschen, die nach relativ kurzer Zeit sehr erfolgreich sind. Während niemand auf die Idee käme, *jump jet* oder gar *vertical take-off aircraft* zu sagen, wird «Shootingstar» relativ häufig «gelauncht», was zu allem Überfluss gerne wie «geloungt» ausgesprochen wird und dadurch klingt, als würde man ein halbes Wohnzimmer in die Luft befördern. Tatsächlich sind unsere «Shootingstars» im Englischen *high-flyers, whiz kids* oder *up-and-comers*. Auch von *overnight success* ist die Rede. Verglüht der Erfolg rasch wieder, kann man auch vom *one hit wonder* sprechen – ein schöner Begriff, für den wir die ebenso schöne «Eintagsfliege» kennen.

Überhaupt fällt auf, dass im deutschsprachigen Film und Fernsehen sehr viel *English made in Germany* zum Einsatz kommt. Und damit meine ich längst nicht nur den «Telefonjoker», den ich ja auch sehr mag! Hier sieben weitere Beispiele:

1. Man sendet «Casting Shows» – statt *talent shows.*
2. Man produziert «Trickfilme» – statt *animated cartoons/films.*
3. Man spielt «Playback» – statt *lip sync(hronisation)* oder *miming.*
4. Man lässt den «Off-Sprecher» oder die «Off-Stimme» ran – statt *offspeaker* oder *offvoice.*
5. Man benutzt den «Teleprompter» – statt *the autocue.*
6. Man speichert Videos in der «Mediathek» – statt in der *(media) library.*
7. Und übt sich schließlich im «Zappen» – statt *channel hopping/ surfing/swapping.*

Dabei hat das Pseudoenglisch in deutschen Medien eine lange Tradition: Seit beinahe 100 Jahren sehnen wir hartnäckig das «Happy End» herbei, obwohl es auf Englisch immer *happy ending* heißt. Zwei andere alte Klassiker sind der «Quizmaster» und der «Showmaster». Will man die beiden Brüder einem englischsprachigen Publikum vorstellen, muss man sie als *quiz show host* und *talk show host* bezeichnen. In neuerer Zeit hat sich das «Testimonial» hinzugesellt, womit in unmissverständlichem Englisch allerdings eine «Empfehlung» gemeint ist, nie diejenigen, die etwas empfehlen. Davon abgesehen klingt *testimonial* von London bis Los Angeles ziemlich altbacken und großspurig, weshalb man in Werbungen von *endorsement* spricht. Die Person dahinter wird *endorser* genannt oder ‹someone who endorses something›.

Was nun unsere Massenschießereien betrifft, bin ich überzeugt, dass es viel leichter wäre, die «Baby Shootings», «Family Shootings» oder «Model Shootings» im deutschsprachigen Alltag zu eliminieren, als das Waffenproblem der USA zu lösen. Wer seinen Säugling fotografieren lassen will oder gleich die ganze

Familie, braucht nur vom «Fototermin» oder vom «Baby-» oder «Familienfoto» zu sprechen. Dasselbe gilt für alles, was mit *models* und überhaupt mit Werbung und *marketing* zu tun hat. Und wenn es unbedingt Englisch sein soll, dann ist es eben ein *photo shoot*. Ganz richtig, da steht ein «Schuss». Aber eben nicht *shooting!*

Sollte man Sätze hören wie «Last year, we had a shooting in New York», kann man daran nichts mehr ändern. Klappe zu, Affe tot – *end of story!* Wird der Anschlag hingegen angekündigt, sollten wir ihn unbedingt vereiteln. In solchen Momenten ist es völlig *okay*, das deutsche Schießkommando zu korrigieren: *We'll have/there will be a photo shoot next week.* Oder mit Verb, und dann sogar mit *shooting: We will be shooting in Manhattan.*

In New York könnte so wenigstens die Sprachpolizei endgültig abziehen.

**Souverän
geht anders**

Wer sich nach Einfluss und Gelassenheit sehnt,
muss ein Wort vermeiden: *sovereign!*

Manchmal verlangt das Leben die Extraportion Selbstsicherheit
und Geschick, Kontrolle und Überlegenheit: bei Verhandlungen,
in Wettkämpfen oder auf der Bühne. Läuft alles bestens, heißt es
im Rückblick: «Souverän verhandelt!», «Souverän gesiegt!», «Souverän
vorgetragen» oder flott denglisch «Souverän performt!»

Wer anderen (oder sich selbst) die Bestnote geben möchte,
liegt mit dem Attribut «souverän» immer richtig, jedenfalls in
unserer Muttersprache. Ein «souveräner Auftritt» ist das, wonach
wir uns sehnen, wenn wir die Aufmerksamkeit auf uns ziehen,
sei es um eine Rede zu halten, ein Kunststück vorzuführen oder
um Kindern Rätschläge zu geben und Vorbild zu sein. Es ist die
Art von Autorität, die Menschen an den Tag legen, wenn sie das
richtige Maß an Wissen und Erfahrung, Gelassenheit und Unabhängigkeit,
Einfluss und wohl auch Einfühlungsvermögen besitzen.
Diese Mischung erzeugt Respekt und nicht selten einen
natürlichen Herrschaftsanspruch, solange «Autorität» nicht mit
Rechthaberei, Überheblichkeit, Sturheit oder Machtgier verwechselt
wird. Während im Englischen hilfreich zwischen *authoritative*
und *authoritarian* unterschieden wird, kennen wir bloß «autoritär»
im zweiten Sinn. Für die erste Bedeutung dient uns
«souverän».

Wer in diese Kategorie fällt, weiß, dass es sich auch auszahlen kann, absichtlich nichts zu sagen, also «souverän zu schweigen», zum Beispiel wenn einem die Kenntnis fehlt. Gerade im Umgang mit unserer Lieblingsfremdsprache Englisch fällt mir das immer wieder auf. So hätte ich an Stelle des schwäbischen Politikers Günther Oettinger viel häufiger geschwiegen. Oder ich hätte mich als *comedian from Swabia* verkauft. Das hätte mit Sicherheit einen besseren Eindruck hinterlassen, als die Menschen mit einer gewissen Regelmäßigkeit als todernster EU-Kommissar mit todernsten Denglischshows zu erheitern. Wie oft hat sich Oettinger bemüht, staatsmännisch zu wirken und souverän zu bleiben. Bedauerlicherweise ist er daran nicht nur mit der englischen Aussprache eines Grundschülers gescheitert, sondern auch mit pauschaler Publikumsbeschimpfung. Gegen die Vorwürfe, sich und die englische Sprache der Lächerlichkeit preiszugeben, erwiderte er: «Nur Deutsche denken, wir brauchen perfektes Oxford-Englisch, wie es Shakespeare hatte.» Dabei war die erste Annahme («Nur Deutsche denken») unhaltbar, die zweite (es gebe «perfektes Oxford-Englisch») unzutreffend und die dritte (*Shakespearean English = Oxford English*) schlicht unsinnig. Oder um es mit einem englischen Wort auszudrücken, das Shakespeare noch nicht kannte, weil es erst zu Beginn des 20. Jahrhunderts aufkam: *bullshit!* Shakespeare hätte Oettingers aus der Luft gegriffene Behauptungen möglicherweise *skimble skamble stuff* genannt.

Souverän geht wirklich anders!

Doch wir müssen auch ehrlich sein. Und ich schließe mich mal wieder ein. Selbst wenn ich nicht wie Oettinger an der Aussprache von *activities, executive* oder *philosophy* scheitere, habe ich als Denglischer Patient auch schon den Eindruck hinterlassen, ich hätte keinen Schimmer, wovon ich rede. Es sind die Momente, in denen wir englische Sätze von uns geben, die uns selbst sinnvoll erscheinen, obwohl sie in Wahrheit komplett sinnfrei sind.

Vor allem Bildungsbürgerinnen und -bürger sind häufig mit diesem Problem konfrontiert. Menschen, die sich selbst vielleicht für «Koryphäen» halten und viel Wert legen auf das eigene «Renommee» (und das anderer Leute). Einige solcher hochgestochenen Wörter funktionieren auf Englisch, so wie die «Substanz», um die man stets bemüht ist – *the substance of your words*. Andere Wörter funktionieren gar nicht, zum Beispiel das gern bemühte «Niveau», das man sich (oder ebenfalls anderen) attestiert, zum Beispiel mit Blick auf die Sprachkenntnisse – *the level of your English*. Oder die Voraussetzungen auf dem Heiratsmarkt. Sie wissen schon: «Singles mit Niveau» – *singles with class!*

Das Problem sind Wörter, die uns in der deutschen Sprache als «Fremdwörter» geläufig sind. Wir schätzen und pflegen sie, weil sie der sprachlichen Distinktion dienen. An anderer Stelle habe ich sie schon als «Superfalse friends» bezeichnet und ausführlicher erklärt (siehe das Kapitel «Let's not talk tacheles» im zweiten Band meiner Buchreihe «The devil lies in the detail»). Sie sind das Nonplusultra denglischer Patzer – *the ultimate pitfalls!* Wie zum Beispiel «eklatant» und «Manko» oder gleich beides zusammen: «eklatant manko!» Das habe ich schon einen deutschen Botschafter in London sagen hören, und er hieß nicht Oettinger! Verständlich wäre vielleicht *a major shortcoming* oder *an outstanding disadvantage*. Und die schon erwähnte «Koryphäe» ist *an expert or a pundit or perhaps a person who is preeminent in her/his field*, während das «Renommee» als *reputation* oder *renown* an uns haftet. Oder auch als *kudos* – ein Wort altgriechischer Herkunft, das wir wiederum nicht kennen. Um zu ermessen, wie unsere superfalschen Freunde klingen, braucht man sich nur einen Briten vorzustellen, der zu Herrn Oettinger sagt: «Ihre Aussprache ist nicht gut für Ihr Kudos.»

Damit komme ich zurück zum Wort «souverän», das in eine dritte Kategorie fällt: Wörter, die auf Englisch mal funktionieren (selten) und mal überhaupt nicht (meistens). Souverän fasse ich mir dabei an die eigene Nase, denn ich habe es auch schon versucht. Nach der mittelmäßigen Moderation einer Konferenz bemerkte ich gegenüber meinen Kollegen irgendetwas wie: «That wasn't very sovereign.» Oder: «I need to be more sovereign next time!»

Was die Kollegen verstanden haben? Schwer zu sagen.

- Dass ich eine britische Goldmünze mit dem Gegenwert von einem Pfund sein möchte? Sie wird *sovereign* genannt, seitdem sie 1489 zum ersten Mal im Auftrag des Königs geprägt wurde.
- Dass ich ein großer bunter Schmetterling von der Art sein möchte, die als *sovereign* bezeichnet wird?
- Dass ich eine Champagnerflasche sein möchte, die 25 Liter fasst und *Sovereign* heißt?
- Dass ich einflussreicher als alle anderen Menschen werden möchte: ein Herrscher mit uneingeschränkter, absoluter Macht und einer Krone auf dem Kopf?

Es konnte kein Zweifel bestehen, dass keiner der Punkte zutraf. Offenkundig hatte ich totalen Unsinn geschwätzt – *I had blathered total nonsense!* Dümmer hätte sich Günther Oettinger auch nicht anstellen können – *skimble skamble stuff!*

Mittlerweile weiß ich, dass nur sehr wenige Menschen in der *Anglosphere* eine Vorstellung davon haben, was wir mit dem Attribut «souverän» sagen wollen und was «Souveränität» in einem persönlichen oder beruflichen Zusammenhang bedeuten soll. Das liegt daran, dass *sovereignty* ausschließlich staatsrechtliche Bedeutung hat, die sich mit «Hoheitsgewalt», «Oberhoheit» oder «höchste Staatsgewalt» übersetzen lässt. Der umstrittene Staatsrechtler Carl Schmitt hatte 1928 eine andere Definition, die später den Nazis zugute kam: «Souverän ist, wer über den Ausnahmezustand entscheidet.»

In einer Monarchie kann Souveränität nur der einen Person zugeschrieben werden, die an der Spitze steht. So wie zum Redaktionsschluss dieses Buchs seit beinahe 70 Jahren Königin Elizabeth II – *the Queen!* Man spricht auch vom «Souverän» – *the sovereign.* Im Vereinigten Königreich als einer konstitutionellen Monarchie wurden die souveränen Vorrechte seit dem 17. Jahrhundert schrittweise an das demokratisch gewählte Parlament und an die Regierung übertragen. In einer Republik wie Deutschland bildet hingegen das gesamte Volk den «Souverän». Das ist ein abstrakter Gedanke, der auf dem Gebäude des Reichtags in Berlin in Stein gemeißelt steht: «Dem Deutschen Volke» … nur falls Sie das mal bei «Wer wird Millionär?» oder in einer anderen Fragerunde wissen müssen.

Dass die englischen Begriffe *sovereign* [*sawrin*] und *sovereignty* [*sawrinti*] in den vergangenen Jahren im Vereinigten Königreich sichtbarer und populärer geworden sind, ist auf den Austritt des Landes aus der Europäischen Union zurückzuführen. Laut forderten die britischen *Leavers*, die für den *Brexit* gestimmt hatten: *to regain sovereignty!* Rein staatsrechtlich betrachtet war das *bullshit*, weil die Regierung der Königin niemals ihre Oberhoheit verloren hatte, sie hatte sie während der britischen Mitgliedschaft in der EU bloß auf andere Weise verpachtet.

Darüber hinaus konnte auch die *Brexit*-Kampagne nicht dazu beitragen, den allgemeinen englischen Sprachgebrauch «souveräner» zu machen. Egal ob Sie also das nächste Mal mit britischen *Leavers* oder *Remainers* sprechen: Wenn Sie souverän auftreten wollen, sollten Sie eine treffende Übersetzung kennen. Deshalb habe ich die besten Varianten für Sie notiert:

- «Ein souveräner Sieg» – *a commanding victory.*
- «Er hat es souverän gemacht» – *he did it masterfully/he mastered it (clearly, brilliantly, etc.).*
- «Sie macht es gewohnt souverän» – *she does it with her usual aplomb.* Wie bei *bomb* oder *comb* wird das *b* in *aplomb* nicht gesprochen: [*aplam*] (mehr Aussprachetipps finden Sie im Kapitel ‹I don't want your buddy wash!›).
- «Er ist eine souveräne Persönlichkeit» – *he is a (self-)confident/ authoritative character/person/personality.*

- «Wir haben die (volle) Souveränität im Projekt» – *we have (full) control over the project.*
- «Günther hat souverän geschwiegen» – *he remained silent deliberately/he retained a conscience silence.*

«Let's become concrete!»

Konkrete Tipps zum Umgang mit dem Verb *to become*

Kennen Sie das älteste deutsch-englische Problem? Es steckt in den gemeinsamen germanischen Wurzeln und tritt immer dann zutage, wenn unsere deutsche Muttersprache englische Wortbedeutungen diktieren will, die es entweder nicht mehr gibt oder nie gab. Ein Paradebeispiel dafür ist *to become*. Obwohl es denselben Ursprung hat wie unser «bekommen», ist es auf den britischen Inseln im Laufe von rund 1500 Jahren nie als Ausdruck dafür verstanden worden, dass jemand Besitz von einem Ding, einer Krankheit oder gar einem Menschen ergreift, dafür aber von Eigenschaften, guten wie schlechten.

Es wäre deshalb totaler Humbug zu sagen: «My friend becomes a baby», jedenfalls dann, wenn die Freundin (oder der Freund) nicht das Schicksal von Benjamin Button teilt. Vielleicht erinnern Sie sich an die Kurzgeschichte des US-amerikanischen Schriftstellers F. Scott Fitzgerald ‹The curious Case of Benjamin Button›, die vor wenigen Jahren mit Brad Pitt verfilmt wurde. Der Mann kommt als Greis zur Welt und wird tatsächlich langsam zum Baby – *he is born as an old man and becomes a baby by the end of his life!*

Unter den ganz normalen Bedingungen unserer Existenz entbehren selbstverständlich auch die folgenden Sätze jeden Sinn:

«Can I become a steak?»

«We become five beers!»

«The steak and the beer do not become me.»

Nun will ich hier nicht behaupten, dass es noch häufig zu solchen wortwörtlichen Übertragungen des deutschen «bekommen» ins Englische kommt, im Gegenteil! Gäbe es ein Robert-Koch-Institut für Sprache, könnte es melden, dass Denglische Patientinnen und Patienten eine Resistenz gegen das germanische *become*-Virus entwickelt haben.

Allerdings nehme ich eine Reihe Folgeerkrankungen wahr. Sie ergeben sich direkt aus unserer Immunität, und mit ihnen sollten wir uns einmal genauer beschäftigen.

Eine Gruppe von Menschen ist noch auf der Suche nach einem verständlichen Ersatz für «become». Sie sagen zum Beispiel «My friend receives a baby», «She gets a baby» oder «She has a baby». Letzteres wäre nach einer geglückten Geburt immerhin zutreffend. Wer allerdings sagen möchte, dass die Freundin gegenwärtig, also geraaaade in diesem unbestimmt langen Moment ihr Baby bekommt, sollte den folgenden Satz gebären: *My friend is having a baby.* Er ist auch ein Paradebeispiel für die typisch englische Zeitform *present progressive*.

Übrigens funktioniert der Kniff mit *having* auch bei Tisch: *I am having a steak* oder *We are having five beers!* Es geht sogar ohne dass man etwas bestellt: *I am having lunch* (in diesem Moment).

Größere Schwierigkeiten bereitet unterdessen die Bekömmlichkeit, jedenfalls sprachlich. Wie soll man es nämlich ausdrücken, wenn einem das Essen nicht bekommt? Tatsächlich klingt die im Englischen gängige Antwort ungewöhnlich, so ungewöhnlich gar, dass man annehmen möchte, das unbekömmliche Essen hätte direkt nach der Ankunft im Magen ein bockiges Eigenleben entwickelt: *The food doesn't agree with me.*

Darüber hinaus gibt es eine andere Gruppe von Menschen, die aus einem weiteren Grund mit *to become* hadern. Offenbar wurde ihnen so erfolgreich eingeimpft, dass Lebewesen und Dinge, die ihren Zustand verändern, zu etwas «werden» und «werden» nun einmal *become* wird, dass dieser Transformationsprozess in ihrem Sprachzentrum vor nichts mehr halt macht, nicht einmal davor, sich selbst in einen Betonkopf zu verwandeln: «Let's become concrete!» Selbst wenn sie *concrete* nicht auf der ersten Silbe betonen, was daraus den «Beton» macht, würde den Satz niemand sagen, der mit der englischen Sprache aufgewachsen ist.

Lassen Sie uns deshalb konkret werden – *let's get down to business and learn how to use ‹to become› correctly.* Dafür muss man zunächst wissen, dass es mindestens sechs weitere englische Verben gibt, die das ausdrücken, was unser «werden» ist, also Wandel oder Veränderung – *they describe changes and transformation.* Sie sind *to become* in vielen Situationen vorzuziehen und werden in der Umgangssprache häufiger verwendet:

1. *to come* – vor allem, wenn sich etwas bewahrheitet: *to come true*
2. *to grow* – meistens längere Entwicklungen: *to grow old/er, to grow weak/er, to grow rich, to grow together as a couple*
3. *to fall* – meistens plötzliche Entwicklungen: *to fall ill, to fall asleep*
4. *to turn* – um das Ergebnis einer schnelleren Entwicklung zu beschreiben: *to turn red as a tomato, to turn pink, to turn into gas/profit/stone, to turn 40, etc.* Tritt die Veränderung in einem bestimmten Moment ein, sagt man: *He is turning red, into something etc.*
5. *to get* – um das Ergebnis einer längeren Entwicklung zu beschreiben: *to get angry, to get better, to get tired, to get hired, to get fired, to get cheaper, to get smaller, bigger etc.* Wieder gilt: Tritt die Veränderung in einem bestimmten Moment ein, heißt es: *He is getting angry, smaller, bigger etc.*
6. *to go* – um den Prozess einer längeren Entwicklung zu beschreiben: *to go vegan.* Oft zu einem gewissen Nachteil: *to go*

*astray, to go bad, to go crazy, to go bananas, to go ballistic, to go
down the drain, to go bankrupt, to go bust, to go red in the face.*
Hält der Prozess an, sagt man auch hier: *He's going commando* –
er hat gerade keine Unterwäsche an.

Im denglischen Marketing ist *to go* wie schon erwähnt für eine
bestimmte Stimmungsmache besonders beliebt: «Bahn goes
green». Legendär war der Versuch im Jahr 1988, das Image der
Sohlenmarke Bama zu entmuffen: «Bama goes Drama» ... «but it
went totally into the trouser» – *it completely failed.* Oder passend:
It went awry [oˈrai]!

Und apropos «rot werden», was ja bei solchen sprachlichen
Verwirrungen leicht passieren kann: Während «become red» einfach nicht existiert, kann es in diversen Varianten, mit ‹to turn›, ‹to
get›, ‹to go›, ausgedrückt werden.

Idiomatisch besonders elegant ist es, vollständig auf Konstruktionen mit den genannten «Hilfsverben» zu verzichten:

- *He reddens.*
- *She blushes; she's blushing; she makes/is making me blush.*
  Man sagt es bei Scham und Verlegenheit, aber nicht als
  medizinischen Befund.
- *They flush; their faces flush/are flushing (red).* Man verwendet es
  wie *to blush* sowie in medizinischen Zusammenhängen.
  Achtung! *To flush* darf nicht mit *to flash* verwechselt werden –
  *it must not be confused with the activity of people who expose
  themselves nakedly in front of others and who are called ‹flashers›.*
  Das sind Menschen, die sich vor anderen entblößen.

(Darf ich an dieser Stelle rasch fragen, ob Sie aus meinen Ausfüh-
rungen schlau werden? *Does that altogether make any sense (to
you)?* Will man hingegen aus einer Person schlau werden, sagt
man: *I am trying to make sense of/make out that person.*)
Bei aller gebotenen Vorsicht muss gerade an diesem Punkt

betont werden, dass auch das Verb *to become* sehr hilfreich und sogar unerlässlich sein kann, um die Entfaltung essentieller menschlicher Wesenszüge (Qualitäten wie Unarten) zu beschreiben. Das illustrieren die zahlreichen Ausstellungen, die den Lebenswerken berühmter Künstlerinnen und Künstler gewidmet waren: ‹*Becoming Picasso*› in New York, ‹*Becoming Rembrandt*› in Frankfurt am Main, ‹*Becoming Feininger*› in Quedlinburg oder ‹*Becoming Frida*› in Amsterdam.

Im Unterschied zu *to turn, to get* oder *to go* kennzeichnet *to become* tiefergehende und wahrscheinlich endgültige Entwicklungen, die man deshalb auch treffend mit *getting to be* umschreiben kann: *Germans are getting to be more and more eco-minded, Britons are getting to be less Germanophobe* – deutschen-/deutschlandfeindlich. Es können Fortschritte oder Rückschritte sein, die sich nicht zufällig ereignen und keinen Schritt zurück zulassen, gewissermaßen Entwicklungen hin zu einem neuen Status quo – *the new normal:* wenn Menschen einen Beruf erlernen und ergreifen, wenn die Welt komplexer, die Probleme relevanter, ein Wandel unausweichlich, E-Mobilität verbreiteter, ein Thema langweiliger oder die Geschichte zur Last wird – *when people become professionals, the world becomes more complex, e-mobility becomes more common, the issues become more relevant, change becomes inevitable, the subject matter becomes boring and history becomes burdensome.* Wenn wir Freunde werden – *when we become friends.* Oder wenn wir auf Englisch (oder in irgendeiner anderen fremden Sprache) endlich flüssig sprechen – *when we become fluent.* Und immer gilt: *The better one's English, the more difficult it becomes!*

Besonders interessant wird es, wenn man an den Punkt kommt, an dem man sich sagen lassen muss, was einem nicht gut zu Gesicht steht. Zum Beispiel wenn ein Sprachkritiker immer penibler wird: *Peter, the scrupulousness doesn't become you!* Er könnte dann trotzig entgegnen: *Nor does your laziness and lack of attention!* In ähnlicher Weise lässt sich über viele andere (schlechte wie gute) Eigenschaften oder Moden urteilen: *The anger does not become her.*

But the patience becomes him. Oder: *The dress is unbecoming and so is biting fingernails.*

Es gibt also doch eine lexikalische Restnähe von *to become* zur deutschen «Bekömmlichkeit». Ich musste daran denken, als ich im April 2021 vom Tod des ewigen deutsch-britischen Prinzen Philip Windsor-Mountbatten Schleswig-Holstein-Sonderburg-Glücksburg erfuhr. Gegenüber der Deutschen Presse-Agentur hatte er im Jahr 1988 über sein Leben nach dem Tod spekuliert: ‹*In the event that I am reincarnated, I would like to return as a deadly virus, to contribute something to solving overpopulation.*› Dieser Satz war total sarkastisch. Sollte der alte Philip tatsächlich in der Form eines hässlichen Virus auf die Welt zurückkehren, wäre es völlig okay, ihm zu sagen, dass ihm der Aufzug gar nicht steht: *Your sarcasm no longer becomes you!*

The trouble with BILD

Ein deutsch-englisches *interview*, das (mal wieder) in die Hose ging

Als Korrespondent für unsere Lieblingsfremdsprache bereitet es mir immer wieder beste Laune, wenn ich von anderen Menschen auf englische Begriffe gestoßen werde, die ich noch nicht kenne – *picking up new English terms puts me in a buoyant mood.* Zum Beispiel das soeben erwähnte Wort *buoyant*, das denselben Ursprung hat wie eine «Boje» – *the buoy.* Wörtlich bedeutet es «(oben) schwimmend» und im übertragenen Sinn «heiter», «lebensfroh» und «beschwingt». Lutz, ein befreundeter Journalist, erwähnte es vor ungefähr 20 Jahren beiläufig in der Berliner S-Bahn – *he mentioned it in passing.* Er selbst kann sich daran wahrscheinlich nicht mehr erinnern.

Tatsächlich freue ich mich besonders, wenn Medienmenschen sich nicht bloß mit Schulenglisch durchwurschteln – *if they do not only muddle through with their English from school* –, sondern etwas mehr Sprachgefühl an den Tag legen. Warum? Weil ich ihren Texten, Sendungen und überhaupt ihrem Beruf eine ähnlich große Bedeutung für die Sprachvermittlung beimesse wie Schulen und Universitäten.

Das gilt auch für Julian Reichelt, den Chefredakteur der «BILD»-Zeitung. Auch er hat schon meinen englischen Wortschatz bereichert, und zwar im Juli 2020, als die englische Zeitung ‹The Guardian› in einem langen Artikel über das Selbstverständnis der «BILD»-Redaktion berichtete. Unter der Überschrift ‹Bild, Merkel and the Culture Wars› wurde der Chef mit den Worten zitiert, man habe Israel und die USA stets «bis an die Grenzen des Möglichen» unterstützt: ‹We backed Israel to the hilt, which you can hardly say for the international left. We backed the USA to the hilt, which the student protesters didn't want.›

To the hilt?

Obwohl ich diese Darstellung der Solidarität für übertrieben halte (ich kann mir nicht vorstellen, dass sich ein freies Unternehmen wie der Axel Springer Verlag auf eine bedingungslose Treue gegenüber irgendeinem Staat einlässt), gefiel mir der kraftvolle englische Ausdruck to the hilt. Ich hatte ihn noch nie gehört und erlebte wieder einen jener kurzen Glücksmomente.

Als ich allerdings einige Monate später noch einmal im digitalen Archiv des ‹Guardian› danach suchte, wurde ich nicht mehr fündig. Die Stelle war nur noch in der gesprochenen Version zu hören, also im podcast. Im schriftlichen Text war to the hilt durch drei Pünktchen ersetzt worden: ‹We backed Israel … We backed the USA …› Ich war verblüfft, weil niemand solche Platzhalter (aus)sprechen kann. Nicht einmal Julian Reichelt, der zu vielem fähig ist, was an einer anderen Stelle im Text mit einem Kampfpiloten verglichen wurde, dem es gelingt, Champagner ins Cockpit zu schmuggeln.

Ich musste an einige andere Aussagen des Chefredakteurs denken, die mir zwar nicht gefallen hatten, die aber nicht weniger kraftvoll und, wenn man die damalige politische Großwetterlage bedenkt, auch nicht minder mutig waren. Bundeskanzlerin Angela Merkel sei «durch und durch mittelmäßig», weder besonders witzig noch clever, und sie halte nur ihr Fähnchen in den politischen Wind: ‹Take Merkel. Here you have this completely mediocre mind, and the press has created this elaborate mythology around her. That she's some sort of savage wit in private, which is not true, by the way, and that she's fantastically clever, which is not true either. She's just capable of identifying the direction of prevailing winds.›

Auch dieses Zitat war verschwunden. Im ‹Guardian› stand nun: ‹Reichelt gave the example of Merkel, around whom he said the press had created an «elaborate mythology» that she has such natural wit and is extremely clever, whereas her skill lay in identifying the direction of the prevailing winds.›

Ich überlegte, was «Ungereimtheiten» auf Englisch bedeutet, schließlich war der Text plötzlich voll davon – the interview was full of inconsistencies. Ich kramte in meinem Vokabelspeicher nach einer passenden Übersetzung für unser «Geschmäckle», und als ich nichts finden konnte, rief ich meinen Telefonjoker an:

Dodgy dealings?
Joe: *Perhaps.*
A whiff of machination and manipulation?
Joe: *Yeah, probably!*
Something iffy?
Joe: *Definitely!*

Unweigerlich musste ich an ein Thema denken, das zwischen englischsprachigen *journalists* und deutschsprachigen *interviewees* schon häufiger zu Spannungen geführt hat – und das einem leicht jede Heiterkeit nehmen kann, weil es tatsächlich Züge eines *culture war* besitzt. Ich spreche von einem großen handwerklichen Unterschied, nämlich der Art, wie bei uns *interviews* geführt werden und wie etwa in den USA oder in Großbritannien.

Während Journalistinnen und Journalisten hierzulande nach ihren Gesprächen oft zur Freigabe der Zitate noch einmal zu ihren Gesprächspartnerinnen und -partnern rennen und nicht selten mit Änderungen zurückkriechen, wird diese «Autorisierung» von britischen oder US-amerikanischen *colleagues* prinzipiell abgelehnt – *to the hilt* gewissermaßen! Über diesen Unterschied ist schon viel geklagt und geschrieben worden.

Schon im Jahr 2001 verblüffte es mich, dass in Deutschland journalistische Methoden gelten, die bei genauerer Betrachtung nicht dem Ansehen eines freien Landes gerecht werden, das zwei Diktaturen überwunden hat. Immer wieder kommt es vor, dass namhafte Menschen ihre Gesprächsaussagen nachträglich verändern oder sogar vollständig zurückziehen. John Hooper, ein früherer Korrespondent des ‹Guardian› in Berlin, sagte mir: «Was von Journalisten in Deutschland verlangt wird, ist nur mit Diktaturen vergleichbar.» Und Bela Anda, der zwischen 2002 und 2005 Sprecher der Bundesregierung war und später, bis 2015, stellvertretender Chefredakteur der «BILD»-Zeitung, bestätigte mir, dass man auf höchster Ebene nicht von einer nachträglichen Autorisierung von Interviews ausgehe, jedenfalls nicht dann, wenn sie von britischen und US-amerikanischen Journalisten geführt werden.

Das war kompliziert formuliert, aber in der Sache klar: Es gibt in Deutschland einen Zwei-Klassen-Journalismus. Wer deutsch spricht, muss autorisieren lassen, wer Englisch spricht, nicht. Die Voraussetzung für die zweite Methode sind freilich wasserdichte Notizen und noch viel besser: verständliche Tonaufnahmen.

Was war nun in dem geschilderten Fall zwischen ‹Guardian› und «BILD» geschehen? Auf meine Nachfrage per Mail hin bemühte sich der Autor des ‹Guardian› um eine Erklärung: ‹There was some dispute on Bild's end about a few statements in the piece, which made it necessary for the Guardian to independently review my notes from the conversations.› Es soll bei «BILD» also Meinungsverschiedenheiten über einige Zitate gegeben haben, die eine unabhängige Prüfung der Notizen erforderlich gemacht hätten. Außerdem erklärte der Journalist, man habe mal Deutsch, mal Englisch gesprochen, und womöglich habe er den Chefredakteur too loosely zitiert – zu locker. Also ungenau!

Aus der ‹Guardian›-Redaktion bekam ich eine kurze und knappe Mail: ‹With regards to your questions, we don't have anything to add further to the footnote at the bottom of the article› – «wir haben der Fußnote unter dem Artikel nichts hinzuzufügen.» Dort steht: ‹This article was amended ... to correct some mistranscriptions in respect of

comments made by Julian Reichelt regarding a Bild interview with
Friedrich Merz; the power of the newspaper; and Bild's backing for
Israel and the US government. It was also amended in respect of
remarks made about press «mythology» surrounding Angela Merkel.›
Kurz und knapp: «Dieser Artikel wurde geändert, um fehlerhafte
Abschriften zu korrigieren.»

Mistranscriptions? Dieses englische Wort gefiel mir gar nicht,
meine bojenartige Stimmung über ein paar neu gelernte englische Wörter stürzte rasch ab. Schließlich klingen «fehlerhafte Abschriften» wie das, was wir landläufig auch «BILD-Methoden»
nennen.

Ob sich der Chefredakteur von «BILD» bloß starke Worte
zurechtgelegt hatte oder ob sie ihm in den Mund gelegt worden sind – wir werden es niemals erfahren. So oder so ist der
‹Guardian› an «BILD» und an seinem eigenen Versprechen gescheitert: *Millions rely on the Guardian for independent journalism*
that stands for truth and integrity. Schon aus Respekt vor der groß-
artigen englischsprachigen Interviewtradition kann ich nur an
ein einziges englisches Wort denken, das gerade in Mode ist:
Cancel!

Die Redaktion des ‹Guardian› sollte den gesamten Text über
«BILD» löschen und es, bitte!, mit einem funktionierenden Auf-
nahmegerät und einer oder einem gewissenhaften *journalist* noch
einmal versuchen. Schließlich sind es solche Geschichten mit einer anderen, kritischen und unbeirrbaren Sicht aus der englischsprachigen Welt, die für unsere Demokratie von Nutzen sein können, zum Beispiel wenn sie vorführen, wie Journalismus ohne die
Autorisierungspraxis funktioniert. Ohne die erforderliche Profes-
sionalität sind solche Lektionen allerdings nutzlos – *without the*
necessary professional standards any such lesson renders useless and
falls flat like an empty buoy.

The art of
Schweinkram

**Wann sind unsere dreckigen Ausrutscher harmlos
und wann nicht?**

Neulich bekam ich eine Einladung, die mich aus dem Halbschlaf riss, in den ich falle, wenn ich stundenlang am Bildschirm arbeite. Ich konnte nicht glauben, was da in einer Mail vor mir stand: «Exklusives WIX Online-Meetup»! Auch ein *Q&A – Question and Answer*, also eine Frage-und-Antwort-Runde – mit dem «Head of Wix International Growth» wurde angeboten. Geiler Titel, dachte ich, aber leider total ungeeignet für einen ernsthaften Einsatz im deutschen Sprachraum.

Nichts deutete auf *spam* – ein Anglizismus, der übersetzt «Würzfleisch aus der Dose» bedeutet und für *Spiced Pork And haM* steht. Nachdem ich die Einladung durchgelesen hatte, war ich ganz sicher: Ich hatte keine Aufforderung zur kollektiven Telemasturbation erhalten, sondern nur den unschuldigen Versuch eines israelischen *startup* namens Wix. Man wollte mich als Kunden gewinnen, damit ich lerne, mir eine neue Website zu wixen, *sorry:* zu bauen.

Zugleich war ich dankbar. Schließlich kann mir «Wix» als gutes Beispiel für den Mist dienen, den wir manchmal bauen, wenn wir andere Menschen arglos und über Sprachgrenzen hinweg mit Wörtern bewerfen, ohne ausreichend zu überlegen, was die Empfängerinnen und Empfänger falsch verstehen (und peinlich ignorieren) könnten. Und wo ich gerade von «Mist» und *mist* schreibe, was im Englischen kein «Kot», sondern der manchmal auch romantisch verklärte «Nebel» ist: Über den Autohersteller Rolls Royce wird erzählt, er habe in den 1960er Jahren ein Modell namens *Silver Mist* geplant – das schließlich mit dem glasklaren Blick auf den deutschsprachigen Markt *Silver Shadow* genannt wurde. Diese Voraussicht ist nicht selbstverständlich: In einem Berliner Schaufenster entdeckte ich das Parfüm *Mega Mist*. Der Name ist beinahe so unvorteilhaft wie der Name der schwedischen Kosmetikmarke *Acne*, eine Abkürzung für *Ambition to Create Novel Expressions* – also auch eine Art ambitionierter Mist.

In solchen Momenten muss ich an einen Kollegen denken, der früher beim Mitteldeutschen Rundfunk in Leipzig für das Fernsehmagazin «Fakt» arbeitete. Im Ausland sei ihm das, wie er mir einmal gebeichtet hat, furchtbar peinlich gewesen, weil «Fakt» nun einmal klingt wie *fucked*. Tatsächlich möchte man nicht wissen, was sich Menschen am anderen Ende einer Telefonleitung vorstellen, wenn sie den (irgendwie notwendigen) Vorstellungssatz hören: «I work for a German television show called Fakt ...»

In Zeiten, die stark von *marketing* und dem dafür bemühten Jargon – auf Englisch: *marketing speak* – geprägt sind, kommt es immer wieder zu Missverständnissen, die alle Bemühungen zunichte machen können. Erinnern Sie sich an den Mitsubishi «Pajero»? Das Auto fuhr einst in Spanien als «Wichser» vor. Oder an den Mazda «Laputa», der in der spanischsprachigen Welt ebenfalls nicht willkommen war, weil er «die Hure» bedeutete? Auch Audi erntete Spott: für sein Modell «e-tron», das in Frankreich wie «Kothaufen» klingt. Und um auf unsere Lieblingsfremdsprache zurückzukommen: VW verblüffte die Welt mit dem abgefahrenen Modellnamen «Black up!», weil er wie eine Aufforderung klang, sich das Gesicht schwarz zu bemalen wie in rassistischen *blackface* oder *minstrel shows*.

Dabei bin ich mir bewusst, dass Missverständnisse ein natürliches Resultat jeder Kommunikation sind, vor allem zwischen unterschiedlichen Kulturen und Sprachen. Außerdem sind Patzer stets verzeihlich, wenn sie mutwillig falsch verstanden werden statt nachlässig verursacht worden zu sein. Dass dem manchmal pure Albernheit, um nicht zu sagen pubertäre Anarchie, zugrunde liegt, erkenne ich an jenen englischsprachigen *colleagues,* die sich kringeln, wenn sie «Siemens» hören, und unbedingt *semen* hören wollen: eine Samenflüssigkeit. Oder wenn sie beim Nachnamen «Baerbock» an *bareback* denken, was traditionell das Reiten ohne Sattel beschreibt und heutzutage auch Sex ohne Verhütung bedeutet, vor allem unter Männern. Andere haben zwanghaft das männliche Geschlecht vor Augen, wenn sie «Willy» hören. Einmal musste ich während eines Abendessens einen britischen Diplomaten ertragen, der nicht nur neben mir saß, sondern auch irgendwie neben sich selbst: Den ganzen Abend lang witzelte er über den Berliner Flughafen, nicht etwa wegen der peinlichen Entstehungsgeschichte, sondern wegen des Namens: «Willy Brandt» … als wäre es eine Kondommarke – *the Willy brand.*

Zugleich frage ich mich selbst, warum die deutsche Firma Ille einen Toilettenpapierspender in alle Welt exportiert, der ausgerechnet «Big Willy» heißt. Auf gut Englisch ist das ein «großer Schniedel». Eine Insiderin gab mir den Tipp: «Weil der Firmengründer das witzig findet.» Er heißt Wilhelm Blatz. *Big Willy* höchstpersönlich!

Eine andere mutwillige Anzüglichkeit – *made in Germany* – kennen wir von der Supermarktkette mit dem (d)englischen Namen «Penny». Ihr Klopapier heißt «Happy End», was schon für sich genommen Denglisch ist, weil sich das Glück in der englischsprachigen Welt auf -*ing* einstellt: *happy ending.* Doch egal ob «End» oder «Ending» – was soll das überhaupt bedeuten? Will Penny den Kundinnen und Kunden im Ernst ein gutes Gelingen auf dem Klo wünschen? Es fällt mir noch immer schwer zu glauben, dass man sich bemüht, die Menschen mit dieser Art von, ich möchte sagen, Fäkalhumor einzuwickeln … und dass es funktioniert!

Daneben poppen immer wieder Produkte hoch, die unfreiwillig zu zotigen Missverständnissen einladen. Etwa die wurmförmige Lakritze, die ich selbst gerne kaue und die «Spunk» heißt – was im Englischen «Sperma» bedeutet, also tatsächlich *semen!* Oder die «Top Ass»-Quartett-Kartenspiele aus Altenburg. Gemeint ist kein «Superhintern» oder ein «Oberarsch», sondern das Ass, das man vielleicht im Ärmel hat – *the ace up one's sleeve.*

Unterdessen halte ich es für ein unverantwortliches sprachliches Wagnis, dass sich auch die deutsche Versicherungsbranche arschig gibt. Sie wartet zum Beispiel mit einer Fahrradversicherung auf, die «Bike Ass» heißt. Ich kann mir nicht helfen und stelle mir Ärsche vor: auf Fahrradsatteln ... Für einen Denglischen Patienten wie mich ist das mal wieder eine Gelegenheit zum *reality check.* Man darf sich fragen, wer krank ist: man selbst mit den eigenen dreckigen Vorstellungen oder diejenigen, die den Anlass dazu geben? Andererseits: Warum sollten nur *English teacher* oder ein Kolumnist wie ich mit sprachlichen Tücken und Zweideutigkeiten sowie ihrer Aufklärung Geld verdienen und nicht auch diejenigen, die sich das alles absichtlich ausdenken? Allerdings tun die Versicherungsexperten so, als wüssten sie von nichts – *they feign ignorance!* Schließlich sei «Ass» nichts anderes als die Abkürzung von «Assekuranz». Ass so! Wenn das kein Grund ist, das «führende Fachmagazin für Assekuranz, Kapitalanlagen, Finanzierung und Immobilien» mit dem Namen «Ass compact» herauszugeben!

Andere Beispiele, die kräftig nach hinten losgehen, habe ich schon in meinem Bilderbuch «Lost in Trainstation – wir versteh'n nur Bahnhof» abgebildet: etwa die «Damen Bootie(s)», die in manchen Kaufhäusern in Deutschland oder der Schweiz feilgeboten werden. Was wie weibliche Popos klingt, sollen «Boots» für Damen sein, also Stiefel. Ein anderer Knaller ist die «Pink Box», die vor einigen Jahren im deutschen Medienkonzern Bertelsmann kreiert wurde. Dahinter verbirgt sich eine Kiste mit Kosmetikprodukten, die man und vor allem frau regelmäßig im Abo beziehen können. Dass die Box heute nur noch in Deutschland und Österreich angeboten wird, mag daran liegen, dass die Chancen auf ein seriöses Geschäft im englischsprachigen Raum von Anfang an schlecht standen. Schließlich kann, nein, muss!, die pinke Box dort als vulgäre Beschreibung für das weibliche Geschlecht aufgefasst werden!

Im Unterschied zur wertfreien «Mehr-» oder «Doppeldeutigkeit», die englisch als *double meaning* oder *ambiguity* bezeichnet wird, begreifen wir sexuelle Anspielungen als «zweideutig». Dafür hat das Englische (einmal mehr) eine französische Beschreibung: *double entendre*. Ich möchte Ihnen ein sehr altes deutschenglisches Beispiel verraten. Es erklärt nicht nur den fabelhaften Zusammenhang zwischen dem Storch und den Babys – *the fictitious connection between storks and babies* –, sondern verdeutlicht auch die Verwandtschaft unserer Sprachen. Ich habe es aus David Crystals großartigem Standardwerk ‹The Cambridge Encyclopedia of the English Language›. Ein «Storch» hatte im Mittelhochdeutschen die Bedeutungen «Stock», «Angel», «Rute». Und «Penis»! Crystal zitiert eine medizinische Abhandlung aus dem 15. Jahrhundert, in der vom «Mannes Storche» die Rede ist. Nachdem auch der Vogel mit der stocksteifen Haltung und dem langen Schnabel den Spitznamen «Storch» erhalten hatte, war der volkstümliche Doppelsinn geboren. Er hat sich bis in den *slang* der Gegenwart gehalten: Während der Storch im Englischen *stork* heißt, wird in den USA *to stork* auch als «schwängern» verstanden.

Wie schon erwähnt werden solche eindeutigen sexuellen Anspielungen auch als *sexual innuendo* oder einfach *innuendo* bezeichnet. Literatur und Popkultur sind reich und voll davon. Man kann sagen, dass sich die Gesellschaft seit Jahrhunderten darüber amüsiert und ärgert, und vor allem daran gewöhnt hat, nicht zuletzt die englischsprachige!

Bewusst geäußerte *innuendos* sind *smut* – unser «Schweinkram»: *lewd, saucy* und nicht selten *inappropriate* und *offensive*, also «anzüglich», «unflätig», «unangemessen» und «beleidigend». Oder ganz einfach *smutty*. Oder auch *filthy*. Entgleitet einem der Schmutz ohne Absicht, sind es *clangers, gaffes, blunders, faux pas* oder *howlers* – «Ausrutscher», «Patzer», «Fettnäpfchen», «Stilblüten», «Fauxpax» und lustige bis grobe «Schnitzer». Mit ihrer Hilfe hat man sehr leicht Schwierigkeiten, ernstgenommen zu werden.

Dass es wieder einmal so weit ist, erkenne ich als Denglischer Patient immer dann, wenn ich plötzlich schräge Blicke auf mich ziehe. Hier vier typische Entgleisungen, die im privaten oder beruflichen Gespräch schnell mal unfreiwillig passieren:

1. mit dem unvorsichtig geäußerten englischen Wort *lust*, das immer triebgesteuert klingt, wie ein körperliches, meist sexuelles Verlangen. Um nicht als Lustmolch dazustehen, sagt man: *I feel like doing ..., I fancy something/doing ..., I am up for something/doing ...*

2. wenn wir um eine «gratification» bitten, obwohl ein *bonus (payment)* gemeint ist. Auch das klingt nach Lust auf körperliche Befriedigung und nicht wie der Wunsch nach einer seriösen Sonderzahlung. Sexuelle Gratifikationen werden im saloppen Englisch auch als *benefits* bezeichnet: *He/she is a friend with benefits.*

3. wenn wir unsere «fantasy» zum Ausdruck bringen und etwa «in my fantasy ...» sagen, was auf eine äußerst leidenschaftliche Vorstellung, ein irres Hirngespinst oder eine sexuelle Fantasie schließen lässt, nicht auf eine berechtigte und konstruktive Vorstellung. Stattdessen sollte man *I imagine/in my imagination ...* sagen.

4. wenn wir lässig die Frage aus der Hüfte schießen: «Do you want to fuck me?» Das klingt nicht nur wie eine plumpe Einladung zum Sex, sondern ist es auch! Dabei fühlen wir uns in Wahrheit nur verschaukelt. Die gängige (und trotzdem ziemlich unflätige) Redewendung für diese Situation ist: *to fuck with someone.* Wer sich nicht ernst genommen fühlt und dafür

nicht auch noch einen guten Grund liefern möchte, fragt also: *Are you fucking with me?*

Namenspatron für den wohl größten Klassiker obszöner deutsch-englischer Sprachverwirrungen ist übrigens der arme Philosoph Immanuel Kant. Das liegt an der phonetischen Nähe seines Namens zum englischen Kraftausdruck *cunt*: ein *four-letter word* und die größte Beleidigung, die sich viele Menschen überhaupt vorstellen können. Wenn ich auf Instagram oder Facebook sehe, wie junge Leute aus der *Anglosphere* mit erwartungsvoller Miene und aufreizenden Blicken neben dem deutschen Straßenschild «Kantstraße» posieren, denke ich mir, dass eine «Kant Box» womöglich genau das ist, worauf sie warten: ein Versanddienst für Bücher, Texte und andere schöne Dinge voller dreckiger Anspielungen!

Wer sich konzentriert, verliert!

Verben auf «-ieren», die im Englischen (etwas) anders funktionieren

Irgendwo in unserem Sprachzentrum haben wir einen Sensor, der meldet, was geht und was nicht. Fällt er aus, leuchten keine Lämpchen und heulen keine Sirenen. Die Warnung steckt alleine in dem Unsinn, den wir achtlos artikulieren – *it's the nonsense that we blather. While it might go unnoticed by us it sets off an alarm among native English speakers.* Zum Beispiel wenn wir diese fünf Sätze fabrizieren:

1. «I would like to revenge me for the invitation» – um sich für eine Einladung (oder einen anderen Gefallen) «zu revanchieren».
2. «Concentrate yourself!» – um jemanden aufzufordern, «sich zu konzentrieren».
3. «I don't like that self inscenation» – um darauf hinzuweisen, dass «sich jemand inszeniert».
4. «Peter dramatises everything» – um Peters Hang zur Dramatisierung zu thematisieren. Und weil ich schon dabei bin:
5. «I want to thematise ...» – der perfekte Einstieg ins Thema dieses Kapitels!

Erkennen Sie das Problem, den «Haken» – *the catch* –, die «Crux» – *the crux of the matter* – und den springenden Punkt – *the crucial point?* Alle fünf Beispielsätze sind Stolperfallen, in die ich selbst schon gefallen bin – *occasionally, I have been trapped myself.* Falls es Ihnen auch passiert ist, ist es höchste Zeit, sich für eine Reihe von Verben zu sensibilisieren, die furchtbar frustrieren – *it's high time to raise your awareness of a group of particularly frustrating verbs.* Mit einfachen Worten: *Be aware of these pitfalls!* Sie alle enden auf «-ieren».

Wie geht man also zielführend «spazieren»? Wie kann man sich zufriedenstellend «emanzipieren»? Wie sollte man «improvisieren» oder etwas «prognostizieren»? Wie darf man «gestikulieren»? Wie vermeidet man übermäßiges «Pauschalisieren»? Was kann man tun, wenn andere einen «instrumentalisieren», «schikanieren» oder «drangsalieren»? Und wie kann man verständlich Dinge «präzisieren», ohne sich am Ende zu «blamieren»?

In einigen Fällen sollte die Antwort leicht fallen. So gehe ich davon aus, dass niemand auf die Idee käme, «spazieren» mit «spacing» oder «spaceating» zu übersetzen. Dabei hat es sogar denselben Wortursprung wie «space», weil es die Zwischenräume beschreibt, die laufend entstehen. Trotzdem kommt man nur auf andere Weise weiter: «Ich gehe spazieren» – *I go for/take a walk, I stroll about town, I ramble through the park.* (Achtung! *To ramble on* bedeutet auch «schwafeln» oder «faseln», und *to ramble on and on* bedeutet «herumlabern».)

Das Gleiche gilt für «probieren», «kapieren» oder «(sich) blamieren». Wörtliche Verwandte mit einem ähnlichen Klang à la «probate» oder «blamate» existieren selbstverständlich nicht – *if you try (it) without understanding (it) you will make a fool of yourself!*

Dem gegenüber stehen die ähnlichen und fast identischen Verben:

«riskieren» – *to risk (a lot, too much or nothing)*
«existieren» – *to exist*

«addieren» – *to add (up figures; it adds up to a bigger problem)*
«applaudieren» – *to applaud [aplohd] (the artists and their performance)*
«gestikulieren» – *to gesticulate [dschä'stikjuläit] (wildly)*
«spekulieren» – *to speculate (recklessly)*
«fabrizieren» – *to fabricate (a product or an argument)*
«tolerieren» – *to tolerate (bad English)*
«diagnostizieren» – *to diagnose (an illness)*

Wir sehen: Im besten Fall wird die deutsche Endung «-ieren» einfach abgenommen. So auch bei: «kopieren» – *to copy.* Das gilt selbstverständlich für alle Verben, die wir als Anglizismen nutzen: «boykottieren» – *to boycott* –, «trainieren» – *to train* – oder schweizerdeutsch «parkieren» – *to park.*

Im zweitbesten Fall wird «-ieren» durch *-ate* ersetzt. Auf diese Weise lässt sich das Problem auch leicht lösen. Oder soll ich «eliminieren» sagen? *It's an easy way to solve and eliminate the problem.*

Und im drittbesten Fall muss man ein bisschen «improvisieren» – *in some situations we are forced to improvise.*

Zum Problem wird diese sprachliche Angelegenheit erst, wenn man mit Wörtern konfrontiert ist – *if you are confronted with terms* –, die in beiden Sprachen zwar denselben Klang und Ursprung besitzen, aber vollständig oder teilweise unterschiedliche Bedeutungen entwickelt haben. Im Sprachunterricht werden sie oft als «falsche Freunde» bezeichnet.

Ein alltägliches Beispiel ist das Verb «passieren». Wir kennen es vor allem als Vorgang, zweitens als Bewegung und drittens aus der Küche. Im Englischen ist nur die zweite Bedeutung übereinstimmend:

1. *A lot can happen! Strange things happen (to me).*
2. *We'll pass the border at midnight. Yesterday, my parents passed me in the street without noticing.*

3. *Chefs strain or sieve tomatoes. For the best pasta sauce you need sieved tomatoes.*

Der folgende Satz zeigt die Bedeutungsverschiedenheit von *to pass* und «passieren»: *Time passes more quickly when a lot is happening* – die Zeit vergeht schneller, wenn viel passiert. Wird *pass* benutzt, ist es im Deutschen unpassend. Benutzen wir «passieren», ist es im Englischen unpassend. Zugleich kann das Beispiel in umgekehrter Richtung zeigen, wie seltsam wörtliche Übersetzungen klingen, obwohl es sich hier im strengen Sinn nicht einmal um einen «falschen Freund» handelt: «Die Zeit passiert schneller ...»

Noch vertrackter würde das Problem, käme ein *native English speaker* auf die Idee, die Verben AE *to galvanize*/BE *to galvanise, to mesmerize/mesmerise, to ostracize/ostracise* oder *to catastrophize/ catastrophise* in deutsche Verben auf «-ieren» zu verwandeln. Er würde dann auch einige «superfalsche Freunde» kreieren, von denen schon in früheren Kapiteln die Rede war und mit denen auch Deutsche im Englischen immer wieder glänzen: Wörter, die in der fremden Sprache nicht eine andere Bedeutung haben, sondern gar keine:

> «Als sie kam, galvanisierte sie die Party» – sie hat die Party verzinkt? Wohl nicht!
> *Her arrival galvanised the party* – «... brachte die Party in Schwung.»
> «Seine Geschichte mesmerisierte das Publikum» – ?
> *His story mesmerised the audience* – «... faszinierte alle.»
> «Ich wurde von den anderen ostrazisiert» – ?
> *I was ostracised from the group* – «... von den anderen ausgestoßen/verbannt.»
> «Warum katastophierst du alles?» – ?
> *Why do you catastrophise everything?* – Die Bedeutung dieses Satzes erschließt sich am ehesten: «Warum siehst du alles

schwarz?» (Viel mehr in die farbige Richtung erfahren Sie im Kapitel «Bekennt endlich Farbe – *know your true colours!*».)

Verbreitet sind auch zwei andere falsche Freunde mit schrägem Klang: *to exercise* [AE *äksärsais*; BE *äksäsais*] und *to practise* [AE *präktis*; BE *praktis*]. «Peter exerziert» hört sich an, als sei Peter ein «exerzierender» Soldat. «Peter practises» klingt, als sei Peter ein «praktizierender» Arzt. Tatsächlich bedeutet sowohl *Peter exercises* als auch *Peter practises*, dass er irgendetwas übt oder ausübt.

In derselben Kategorie gibt es noch viel mehr zu monieren. Und wo ich «monieren» schreibe: Vor solchen und ähnlichen Verben warne ich! Schließlich gibt es kein englisches Verb «to monate». Sofern Sie es überhaupt sagen möchten, wie würden Sie «Es gibt noch viel mehr zu monieren» übersetzen? *There is much more to criticise!*

Damit nun Ihr Sensor in Zukunft zuverlässig funktioniert, habe ich die folgende Liste mit fünfzehn Verben zusammengestellt, die Sie jederzeit im Alltag brauchen könnten. Dann sollten Sie ihnen im Englischen weder falsche noch superfalsche Freunde zugesellen, sondern nur Wörter, mit denen Sie sich bei Ihren Freunden in der *Anglosphere* verständlich machen können.

1. «thematisieren» existiert zwar im englischen Wörterbuch – *to thematize/thematise* –, es ist aber im realen Leben kein Thema, nicht einmal im wissenschaftlich-akademischen. Wer etwas thematisieren will, sagt zum Beispiel: *I wish/would like to address the topic/issue of Denglish. I wish/would like to bring up the topic/issue.*

2. «(sich) konzentrieren» ist ein Sonderfall, da *to concentrate* gängig ist, aber nicht als reflexives Verb mit «oneself». Außerdem ist in vielen Fällen *to focus* besser. Also: *I have to concentrate. You should concentrate!* Oder: *I have to focus. Focus!*

3. «**pauschalisieren**» wird ganz pauschal mit *to generalize/generalise* übersetzt: *Why are you generalising?*

4. «**instrumentalisieren**» ist so eine Sache: Wer andere Menschen für seine Zwecke einspannt, «instrumentalisiert» sie im Deutschen. Im Englischen ist meist nur von «benutzen» die Rede: *His ex-wife tries to use their children against him.* Das englische Verb *to instrumentalize/instrumentalise* wird eher selten in der Weise verwendet, die wir kennen, höchstens so: *He instrumentalises his social network to get a job.* Oder: *Powerful states try to instrumentalise weaker ones.* Gängig ist das Verb unterdessen, wenn musikalische Instrumente erklingen: *He has used a computer to instrumentalise the melody.* Oder: *He instrumentalised the sounds of birds with a recorder* – mit einer «Blockflöte».

5. «**schikanieren**» und «**drangsalieren**» sind hässliche Verben, die sich mit *to bully* oder *to harass* wiedergeben lassen – unserem pseudoenglischen «Mobbing». Je nach Grad der Schikane gibt es auch *to hassle, to torment, to pester, to plague [pläig]* und *to mess (around) with someone.*

6. «**prognostizieren**» hat je nach Kontext vier gängige und einander ähnliche englische Entsprechungen: *to predict, to forecast, to project, to anticipate: No one can predict the future. The weather is forecasted. The business results are projected. A mood is anticipated.*

7. «**oktroyieren**» ist für uns ein Fremdwort und für englischsprachige Menschen ein fremdes Wort. Man sagt: *to impose.*

8. «**imitieren**» ist gefährlich. Im großen Stil ist die «Imitation» in beiden Sprachen möglich: «Boris Johnson imitiert Winston Churchills Rhetorik» – *he imitates Churchill's rhetoric.* Oder: *The professor tries to imitate the American approach to teaching.* Allerdings kann man auf Englisch zwar eine politische Linie, einen

Stil, eine Haltung imitieren, aber keinen Gesichtsausdruck oder eine Stimme. «Boris, kannst du Winstons Stimme imitieren?» würde daher heißen: *Can you do an impression of Winston's voice?* Oder: *Can you mimic his voice?* Auch mit *mimic* muss man aufpassen: Das ist nicht unsere «Mimik», die man mit *facial expression* übersetzt: *My son masterfully mimics my facial expressions.*

9. «inszenieren» ist ein Kapitel für sich, da es ganz unterschiedliche Formen der Inszenierung gibt, die jeweils eine eigene Übersetzung erfordern. Fest steht: Unsere «Inszenierung» gibt es nicht! Ist vom Theater oder dem Film die Rede, kommt es darauf an, ob 1. die technische Inszenierung, 2. die Kulissen, 3. die dramaturgische Inszenierung, also die Regie, oder 4. die darstellerische Inszenierung der Schauspieler gemeint ist. Im ersten Fall spricht man von *stage/film production.* Im zweiten von *scene, setting* oder *mise-en-scène.* Im dritten von *staging* oder *(stage/film) direction.* Und im vierten von *acting* oder *acting performance.* Außerdem wird zwischen *enactment* (erfundener Geschichten) und *re-enactment* (realer historischer Ereignisse) unterschieden. Können Sie noch folgen? Falls nein, lesen Sie einfach weiter. Schließlich wollen wir, wenn wir «Inszenierung» sagen, meistens über (Selbst-)Inszenierungen in den Medien oder in der Politik sprechen. Generell ist bei dieser Bedeutung von *self-presentation* oder *the representation of self* die Rede. Auf der politischen Bühne ist es *(political) staging.* Wirkt alles übertrieben selbstdarstellerisch, sagt man *grandstanding,* wirkt alles arg konstruiert, auch *spin doctoring.* Und führt die Inszenierung auf scheinbar geniale Weise zum Ziel, erfüllt sie womöglich die Kriterien für *(perfect) engineering* [*ändschiniering*]. Nur eins ist das alles nicht: *scenic!* Denn das bedeutet «malerisch». Und das war die politische Landschaft noch nie.

10. «(sich) revanchieren» ist im Englischen zunächst für die Aussprache eine Herausforderung: *to reciprocate* [*re'siprokäit*]! Wenn Sie es über die Lippen bekommen und «sich für eine Einladung revanchieren» wollen, können Sie das Angebot aussprechen: *I'd like to reciprocate.* Allerdings kann es denselben kriegerischen und auch steifen Beigeschmack haben wie «sich rächen» – *to reciprocate for an attack.* Sagen Sie deshalb: *This time, it's my shout. Let me get this one!*

11. «(sich) emanzipieren» ist auch auf Englisch möglich. Auch Mann und Frau können sich emanzipieren, solange es im großen Rahmen (und meistens über einen längeren Zeitraum) passiert: *During the 20th century women fought to emancipate themselves from society's paternalistic structures.* Oder: *As consumers we must emancipate ourselves from the forces of surveillance capitalism.* Wer hingegen in zwischenmenschlichen Beziehungen Emanzipation wittert, muss andere Formulierungen wählen, da man sich im Englischen nicht von seinen Eltern oder einem Ziehvater emanzipiert: Sie hat sich nie von ihren Eltern emanzipiert – *she has never established her independence.* Oder: Angela Merkel brauchte zehn Jahre, um sich von Helmut Kohl zu emanzipieren – *it took her ten years to move out of his shadow/from under his shadow.*

12. «sensibilisieren» gibt es im Englischen überhaupt nicht. Man «weckt die Aufmerksamkeit anderer» und sagt: *to raise someone's attention/awareness* oder *to make someone aware.*

13. «skandalisieren» gibt es zwar, aber: Nur wer schockiert ist, liegt mit diesem englischen Wort richtig: *I'm scandalized/scandalised by the professor's bad English!* Wer dagegen auf einen Skandal hinweisen oder einen erzeugen möchte, benutzt ein Wort, das wir auch kennen: «sensationalisieren» – *it's not my intention to sensationalise the professor's bad English.*

14. «synchronisieren» kann mit *to synchronize/synchronise* übersetzt werden: Für Adressdateien und andere Datensätze sind die deutsche und die englische Bedeutung identisch, für Tonaufnahmen und die Übersetzung von Filmen nicht: *The data sets are synchronised every Friday.* Oder: *I've synchronised our diaries.* Aber: *The movie was dubbed in German.*

15. «**präzisieren**» und «**konkretisieren**» sind weitere Lieblingsbeschäftigungen auf «-ieren». Wer es wirklich genau haben, machen und sagen will, muss entweder «präzise sein» – *to be precise* – oder benötigt das englische Verb *to specify (in greater detail)*: *I am glad that I have been able to specify in greater detail/to describe more precisely the issue at hand* – «das vorliegende Thema». Als direkte Ansprache, etwa in einem *video call*, kann man auch fragen: *Can you please be more precise?* Oder: *Can you please specify what you mean?* Schön sind auch die folgenden Ausdrücke: *Let me please flesh out/nail down/reify [räifai; rifai] the details of my plan.* Wer nun einwenden möchte, dass es sehr wohl AE *to concretize*; BE *to concretise* gibt: Das stimmt! Doch es ist ungewöhnlich. Wenn Sie sich unbedingt hochgestochen ausdrücken wollen, empfehle ich *to substantiate* – was wir ja genauso hochgestochen als «substanziieren» kennen.

Und was ist nun mit unserer Lust zu «dramatisieren»?

Das englische Verb *to dramatize/dramatise* lässt sich dafür ohne Weiteres benutzen. Wenn man meint, dass jemand ein Problem nicht größer machen sollte, als es ist, kann man sagen: *Don't dramatise that Denglish nonsense!* Noch gängiger wäre: *Don't be so dramatic!* Im privaten Austausch kennt man auch diesen Satz: *Don't make (such) a drama!* Zugleich muss man aber wissen, dass die heimliche Hauptbedeutung von *to dramatise* denjenigen vorbehalten ist, die Drehbücher und andere Dramen verfassen. *Please don't dramatise that Denglish nonsense* ist deshalb auch eine unmissverständliche Bitte: Mach aus dem Buch «Hello in the round!» jetzt nicht auch noch eine Fernsehserie oder ein Theaterstück!

Dank – *Acknowledgements*

Wie immer gilt mein Dank allen, die mir geholfen haben, dieses Buch zu schreiben:

Leserinnen und Lesern,

followers and friends,

Verleger Jonathan Beck und Lektorin Stefanie Hölscher

und nicht zuletzt meinem Telefonjoeker: Joe Miller!

Von Herzen danke ich Dir, liebe Katrin! Du hast schon deshalb einen großen Anteil an diesem Buch, weil Du dem Autor geholfen hast zu überleben. Dass es die «britische Variante» des Covid-Virus war, die mir im Mai und Juni 2021 beinahe den Verstand geraubt hätte, mag vom Corona-Gott nett gemeint gewesen sein, doch einen Dank dafür gibt es nicht.